学前教育专业规划教材

学前儿童数学教育

XUEQIAN ERTONG SHUXUE JIAOYU

主　编　吴志勤　杨　洁
副主编　危玲玲　丁梦丽　陈　威
编　委　吴志勤　杨　洁　危玲玲
丁梦丽　陈　威　周　颖
田井秀

西南师范大学出版社
国家一级出版社　全国百佳图书出版单位

图书在版编目(CIP)数据

学前儿童数学教育 / 吴志勤, 杨洁主编. — 重庆 : 西南师范大学出版社, 2020.8
ISBN 978-7-5697-0259-0

Ⅰ. ①学… Ⅱ. ①吴… ②杨… Ⅲ. ①学前儿童 - 数学教学 - 高等职业教育 - 教材 Ⅳ. ①G613.4

中国版本图书馆CIP数据核字(2020)第135811号

学前儿童数学教育
XUEQIAN ERTONG SHUXUE JIAOYU
吴志勤 杨 洁 主 编

责任编辑: 张燕妮
责任校对: 周明琼
装帧设计: 尚品视觉 CASTALY 周 娟 钟 琛 何欢欢
排 版: 吴秀琴
出版发行: 西南师范大学出版社
网址: http://www.xscbs.com
地址: 重庆市北碚区天生路2号
市场营销部电话: 023-68868624
邮编: 400715
印 刷: 重庆友源印务有限公司
幅面尺寸: 185mm×260mm
印 张: 16.75
字 数: 351千字
版 次: 2020年8月 第1版
印 次: 2020年8月 第1次印刷
书 号: ISBN 978-7-5697-0259-0

定 价: 49.00元

学前教育专业规划教材

总主编

杨晓萍

学术指导委员会

顾　问： 刘云艳　李　静　李姗泽

主　任： 杨晓萍

副主任： 皮军功　李雪平　徐井万　宋延军　郭光亮

委　员： （以姓氏笔画为序）

王全民　田劲松　孙亚娟　牟映雪　李　旭

李　敏　李阿芳　杨　达　杨　挺　杨莉君

宋占美　张家琼　陈世联　赵伶俐　胡　静

夏　蔚　康建琴　程秀兰　魏勇刚

编委会

主　任： 杨晓萍

编　委： （以姓氏笔画为序）

王文乔　王其红　王善安　刘　璐　刘志慧　孙亚娟

苏飞跃　李传英　李姗泽　杨　雄　肖素芬　吴志勤

何　茜　何孔潮　余　璐　宋丹凤　宋延军　张　骞

张利洪　张雪艳　陈伦超　岳慧兰　周　昶　赵海燕

赵景辉　胡　莉　胡　静　胡天龙　秦　莉　夏　巍

徐晓燕　郭光亮　黄玉娇　曹　斌

温馨提示

本书配有丰富的教学资源（PPT、教学设计、教学案例……）

可扫描上方二维码进行浏览，获取原版资源请联系我们！

联系电话：023-68252455　熊老师

ZONGXU 总序

党的十九大报告指出，我国社会主要矛盾已经转化为人民日益增长的美好生活需要和不平衡不充分的发展之间的矛盾。在学前教育领域，社会的主要矛盾就是人们日益增长的对高质量学前教育的需要和学前教育质量不平衡不充分发展之间的矛盾。目前幼儿教师专业性的薄弱成为制约学前教育发展的关键因素。为了满足社会对优质学前教育人才的需要，我国必须建立健全应用型学前人才培养机制。2010年，《国务院关于当前发展学前教育的若干意见》中指出“师资队伍不健全”是学前教育薄弱环节的主要表现之一，提出要“完善学前教育师资培养体系”；2014年，《国务院关于加快发展现代职业教育的决定》再次强调：“在学前教育、护理、健康服务、社区服务等领域，健全对初中毕业生实行中高职贯通培养的考试招生办法。”可见，师资培养已经成为当前学前教育发展的重中之重。

教材建设是幼儿教师教育改革的重要环节，直接影响着未来幼儿教师的专业素养。我们立足于学前教育师资培养的实际，着眼于夯实学生的基本理论和基本能力，培养符合时代要求、具有良好专业素养的新型幼儿教师，力求体现时代性、科学性和实践性，组织编写了本套教材。教材的特色体现在以下几个方面：

1.编写队伍上，阵容强大，经验丰富

本套教材的主编、副主编及参编人员均来自各级各类院校、教研机构以及一线名园，均长期从事相关专业工作，有着扎实的理论基础和丰富的实践经验。

2. 内容选择上，以生为本，适应学情

教材编写强调以学生为中心，融合“教材即学材”的理念，符合职业教育的培养目标与学生认知规律，适应学生的学习能力和自主学习的需要。

3.呈现形式上，创新模式，易教利学

融入多种板块(如学习目标、学习重难点、知识结构图、案例导入、本章小结、思考与练习)和学习材料(资料链接、人物介绍、拓展阅读)，部分学科采取以项目执行来设置教学单元，增强了教材的可读性，易教利学。

4.配套资源上，立体建设，拓展资源

配合教学中的教、学、做、测各环节，采用不同的技术手段，开发了多样的教学资源，具体包括PPT、典型案例、题库、名师名课视频等等，为教学提供全面支持。

总之，本系列教材注意了课程结构，反映了各门课程结构之间的联系和衔接，内容分配合理，既相互联系又相互区别，在帮助学生尽快掌握幼儿教育的基本理论和从事幼儿教育工作最基本的工作技能等方面做了有益的探索。

最后，要感谢参与本系列教材编写和审稿的各位老师所付出的大量辛勤劳动，也要感谢西南师范大学出版社职业教育分社的编辑们对本系列教材的支持和编辑工作。由于编写时间紧、人员能力有限等原因，本套教材还存在一些不足。在使用本教材的教师和学生的关心和帮助下，我们会不断改进和完善这套教材，促进我国学前教育专业的教学改革和课程建设，提高人才培养质量，进而促进学前教育质量的提升。

杨晓萍

2018年6月

QIANYAN 前言

《学前儿童数学教育》是学前教育专业的一门专业必修课程，是研究学前儿童数学认知发展特点，发现学前儿童数学教育与学习规律，探索学前儿童数学教育的目标、内容、途径、方法和活动设计等内容，旨在培养学习者科学开展学前儿童数学教育能力的一门学科。

本教材立足于我国学前教育发展现实状况和学前教育师资培养的实际需要，全面体现《幼儿园教育指导纲要（试行）》《3–6岁儿童学习与发展指南》的理念和幼儿园教师资格证《保教知识与能力》考试大纲的要求。以夯实学生的综合素质、发展幼儿园教师所应具备的职业能力为导向，本教材既对学前儿童数学教育理论知识进行了系统的介绍，又将实践应用的成果加以总结和提升，同时将历年幼儿园教师资格证考试中有关学前儿童数学教育的考点和题型进行了梳理，体现了理论与实践相结合的特点，是一本教考一体、用途多样的教材。

与以往同类教材相比，本教材具有以下特点：

第一，结构完整，逻辑清晰。本教材系统论述了早期儿童数学教育的基本理论、早期儿童数学学习的基本特点和教育规律，并在此基础上全面而细致地探讨了学前儿童不同年龄段数学教育的关键经验和实施方法，具体包括集合与统计、数概念与运算、量与模式、时间与货币、几何形体和空间方位的发展与教育活动评价等内容。在安排各板块内容时，以“教什么”“为什么教”“怎么教”为主线展开。全书采用通俗易懂的语言对相关概念和理念进行阐述，适合不同学习人群使用。

第二，体例新颖，突出实践应用。本教材将理论应用于实践，在阐述学前儿童数学教育的概念和活动设计原理时，避免了从理论到理论，在相应的章节安排了大量可供学习者借鉴的“案例分析”“活动评价”等板块，并附有拓展阅读，这既能给学习者提供可以参考的做法，又能开阔学习者的视野。本教材还体现了“以学习者为中心”的理念，在每一章中为配合学习者的学习进度，提供了大量的互动内容，充分调动学习者学习的主动性和积极性。另外还有充足的实训项目如“思考实训”等，可应用于课后的实践教学指导，切实提高学生的实践能力。

第三，导向明确、注重学习实效。本教材体现了教考一体、学练结合的特点。本书注重对各章节主要知识点的梳理和提炼，帮助学习者建立系统的知识结构体系，其中“学习目标”和“学习重难点”能指引学习方向，“考查要点”帮助学习者抓住学习和复习备考的重点。本书还梳理并分析了近几年来幼儿园教师资格证考试中关于幼儿园教育活动的知识点和题型，如“真题解析”和“真题模拟”，不仅能促进学生练习和巩固学习效果，还对学习者复习备考有很大的指导作用。

第四，资源丰富，适宜学习。本书采用新颖的呈现方式，将线上教学和线下学习相结合。本书为教师和学生提供丰富的教学数字化资源，如电子教案、PPT、微课视频、真题和模拟题等，供教师参考和学生自学自查，以此引导学生主动学习，并获得理想的学习效果。

本教材由吴志勤、杨洁担任主编，负责全书的设计、修改和统稿工作。全书共计十一章，具体分工如下：第一章、第十一章由周颖编写；第二章、第三章由吴志勤编写；第五章由杨洁编写；第四章、第六章由危玲玲编写；第七章、第八章由丁梦丽编写；第九章、第十章由田井秀编写。

本书在编写和出版过程中得到了西南师范大学出版社的领导和编辑的大力支持和帮助，在此表示诚挚的谢意。本书在编写中参考、引用和借鉴了大量相关研究著述、课程资源等，在此向众多原作者表示感谢！书中有不妥之处，恳请批评指正，以便不断修订完善。

编者

2020年5月

MULU 目录

第 1 章

数学与学前儿童数学教育

今天幼儿园小班董老师开展了以“出生时间”为主题的数学活动。活动中，董老师先问了小朋友们：“提到时间，大家能想到什么？”小朋友们纷纷说“早上要起床，晚上要吃晚饭”等具体的生活事件。随后，董老师提出了一个问题：“如果小朋友你有一个弟弟，是你的年龄大，还是你的弟弟年龄大呢？”有小朋友说自己比弟弟大，因为弟弟出生晚。也有小朋友说弟弟更大，因为弟弟更高更壮。

这个事例表明，幼儿能根据已有的感知经验来表达自己对时间概念的理解。但是，由于概念不够明确清晰，幼儿在理解时间的过程中容易受到直觉的影响，容易混淆时间和空间的概念，并将两者等同。为什么会出现这样的现象呢？让我们带着这个问题开启本章内容的学习。

【学习目标】

1. 知识目标：理解学前儿童数学教育的含义；掌握学前儿童数学学习的特点、意义和任务；理解学前儿童数学教育的相关理论和研究趋势。

2. 技能目标：学习从不同的角度分析学前儿童数学教育的价值，并能根据学前儿童数学教育的相关理论来分析幼儿园数学教育实践中的问题。

3. 情感态度目标：对学习学前儿童数学教育的相关理论感兴趣。

【学习重难点】

1. 掌握学前儿童数学教育的含义和特点。

2. 理解学前儿童数学教育的相关理论及研究动向。

【知识结构图】

- 数学与学前儿童数学教育
  - 数学的本质与特点
    - 数学与学前儿童数学
    - 学前儿童数学教育的内涵
  - 学前儿童数学学习的特点
    - 学前儿童逻辑思维发展的特点
    - 学前儿童学习数学的心理特点
  - 学前儿童数学教育的意义与任务
    - 学前儿童数学教育的意义
    - 学前儿童数学教育的任务
  - 学前儿童数学教育的相关理论和研究趋势
    - 皮亚杰的儿童数学学习研究与建构主义数学教育
    - 蒙台梭利与蒙台梭利课程中的数学教育
    - 海伊斯科普课程与早期儿童数学教育
    - 目前我国学前儿童数学教育的发展和研究动向

第一节
数学的本质与特点

数学是什么？在很多人心里数学就是与数字有关的加减运算。在日常生活中，我们和数学打交道的现象处处可见。比如，幼儿园里的小欢小朋友今天扎了两个小辫，昨天梳了一个马尾。但是数学究竟是什么？数学学习的本质是什么？学前儿童数学是什么？儿童又是如何学习数学的？

一、数学与学前儿童数学

数学是研究客观世界的数量关系和空间形式的科学。

数学对于儿童而言，是他们获得经验的重要来源，因此他们可以通过数学观察世界。与此同时，数学也是一种解决问题的方式。它是对数字本身、数字的操作、功能、概率、测量的理解。①数学活动并不是固定的，伴随着儿童不断成长，他们所接触的数学活动也有所改变。比如，儿童最开始会根据物体的大小、长短进行简单的比较。当他们进入学校学习之后，他们会形成和发展数学思维，从而具有解决数学问题的能力。

二、学前儿童数学教育的内涵

数学教育是一门帮助儿童了解数量和逻辑关系的学科。学前儿童数学教育则是一门与学前儿童数学学习和教育有关的课程。儿童会在学习数学的过程中学到所需要掌握的数学知识和概念。作为一门文理交叉性质的综合课程，学前儿童数学教育对开拓儿童视野具有积极的作用。

①林泳海，徐宝良.学前儿童数学教育[M].北京:北京师范大学出版社，2015.

拓展阅读

学前儿童数学与小学数学的不同

学前儿童的数学教育，具有生活性、操作性、直观性和研究性等特点，与小学数学相比，有以下三点不同：

第一，小学生学习数学是为了掌握知识，并要经过考试的检测；而学前儿童学习数学知识是为了认识数学知识，并不一定要掌握，更多的是要让学前儿童重视学习的过程和积累学习数学的经验。

第二，学前儿童学习的数学知识，比较表面和粗浅。但是学前儿童可以在数学操作活动中体验到现实世界经验中的数学理念，比如拓扑理念等。

第三，学前儿童数学教育强调具体的操作活动，强调儿童在具体活动中获得的对数学的认知和建构数学的思想。

根据《3—6岁儿童学习与发展指南》，学前儿童数学教育要促进学前儿童的数学认知，其目标包括初步感知生活中数学的有用和有趣；感知和理解数、量及数量关系；感知形状与空间关系。

第二节 学前儿童数学学习的特点

学前儿童是如何学习数学的？这看似是一个简单的问题，其实却很难回答。事实上，由于数学的高度抽象性和逻辑性，儿童学习数学必须要经历一个较为复杂的过程。

一、学前儿童逻辑思维发展的特点

皮亚杰认为儿童也是具有逻辑的，只是不同于日常所说的“逻辑”。儿童的逻辑包含两个层面，即动作层面和抽象层面。儿童逻辑思维的发展遵循着从动作层面向抽象层面转换的规律，具体来说，儿童学习数学的特点可以概括为以下几个方面①。

（一）学前儿童学习数学开始于动作

皮亚杰认为，儿童的思维开始于动作，他们的抽象逻辑思维能力来源于对具体动作水平的概括和内化。我们可以发现，儿童在学习数学的过程中，最开始是通过动作进行的。比如，儿童在最初学习数学的时候，由于对数的实际意义并不能理解，为了完成某些任务，在进行数数的时候，他们往往需要借助手指，一边数数，一边指点实物，才能正确计数，直到计数能力达到比较熟练的时候，他们才可在心中默数。

这些外部动作，实际上是儿童协调事物之间关系的表现，这对儿童理解数学关系是必不可少的。比如，在学习空间概念知识的时候，要让儿童正确地认识等分，最好的方式就是让他们进行实际的操作，把一块蛋糕切成相等的两块。通过等分的教学，帮助儿童理解整体和部分的关系，同时给予儿童操作实物的练习，满足他们的感性经验需求，有助于他们的学习。

（二）学前儿童学习数学需要借助表象思维

儿童学习数学知识开始于动作，同时也依赖于具体的形象。比如，在老师指着教室墙上贴着的5只小猫和2只小狗的图片，问儿童小猫多还是小动物多的时候。此时儿童

①史月杰.幼儿园数学教育与活动指导[M].北京：北京师范大学出版社，2017.

并不理解包含和被包含的含义，他们往往会回答小猫比较多或者因为不知道如何回答而沉默不语。直到老师不断地强调图片上所有的小猫和小狗都是小动物的时候，他们才有可能做出正确的回答。但是，他们做出的判断并不是凭着自己的逻辑思维，而是通过一一点数，即“小猫是5只，小动物是7只”回答的。对于学前儿童来说，小动物和小猫（整体和部分）不具备任何关系，因此他们无法理解包含的关系。

儿童要将这类知识变成大脑中的抽象概念，需要有一定的内化过程。而表象的意义就是帮助儿童更好完成这一内化过程。在儿童操作的基础上，通过引导儿童进行观察，鼓励儿童将观察到的内容转变为大脑中的具体表象，可以帮助儿童建立事物之间的逻辑关系，促进儿童逻辑思维的发展。比如，在学习厚薄概念的时候，在儿童进行了一定操作的基础上，让儿童观察书本的厚薄，进行一些衍生的活动（对同一种水果厚片、薄片进行观察）。这些都有助于儿童在抽象的水平上进行量的学习。

（三）学前儿童数学学习需要与日常生活情境相联系

尽管数学作为一门抽象性和逻辑性的学科，但是对于学前儿童来说，数学就存在于他们的生活当中。儿童最喜欢、最自然的数学学习思维方式，就是能在真实的生活中感受数学的存在，并体会到数学的意义和趣味。因此，将数学活动融入日常生活情境是有意义的，不仅可以激发儿童学习数学的动机，鼓励儿童学习新的知识，帮助儿童把已经掌握的知识和经验与新的知识和经验相结合，而且还可以为儿童提供一个愉快轻松的学习环境，并将数学生活化、趣味化。

儿童许多的数学学习也会发生在非正式的学习情境和日常生活当中。比如，发生在家庭生活中的“根据家庭人数摆放碗筷”“陪妈妈购物”等；发生在幼儿园日常生活中的游戏活动“数一数今天来了多少个小朋友”“堆玩具积木”等。很多活动都是与数学紧密相关的，它们大多包含着数量、时间、空间位置等相关数学逻辑问题。这些日常情境，将数学学习放在一个真实的背景中，儿童能够在特定的情境下思考和解决问题，从而进一步加强对数学的理解并且获得相应的概念。因此，对于学前儿童早期数学学习而言，提供一个与日常生活相关的真实学习背景是十分重要和必需的。

（四）学前儿童获得抽象数学知识需要符号和语言的参与

儿童学习的数学知识，最终要从具体事物中脱离出来，才能形成抽象知识。但是，由于儿童只保留了一些具体的经验，要让这些具体的经验变成概念化的知识，离不开符号和语言的参与。符号可以为儿童提供一种抽象化的思维模式，帮助儿童理解数学。而语言的加入，在儿童进行数学操作的过程中有助于帮助儿童对自己的动作进行监控，提高自己的动作意识。

（五）学前儿童数学知识的巩固需要练习和应用的活动

儿童学习数学知识的过程是一个持续性的过程。在这个过程里，儿童用自己掌握的知识来同化外部的世界，同时也在不断建构自己的知识。比如，有的大龄幼儿在进行稍微复杂的数数活动过程中，仍然不能够准确地数出数量，这是因为他使用了一个不合适的策略来同化外部的问题情境，只有等他意识到自己的现有策略不能适应现在的问题时，他才会寻求新的解决方法（比如把数当作一个整体，以按群计数的方法），去适应外部环境，从而与环境之间达到新的平衡。

二、学前儿童学习数学的心理特点

对于学前儿童而言，早期的数学概念的建立离不开儿童在具体环境和具体生活中获得的经验和体验。这意味着儿童需要在与数学打交道的过程中不断地积累感性经验，并依靠具体事物在脑海里构建抽象的概念。这是一个不断内化、抽象和概括的思维过程。因此，在儿童学习数学的过程当中，表现出了一些具有过渡性质的特点。①

（一）从具体到抽象

学前儿童的思维离不开具体的形象，他们主要借助具体的材料和具体的动作来认识物体。但数学知识是一种高度抽象的知识，儿童必须要摆脱具体的事物才能获得。这与儿童必须借助具体事物来获取知识，并且容易受到具体事物的影响是矛盾的。尤其是在年纪小的儿童身上，这样的矛盾更为突出。例如，小班的孩子往往可以说出家里的每一个成员，却不容易回答出家里一共有多少人。由此说明，儿童还不能摆脱具体事物的影响，这样的影响会随着他们对数学抽象知识的理解慢慢减少。

（二）从个别到一般

学前儿童在形成数概念的时候，不仅存在一个由具体到抽象的过程，同时也存在一个从理解个别事物到理解其一般和普遍意义的过程。比如，儿童在进行一一对应的数学活动过程中，往往会认为与一个勺子相对应的只能是一个碗，并不能理解也许会出现碗多或者勺子多的情况。只有随着深入学习，儿童才可以慢慢认识到一一对应就是不通过数数的方式和手段，借助对应比较来确定物体相等与不等的关系。

（三）从外部动作到内部动作

我们经常可以看到，有些年纪小的儿童在进行数数的任务时往往需要借助外显的动作，比如用手去一一地触摸物体进行点数或扳手指数数等；有些孩子在进行简单的数的集合以及简单的数运算时，也需要借助对物体的具体操作才能够完成。因此，对于小班孩子来说，采取实物操作进行简单的区分就比较容易。而到了大班，随着年龄的增长，儿童对数的经验逐渐增加，大多数儿童都能进行10以内的列式运算。这时，儿童就隐去了用手指点数的外部动作，开始在心里默数。这一过程反映了儿童在学习数学的过程中思

①黄瑾．学前儿童数学教育[M].上海：华东师范大学出版社，2007.

维由外部动作向内部动作过渡的过程。可见，对于学前儿童而言，学习数的概念是一个从外显、具体的动作的运算水平逐步向内化、抽象的心理运算水平过渡的过程。对于一些尚未很好掌握数的概念或能力发展较为迟缓的儿童来说，这一过渡时间可能更持久、缓慢。同时，也可以看到，教师应当给年幼的儿童提供更多可以操作的机会，帮助他们更好地理解和掌握数的概念。

(四)从同化到顺应

皮亚杰认为，儿童适应外部环境有同化和顺应两种形式。同化是指个体将外部环境纳入自身已有的认知结构中；顺应则是指个体改变已有的认知结构去适应外部环境。当儿童与环境产生了作用，这两种反应同时存在，有时候顺应发挥主要作用，有时候同化发挥主要作用。因此，儿童的认知发展可以说是一个以同化、顺应为机制的自我调节的平衡过程。比如，儿童在比较一组物体长短的过程中，往往是按照原有的认知图式和结构去同化，以目测或者触摸的方式来解决这类问题，当获得成功的时候，他的认知获得了平衡。但是如果这类方式无法解决当前的问题(比较的一组物体长短一致，但是排列位置有较大的差距)，则无法通过同化来完成，需要儿童改变自身的认知图式，重新调整已有的认知结构，在比较过程中体验量的守恒，从而使认知过程实现从不平衡向平衡的转换。

1. 从不自觉到自觉

“自觉”指的是对自己的认知过程的意识。儿童对自己的思维过程缺乏自我意识，主要原因就是其动作还没有完全内化，他们对事物的判断还停留在具体动作水平，没有上升到抽象的思维水平。这种“不自觉”的特点在年纪小的儿童身上显得格外突出。比如，有的孩子在数数的过程中会出现手口不一的情况。这正是因为这个年纪的儿童在对数的概念的掌握过程中并未真正理解其含义，只能依靠具体的经验和外部动作。作为教师，应该充分了解到学前儿童这一心理发展特点，鼓励儿童在活动中学会语言概括、表达、交流，促进儿童思想内化，帮助儿童的认知更好地从“不自觉”到“自觉”过渡。

2. 从自我中心到社会化

由于儿童认知和思维的“自觉”意识程度不高，概括和内化水平有限，他们在思维上的“自我中心化”特点也因此表现出来，只关注自己的动作但不能很好地内化，更没有办法关注到同伴的数思维或者与同伴交流合作从而产生有效的数行动。因此，在发展数认知能力中帮助儿童“去自我中心”，提高他们的社会化程度是非常重要和关键的。

对于学前儿童来说，从自我中心到社会化是其思维抽象性发展的重要标志之一。只有当儿童能在头脑中思考自己的动作，并具有越来越多的意识时，他们才能逐渐克服思维的自我中心，努力理解同伴的思想，从而产生真正有效的交流和合作，并且在互相交流学习中得到启发。

第三节
学前儿童数学教育的意义与任务

学前儿童数学教育作为儿童全面发展教育的重要组成部分之一，可以帮助儿童探索周围世界的数量、空间等关系，促进儿童在认知、情感、态度、习惯等方面整体、和谐地发展，对儿童有着积极作用。越来越多的研究表明，儿童在早期就具有一定的数学发展能力，通过对数学的学习，他们不仅可以正确认识事物、学会解决问题、发展抽象思维，还可以形成正确的态度以及良好的品质，为以后的小学学习和未来的发展打下良好的基础。

一、学前儿童数学教育的意义

（一）有助于儿童正确认识生活和周围世界

从儿童呱呱坠地到牙牙学语再到蹒跚学步，在他们周围的物质生活中，每样东西都以一定的数量、形状、大小和位置呈现在儿童面前。也可以说，儿童从出生开始，就在不可避免地与数学打交道。比如，自己一共有两只小手，每只小手由5根长短、粗细不同的手指组成；小狗有两只可爱的小耳朵；小猫有一双黝黑的眼睛；妈妈的电话有很多数字；等等。也就是说，儿童自出生起，无时无刻不在感受着数、量、形、空间、时间等数学知识，并在生活中不可避免地与数学产生交集。因此，通过引导儿童学习一些简单的数学知识和技能，可以帮助他们更好地认识世界、与人交往，并解决生活中会遇到的问题。

（二）有助于儿童思维能力的发展

数学的逻辑性和抽象性对儿童抽象思维能力的发展有着特殊的作用。即在学前数学学习阶段，儿童学习的是一些简单的数学知识，儿童还是需要对感性经验进行提升。这也是学前儿童思维获得发展的过程。比如，数字“0”，除了表示没有，还可以是双数，门牌号的“零”，温度计上的“零”。对于零的正确认识，需要儿童在感性经验的基础上，经过多次的比较、讨论等方式去抽象、概括才能很好地理解“零”的含义。

(三)有助于培养儿童的好奇心、探究欲以及对数学的兴趣

儿童天生就有很强的好奇心,正是这样的好奇心促使他们去观察、了解、触摸、探索周围的事物。好奇心作为儿童学习的动机,是儿童愿意主动思考,获得数学知识、掌握数学技能、发展数学能力的基本前提。这种好奇心和探究欲往往需要通过某种活动方式才能表现出来。例如,在和儿童进行二进制猜想游戏的时候,他们会被一个个神奇的二进制游戏所吸引,会对老师或者同伴猜中的数字或者物品产生很强的好奇心,会迫切地提问:“你是怎么猜出来的?”在这样的活动中,儿童的好奇心尤为突出。这样的好奇心和探究欲,激发了孩子对数学的兴趣,并对周围世界产生了积极的态度。

(四)有助于培养儿童良好的学习态度和学习习惯

良好的学习态度是指儿童在学习的过程中保持兴趣,能够积极、主动地参加数学学习活动。良好的学习习惯是指儿童能够专注地进行学习,能够坚持完成学习任务,并且能够控制自己的行为,遵守活动规则。

儿童在学习数学的过程中,需要通过不断尝试和操作来完成任务,并且需要按照一定的规则、要求和评判标准。同时由于数学活动的结果具有特定性,儿童会在尝试中成功,也会在尝试中失败。学前儿童数学教育为儿童提供了良好的环境和条件,通过丰富有趣的数学教学内容和教学形式,可以激发儿童进行自主探索,他们在自发的学习过程中能够发现问题、提出问题、解决问题,并养成良好的学习态度。因此数学教育对儿童良好的学习态度培养具有重要作用。

(五)有助于儿童日后的小学数学学习

数学作为普通教育中一门重要的基础课程,在儿童进入小学前进行数学启蒙有利于帮助他们顺利地开始小学数学的学习,为以后的数学学习打下基础。在学前儿童数学教育的过程中,尽管儿童所接受到的数学知识是有限的,但是他们获得的有限的数学知识,能够促进他们形成数学意识和数学思维。

通过儿童周围的生活环境来设计有关数学内容的游戏活动,让儿童接触和认识一些粗浅的数学基本知识,逐渐积累数学的感性经验,同时运用数学与其他学科间的横向联系,形象化地让儿童感知数学的美和数学的真实、新奇、普遍等,能为儿童以后形成正确的数学观念打下基础。例如,在学习分类和排序的时候,让儿童根据物体的某种特征进行多方面的分类和排序活动,帮助他们从不同的角度思考问题,从而拓展他们的思维,并让其强化知识的灵活运用。

二、学前儿童数学教育的任务

认识自然界的各种数量关系和形状、空间概念是人类认识自然界的一个重要方向,

而儿童阶段正是积累有关数的感性认识和经验的关键时期。作为学前教育机构的教师和启蒙者，应当明确这个阶段数学教育的基本任务。

（一）培养儿童对数学的兴趣和探究欲

培养兴趣，让孩子在玩中学，是学前儿童数学教育的核心。对世界充满好奇是孩子的天性，也正因为有这样的天性，孩子对学习才产生了兴趣。对于儿童来说，这个阶段最重要的不是学习，而是慢慢了解这个世界，学会与他人如何相处和交流，培养良好的习惯和兴趣。孩子可以通过游戏和玩耍，在释放天性的同时，接触自然，接触外部世界，获得更多的交流，获得丰富的人生体验。教师则可以利用儿童感兴趣的事物，来进行儿童的数学启蒙，培养儿童对数学的兴趣。满足孩子的需要，让孩子在快乐的童年生活中获得经验，这些才是这个阶段的孩子成长过程中最重要最宝贵的财富。同时，即使学习在这个年龄段是必须要做的事情，但太多的知识积累反而会让孩子心里有负担、有抵触心态。只有以孩子的学习兴趣为前提的学习，才能让他们在学习过程中专心致志，自发交流，主动参与，乐此不疲。

数学是一门带有一定抽象性、概括性和逻辑性的学科。相对于儿童思维发展的特点和规律而言，如果数学教育没有正确的定位和恰当的方式，很有可能让儿童感到害怕、拒绝。虽然让儿童通过活动和体验来获得粗浅的数学知识是必要的，但是教育者应当明白，过分强调学术知识的传授和技能的获得而忽略对孩子兴趣的培养是极其不利于儿童可持续发展的。对于学前阶段的数学教育而言，最重要也是最根本的任务就是培养儿童对数学的兴趣和探究欲，通过激发他们的好奇心，来引导他们更好地走入数学的世界。作为教师，应该考虑如何激发儿童的数学学习兴趣和对数学的探究欲；如何利用我们身边的环境和情境去调动儿童的学习兴趣，促进儿童对数学的思考。

拓展阅读

一样长吗?

老师将两根不同长度的绳子摆在桌面上，问学生："它们两根是一样长吗?"学生想了想回答："红色的绳子大，黄色的绳子小。"老师要学生再仔细观察一遍，学生看了之后说："红色大，黄色小。"老师生气地说："红绳子长，黄绳子短，不是红绳子大，黄绳子小。记住了，是长短，不是大小。"学生哭了，他从此很讨厌和比较有关的数学活动。

以上事例说明，儿童的数学启蒙必须要从儿童当前的心理特点出发，从培养兴趣开始，而不是盲目地急于求成，希望儿童能掌握大量的知识。3~4岁的儿童，在对量的认识上还不具有相对性，并且缺少相对应的词语，所以他们往往会笼统地说成大与小。如果教师懂得如何去引导学生的学习兴趣，在经过一段时间的操作练习之后，会发现，他们不仅可以准确地分清楚长短、粗细、厚薄等，还能用相应的词语来表达这些量。

（二）发展儿童初步的逻辑思维能力和解决问题的能力

儿童的逻辑思维能力是指能够对事物的现象进行分类、比较、匹配、对立、排序、概括和简单推理的能力；解决问题的能力是指儿童通过对一个不确定的情境问题的探索、分析和思考从而求得解答的能力。学前儿童数学教育作为儿童的早期教育，最终的目的不是要求儿童掌握多少数学知识和概念，而是要在教育的过程中培养儿童的逻辑思维的发展，以及解决问题的能力。在尝试解决问题的过程中，儿童将数学的相关概念和知识应用于实际的问题中，进行思考、分析和推理，这既是检验儿童对数学相关概念的理解和有效运用的重要方面，也是判断儿童是否真正掌握数学知识的重要标志。

（三）为儿童提供和创设促进其数学学习的环境和材料

事实上，儿童在生活中时时刻刻都与数学有接触，例如今天星期几，家里有几口人，家住在几楼，爸爸的电话是多少，教室里有多少积木，等等。只有将数学知识与他们实际生活相联系，才能更好地锻炼和提高儿童的思维能力和思维品质，才能够帮助儿童自觉地、有意识地运用数学的相关概念来解决生活情境中的问题。

数学作为一种高度抽象的逻辑数理知识，不同于社会性的知识可以通过教师的传递习得，数学知识必须依赖儿童作用于物体的一系列动作及其之前的协调才能建构。皮亚杰认为，儿童的数学思维来自动作，它是儿童主动建构的结果。因此，在儿童早期数学启蒙教育中，为儿童提供数学学习环境和材料就显得尤为重要。

作为教师，应该充分意识到环境和材料在儿童数学学习中的重要作用，并积极地为儿童创设环境、提供材料。要为儿童创设真实而丰富的数学学习环境。真实的环境体验是与儿童的生活紧密相连的。如果单纯地以数字、运算等形式呈现给儿童，很难激发儿童对数学的学习兴趣，只有与儿童生活实际的事、物相联系，才能引起他们的注意，让他们在体验中提升经验。丰富，体现在环境的创设过程中，要充分利用幼儿园整个空间，不仅包括儿童活动室，还包括操场、植物、动物等。这样，抽象的数学知识就随机地隐藏在儿童生活中的每一处，渗透在儿童生活中的每一点。

此外，为了让儿童更好地感受数学生活的有趣，教师需要为儿童提供可以动手操作的多种材料，为他们提供与教师和同伴互动的机会，调动孩子的各种感官，激发其兴趣，吸引其注意力。当然，在提供材料的时候，教师需要注意无论是材料的选择还是制作，都应当体现以游戏为主而不是纯粹的操作，应该给孩子创造一个愉悦的学习环境，让儿童在游戏操作中学习，有足够的时间和空间去探索、思考和发现。同时，愉快的学习环境和丰富的操作材料，也能够促进儿童逐步养成自主学习、自主探索的意识和习惯。

(四)促进儿童对粗浅数学知识和概念的理解

数学是研究现实世界的空间形式和数量关系的科学,在儿童的现实生活中,身边的玩具、小动物和建筑物都有各自的形状、大小和位置,儿童在生活中时刻感受着数学概念。因此,掌握数学知识可以帮助儿童更好地认识事物和世界。

儿童早期的数认知能力结构由数、计算、测量、空间、模式五个维度组成。它们之间虽然有各自的特异性,但是也表现出一定的关联性。因此,在儿童阶段的数学学习中,他们要掌握的初步概念包括:10以内的数概念及加减运算,认识几何体,辨认空间方位,掌握简单的时间观念,量的比较与测量,等等。数思维能力一般包括:空间成分,逻辑成分,符号成分。但是无论哪一方面的知识,对于学前儿童而言,都是粗浅的、基础的、多侧面的,重在兴趣性、启蒙性、生活性、应用性,让孩子在生活和学习中体验数学的重要和有趣,并掌握相应的数学知识和概念,为以后的数学学习奠定良好的基础。

第四节 学前儿童数学教育的相关理论和研究趋势

一、皮亚杰的儿童数学学习研究与建构主义数学教育

让·皮亚杰，瑞士人，当代著名心理学家，从事儿童心理学和发生认识论的研究。他的许多研究涉及儿童时期数学认知的研究，对于指导儿童数学教育实践具有深刻的意义。

皮亚杰有关数学概念的研究主要集中反映在以下五部著作中：《儿童的数学概念》（1952年）、《儿童的几何概念》（1960年）、《儿童的空间概念》（1967年）、《儿童的时间概念》（1969年）、《儿童的机遇观念的起源》（1975年）。关于儿童数学概念，皮亚杰的观点阐述如下：

（一）皮亚杰儿童数学发展理论①

1. 儿童认知发展阶段论

皮亚杰认为所有的儿童在获得各种概念时，都要经过一系列阶段。他将儿童的思维发展分为四个阶段：感知运动阶段、前运算阶段、具体运算阶段和形式运算阶段。

（1）感知运动阶段（0~2岁）。

感知运动阶段是儿童智力发展的初步阶段，在这个阶段，儿童依靠感知和运动来适应外部的世界。这个时候他们具有“自身中心化”的特点，因此还不能区分主体与客体。皮亚杰认为，儿童在这个阶段只有一种图形的知识，即对刺激的认识。比如，婴儿在看到奶瓶的时候，就能做出吸吮的动作。

---

①赵振国．学前儿童数学教育与活动设计[M]．北京：北京大学出版社，2016.

(2)前运算阶段(2~7岁)。

前运算阶段被皮亚杰认为是儿童发生哥白尼式革命的阶段。这一个时期,儿童能够把自己看作世界中的一个客体。儿童的认知开始出现象征或符号功能,这使得表象或思想的出现成为可能。但是在这个阶段,儿童还不能形成正确的概念,他们依旧受直觉思想的影响,逻辑思维仍处于不可逆的状态,具有不可逆性。比如,将两根等长的木棍两端对齐地放在儿童面前,儿童才会觉得这两根木棍一样长,如果将其中一根木棍往前移,儿童会认为靠近他的那一根更长。

(3)具体运算阶段(7~11岁)。

这一时期的儿童已经表现出与实物有关的逻辑思维,其标志是儿童的思维具有可逆性、守恒性和去中心化的特点,儿童已经具备了明确的数目、分类和序列等概念。

(4)形式运算阶段(11~15岁)。

这一时期儿童的思维不再受具体事物的局限,进入形式思维,儿童能充分理解符号的抽象,超出具体现实进行抽象思维。

2. 皮亚杰关于知识与数理逻辑概念的获得

皮亚杰认为儿童认知的发展是以几个与生俱来的基本结构为起点,开始与周围环境相互作用的过程中,逐步构建起与外部世界有关的知识的,从而使得自己的认知结构得到发展。在儿童与环境相互作用的过程中,涉及两个基本的过程,即同化和顺应。同化是指儿童把外部要素融入已有的认知结构里,顺应是指儿童调节自己的内部结构以便更好地适应外部环境发生的改变。生命是一种"由简单形态向复杂形态不断创造的过程,也就是有机体与环境间实现各种不同形态的,向前推进的平衡过程"。因此,智力发展的根本是个体对外界的不断适应。人的认知发展实际上就是一个由平衡到不平衡再到平等地、连续不断地均衡发展的过程,这个平衡化过程是以同化和顺应为机制的自我调节过程。当人遇到新的刺激时,总是以其原有的图式去同化外部刺激,若获得成功,则达到一种暂时的平衡;若原有的图式无法同化,则需要改变其原有的图式或重新建构新的图式以顺应外界刺激,达到一种新的平衡。这种平衡间的连续不断发展的过程就是整个认知发展的过程。

在皮亚杰看来,儿童的逻辑开始于"动作",活动不仅是思维的起源,也是构成主客体关系的中介。因此主体只有通过自己的活动来认识世界。例如,皮亚杰认为要儿童掌握"5"的概念,就必须要儿童能从颜色、大小、粗细等方面对数目是"5"的物体进行分类,以及对物体的长短进行序列练习。

皮亚杰强调,除了遗传本能行为外,认识的发生、知识的活动主要来自两类经验,即物理经验和逻辑数理经验。其中,物理经验的获得依赖于主体的个别动作,被皮亚杰称为"简单抽象";逻辑数理经验的获得则依赖作用于物体的一系列动作以及动作之间的协调，被皮亚杰称为“反省抽象”。

皮亚杰认为知识不是被动地从环境中吸收的，也不是预先在儿童的头脑中形成后才出现的，而是由儿童通过他的心理结构与环境之间的相互作用构建起来的。知识建构的过程也就是智力发展的过程。

（二）建构主义数学教育的基本主张

皮亚杰认为，儿童的认知发展是儿童自身在环境中为解决认知上的不平衡或冲突，经过同化或顺应两种功能来建立一个新的认知结构的过程。构建主义认为数学的本质就是一种关系。关系是超出事物之外的抽象，儿童只有通过自己与外部环境、材料相互作用才能获得数理逻辑概念。建构主义数学教育的基本主张包含以下三个方面①：

1. 提供实物操作

皮亚杰认为，儿童获得知识源于动作。因此，皮亚杰主张在数学活动中为儿童提供一定的实物材料，创造相应的环境。儿童在实践的过程中，通过操作物体获得经验和体验，并在类似的经验中得到提升和概括，逐步构建抽象的数学概念。

由此，皮亚杰为教师提出三条相互关联的建议：为儿童提供相应实物，鼓励儿童自己动手去操作；帮助儿童形成提出问题的技能；教师应该弄清楚为什么儿童会在运算学习上有难度。除此以外，皮亚杰认为教师应该提供原始材料，减少对高度结构化的材料（例如蒙台梭利教具）的依赖和使用。只有使用原始材料，进行有目的的操作，儿童才能获得智慧。

2. 注重概念建构的过程

数学是一门具有抽象性和逻辑性的学科，儿童在掌握数学相关知识的过程中必须经过儿童自主活动。皮亚杰提出数学学习是原有认知结构与新知识之间建立联系的过程，这个过程可以分为四个连续的阶段：输入阶段，也就是创建学习情境，给儿童提供新的学习内容；相互作用阶段，也就是原有认知结构与新知识之间相互作用；操作阶段，即在上一阶段的基础上通过联系来形成最新的数学认知结构；输出阶段，即通过解决数学问题，使初步形成的认知结构达到巩固和完善。这四个阶段正体现了原有认知结构与新知识之间建立联系的过程。

3. 强调学习过程中的理解与顿悟

建构主义认为，数学教育强调有意义操作，也要求教师必须帮助儿童发展思考方法和提供思考工具，比如培养儿童深刻自我反省和理解学习思维模式的能力。在数学学习中，教师激发儿童思维，帮助儿童理解知识以及促进儿童经验迁移都是建立在儿童的理

①黄瑾．学前儿童数学教育[M]．上海：华东师范大学出版社，2007．

解和顿悟之上的。

二、蒙台梭利与蒙台梭利课程中的数学教育

在学前儿童教育发展的进程中，不得不提到蒙台梭利的数学教育模式。玛利亚·蒙台梭利是驰名中外的意大利学前教育家。她长期对儿童的生活和学习进行观察与研究，创新教育方法和儿童课程，提供具体的、科学的教育措施。作为20世纪极有影响力的教育家之一，蒙台梭利的教育思想对世界范围内的教育产生了深远的影响。

蒙台梭利的数学教育主张遵循自由教育，自我教育，环境、感官教育，教师教育的教育原则。它要求教师为儿童创造"有准备的环境"，引导儿童根据自己的兴趣、需要和能力等来选择合适的工作材料进行自由活动、自我作业。教师要在观察儿童的基础上了解儿童目前的发展水平、兴趣和需要，帮助儿童进行自我感官教育的训练，并且为儿童提供在"有准备的环境"中获得独立工作和自主发展的机会。

蒙台梭利认为数学是抽象的符号，数学是抽象的学科，为了使儿童更好地学习数学和养成良好的逻辑思维，教师必须要提供给儿童丰富的感性经验。儿童在进行感官教育操作的时候，会不断地积累丰富的感性经验，并在感性经验的基础上，将数量从具体中抽象出来，在脑海里逐渐形成数的概念。根据蒙台梭利的思想，她创造了蒙台梭利系列的教具。其中最具有特点和传播性的教具就是感官和数学教育的教具。

蒙台梭利的教具不光有帮助儿童培养初步数概念和初级计算能力的简单教具（如图1-1），还有帮助儿童培养较高级计算方法的复杂教具。此外，蒙台梭利认为，教师在儿童的感知过程指导中，应该注意把具体的数量抽象出来，而不是要求儿童进行机械的数概念训练。蒙台梭利设计的数学活动，目的在于满足儿童学习数学的愿望，获得具体的数学感知经验，为儿童形成数概念并为将来的学习打下基础。例如，在蒙台梭利三阶段教学法中，蒙台梭利要求教师选择三种不同的教具，并采用简单、有趣、形象的数学语言来帮助儿童进行数学练习，将语言、数概念、教具有机地结合起来，帮助儿童理解数学，培养科学的数学思考方式。

图1-1　蒙台梭利教具

三、海伊斯科普课程与早期儿童数学教育

1926年，韦卡开创了海伊斯科普课程(High/Scope)[①]。这类早期儿童教育课程，旨在为那些处境不利的学前儿童摆脱教育困境提出方案。在这个方案里，儿童被随机地抽取和分配。研究者可以对参与该方案儿童的今后生活状况进行追踪。这一研究突出了海伊斯科普课程对儿童的短期和长期的好处，比如为儿童提供了更好的入学准备，降低了儿童学习失败率，降低了儿童留级率等。

海伊斯科普课程是以皮亚杰的儿童发展论为理论基础。在第一阶段，课程更关注如何在知识和技能学习方面为儿童的小学学习做准备；在第二阶段，课程开始尝试将那些代表儿童发展水平的方式传授给儿童；第三阶段，课程鼓励教师通过直接经验和表征经验，在儿童当前发展水平的基础上帮助儿童增强认知能力。

海伊斯科普课程强调儿童数理逻辑知识的获得是儿童自我经验建构的过程。因此，教育需要以儿童生活相关的经验为起点，帮助儿童构建相关数学概念。教师作为活动环境的创造者和材料的提供者，在活动的过程中，除了积极地引导儿童参与活动外，还需要帮助儿童在选择、计划、讨论、参与等过程中，发现问题和解决问题，从而促进儿童思维和逻辑推理能力的发展。

海伊斯科普课程关注儿童认知发展的关键经验，所以课程目标是针对分类、排序、时间关系和空间关系制订的。由霍曼、班纳特、韦卡特合著的书中列出了49条儿童应该获得的关键经验。在此列出其中与数学认知相关的关键经验。

1. 发展逻辑推理的关键经验

(1)分类。

①注意并描述事物的异同，进行分类和匹配。

②描述事物所不具有的特征或不归属的类别。

③同时注意到事物一个以上的特征。

④区别“部分”和“整体”。

(2)排序。

①比较：哪个更大(更小)、更轻(更重)、更长(更短)、更宽(更窄)等。

②用某种特征来排列物体，并描述它们之间的关系(最长的、最短的等)。

(3)数概念。

①比较数和量：多/少，等量；更多/更少，数量一样多。

②用一一对应的方式比较两个数群的数量。

③点数物体和唱数。

---

①赵振国.学前儿童数学教育与活动设计[M].北京：北京大学出版社，2016.

2. 理解时间和空间的关键经验

(1)空间关系。

①从不同的空间角度观察事物和场景。

②体验和描述物体和人的运动方向。

③体验和描述事物之间和地点之间的相对距离。

④学习确定教室、幼儿园以及周围环境中各种物体的位置。

⑤认识和描述各种形状。

(2)时间。

①制订计划和完成计划。

②描述和表征过去的事件。

③用语言推测即将要发生的事件,并为此做好适当的准备。

④比较时间的间隔。

⑤注意观察时钟和日历,将其作为时间消失的标记。

⑥观察季节的变化。

四、目前我国学前儿童数学教育的发展和研究动向

随着改革开放的发展,我国学前儿童数学教育走向了真正的改革和发展阶段。学前儿童数学教育研究者对当代儿童数学能力发展的特点、规律、学习方式、学习原则等各方面进行了相关的研究和探索。借鉴国外的大量科学研究和理论,结合我国目前学前儿童数学教育改革的方向和现状,目前我国学前儿童数学教育的发展和研究动向主要表现在以下五个方面[①]:

(一)重视儿童在数学学习过程中的操作体验和多感官体验

构建主义的理论认为,儿童作为主动的、有能力的学习主体,从出生就不断地与外界发生作用,这种相互的作用实际上就是儿童主动学习的方式。儿童在与外界环境的互动中获得逻辑数理的概念。因此,只有儿童亲自参与实践,才有可能将数学与现实生活相联系,才能够主动发展认知结构。在早期数学教育的过程中,教师需要重视儿童在学习中的操作体验,提供合适、可选择的学习材料让儿童进行操作摆弄,调动儿童多种感官参与,不仅可以提高儿童的学习兴趣,而且还能帮助儿童在获得感性经验的基础上建构起相应的数概念。

学前儿童在学习数学过程中的操作,作为数认知结构形成和发展的基础和保障,具有三个方面的特征:第一,儿童可以在操作过程,将生活的语言转换为数学语言,比如儿

①史月杰.幼儿园数学教育与活动指导[M].北京:北京师范大学出版社,2017.

童在搭建积木的时候，会表达“我用三个三角形和一块正方形搭建了一只恐龙”；第二是儿童可以在操作中将数学材料逻辑化，比如儿童在进行各种形状的三角形操作摆弄后，能够总结出“三个点、三条边、三个角”；第三是儿童可以在操作过程中将数知识具体化，也就是儿童可以利用实际生活中的事例来对数学知识进行解释。[①]

（二）重视儿童在学习过程中对数学问题进行解决

20世纪80年代，美国教育界提出“解决问题”的口号，主张教育要为儿童在实际需要的问题情境和已有的数学知识之间取得联系。《3—6岁儿童学习与发展指南》中数学认知领域的第一个目标是让儿童初步感知生活中数学的有用和有趣，即让儿童学会用数学去解决生活中的问题。解决问题作为一种综合能力，需要让儿童体会到数的应用，比如通过观察生活中与数字有关系的事物，如电话号码、门牌号等；让儿童体会形状的应用，比如通过观察家里电器的形状；让儿童体会排序、对应、分类等问题解决，如将玩具进行分类等。

（三）重视给儿童提供数学学习和数学交流的环境

情境认知理论认为，真正的学习是在有意义的情境中发生的。知识既是一种文化，也是在环境影响下形成的产物。学习情境的性质决定了所学习知识在其他情境中应用的可能性。所谓情境学习就是在真实的、应用的环境中，通过设立定向的活动目标而进行学习。[②]

由于数学教育内容的生活化、日常化、社会化，数学知识也不再是静态、固定的客观真理。在教学教育过程中教师为儿童提供真实的思考环境和真实的背景是十分必要的。如果教师能够为儿童提供或创造一个完整而真实的问题情境，并将数学的相关问题融入这个真实的情境中，那么儿童就可以用已有的知识经验与同伴、教师进行互动、交流和学习，从而解决问题，这能够进一步促进儿童进行主动学习和深入探索，并帮助他们加深对数学概念的理解。

（四）重视儿童数学知识和数学经验的共同建构

在皮亚杰构建主义理论的影响下，以儿童的自我构建为主，以对材料的操作和经验积累为过程，以促进儿童逻辑思维发展为目的的数学教育模式已经得到广泛认可。然而，来自西方理论界新皮亚杰主义的学者们开始对皮亚杰理论重新提出质疑，指出皮亚杰虽然已经认识到认知冲突是引起儿童建构或重新建构数概念的一个重要因素，但是他并没有明确说明认知发展的社会机制。从社会建构主义理论出发，数学学习被认为是社会所定义的知识和价值的共同建构，它通过社会建构的机会发展，并通过与他人和环境

---

①金浩．学前儿童数学教育概论[M]．上海：华东师范大学出版社，2000．

②陈青，乌美娜．从抛锚教学看情境学习观点对教学及教学设计的启示[J]．中国电化教育，1999：10－13．

的互动而进行。因此它包含三个基本要素：社会性、情境性和互动性。[①]社会性是指数学学习是一个个体借助自身已有的知识经验主动地、能动地建构起客观认识的过程，即一种“自我建构过程”。情境性，是指社会建构主义数学学习观强调为学习者创造一个充满挑战和想象，能刺激和引发其发现问题、提出问题、分析问题并解决问题的情境。在这个情境中学习者借助学习者共同体，通过意义建构的反思获得数学概念，同时把数学学习镶嵌于真实的应用情境之中，基于真实情境问题进行对话、交流。互动性，建构主义的学习观认为，学习者个体，首先是一个能动的主体建构者，在数学知识的建构过程中承担着思考者、说明者、提问者、解释者等角色；其次是一个积极的共同建构者，承担着合作者、交流者、争论者、妥协者等角色。因此，从社会建构主义的视角看，数学学习和教育过程是儿童同伴间、师生间进行双向交流、多向交流的活动，是数学经验和数学知识学习与发展的共同建构过程。

（五）重视儿童非正式数学能力的培养

近20年来，关于儿童非正式数学能力发展的研究已经引起一些西方研究者的极大重视。研究者认为，儿童正式的数学能力是一种关于数学知识的书面化、法则化和系统化的知识体系，而日常生活中，儿童则是在真实的问题情境中，按照已有的相关经验，大量运用工具解决与数学相关的实际问题，从而发展其非正式的数学能力。同时他们指出儿童非正式数学能力主要包括在学校教育体系之外获得的相关数量的观念与方法。

儿童非正式的数学能力具有明显的生活化和情境化特点。儿童在日常生活中，在没有成人影响的条件下会自然地获得很多非正式的数学学习的经验，即使是偶发的情境也能够成为刺激儿童数学思维发展的有效途径，但关键在于教师和成人是否能将这样的情境和环境作为促进儿童数学能力建构的重要来源。

【考查要点】

数学与学前儿童数学教育的内容在历年的考试中多以选择题、材料分析题等题型出现，考试内容围绕“数学是什么”及学前儿童数学学习的本质和特点，因此作为一名幼儿教师，需要深刻理解学前儿童数学学习的意义、任务和原则，并认识我国学前儿童数学教育的发展与进展及存在的问题。

①黄瑾．学前儿童数学教育[M]．上海：华东师范大学出版社，2007.

【真题解析】

（2013年上半年）某教师针对不同发展水平的幼儿提供了不同难度的操作材料，这遵循了（　）。

A.活动性原则　B.直观性原则　C.整体性原则　D.因材施教原则

【真题解析】D。《保教知识与能力》考试大纲规定：能根据活动中幼儿的需要，选择相应的互动方式，调动幼儿参与活动的积极性，在活动中能根据幼儿的个体差异性进行指导。根据题目中提到的"不同发展水平的幼儿"可知，这遵循了因材施教的原则。

【真题模拟】

1.下列说法中属于蒙台梭利教育观点的是（　）。

A.注重感官教育　　B.注重集体教学作用

C.重视实物使用　　D.通过游戏使自由与纪律相协调

2.杜威认为，学校生活的组织中心是（　）。

A.教材　B.家长　C.教师　D.儿童

3.幼儿学习的基础是（　）。

A.直接经验　B.课堂学习　C.间接经验　D.理解记忆

4.简述幼儿教育与小学教育的区别。

【思考实训】

1.观察一段幼儿数学教育活动视频，试着分析幼儿园数学教育的特点。

2.简述皮亚杰的建构主义学习理论对儿童数学教育的启示。

【推荐阅读】

[1]周欣.儿童数概念的早期发展[M].上海：华东师范大学出版社，2004.

[2]R.W.柯普兰.儿童怎样学习数学——皮亚杰研究的教育意义[M].李其维，康清镳，译.上海：上海教育出版社，1985.

第2章

学前儿童数学教育的目标与内容

六一儿童节前夕，教师和幼儿商量决定把活动室装扮一下。他们找来长长的皱纹纸拉起了彩带，并在彩带上悬挂了一些挂饰。不过，他们对于挂饰之间疏密不一的间距感到不满意。这时，有一个幼儿想出了一个好主意。他拿来一块长积木，建议大家，先用这块积木来量一下，然后再挂挂饰，这样它们之间就都是一块积木的距离了。教师对这个幼儿的主意感到十分惊讶和高兴，幼儿竟能够自觉运用所学的数学知识解决生活中的实际问题。①这个事例说明数学教育的根本宗旨不是让幼儿学会计算，而是让幼儿能够“数学地思维”，能够发现数学和生活的联系。

①张慧和，张俊.幼儿园数学教育[M].北京:人民教育出版社，2004.

【学习目标】

1. 知识目标：掌握学前儿童数学教育的目标，明确学前儿童数学教育的总目标、各年龄阶段目标、活动目标之间的关系，了解数学教育目标制订的依据与结构。掌握学前儿童数学教育的内容和要求。

2. 技能目标：会根据学前儿童数学教育的相关资源灵活选择适宜的教育内容，并根据要求撰写教育活动目标。

3. 情感态度目标：对学习学前儿童数学教育的目标与内容感兴趣。

【学习重难点】

1. 掌握幼儿园数学教育的目标与内容。

2. 会根据学前儿童数学教育的相关资源灵活选择适宜的教育内容，并根据要求撰写教育活动目标。

【知识结构图】

- 学前儿童数学教育的目标与内容
  - 学前儿童数学教育的目标
    - 学前儿童数学教育目标制订的依据
    - 学前儿童数学教育目标的结构
    - 学前儿童数学教育的目标体系
  - 学前儿童数学教育活动内容
    - 学前儿童数学教育活动内容选择的要求
    - 学前儿童数学教育活动内容概述

第一节
学前儿童数学教育的目标

教育目标是教育者在活动之前对活动结果的一种期望,也就是说教育目标是一种对教育结果的规定性。学前儿童数学教育目标是对幼儿数学教育目的和要求的归纳,包括学前儿童数学教育的总目标、各年龄段目标和活动目标,指明了学前儿童数学教育的方向,是制订计划和开展教育评价的依据。它规范着教师的教育观念和教育行为,影响着学前儿童数学教育活动的全面实施,制约着数学教育内容和教育方法的选择,也影响着数学活动安排、环境创设和材料提供。明确学前儿童数学教育目标是开展学前儿童数学教育的前提条件。

一、学前儿童数学教育目标制订的依据

教育目标是教育者制订的,不同时代、不同国家所制订的教育目标不同;同一时代、同一国家中的不同教育组织或实践者,制订出的目标也不同。这是不同社会发展需要、儿童发展需要和规律在不同的目标制订者头脑中反映的结果。教育者要制订出更为合理的教育目标,就必须不断深入全面地了解社会发展及儿童发展的需要和规律,使教育目标的实施、检验、调整等活动成为一个开放的动态过程。①

在确定学前儿童数学教育目标时,既要考虑当代社会对儿童发展的需要,又要符合学前儿童发展的总目标,还要研究学前儿童身心发展特点和规律,依据数学学科特点和学前儿童学习数学的特点,综合考虑以上因素和因素之间的关系,合理制订学前儿童数学教育目标。

(一)社会发展的客观要求

教育总是受到一定的社会文化历史背景的影响,一个国家的政治、经济、科学文化等因素构成了影响教育目标制订的客观依据。任何社会总是要将自己理想角色作为教育

① 许卓娅.学前儿童音乐教育[M].北京:人民教育出版社,1996.

所追求的目标，因而教育也就或多或少地被打上了时代的印记，直接或间接地反映着社会的需要。当然，学前儿童数学教育也不例外。社会的需要，社会发展的现状和趋势以及对人才培养的要求理所当然地影响到学前儿童数学教育目标的制订。由于不同时代、不同社会对人才培养的要求不同，所提出的教育目标也会有所区别。例如，我国20世纪50年代，要求幼儿园完成培养幼儿、为生产建设服务两大任务。20世纪70年代末80年代初，我国进入“四个现代化”建设的新阶段，与此同时新技术革命席卷而来，因此“多出人才，快出人才，出好人才”成为社会发展的迫切要求，这也反映在学前儿童数学教育目标中，即比较注重基本知识、技能的掌握，重视智力的开发和发展。而在80年代以后，尤其是进入90年代，随着社会、科学、经济发展的日新月异，强调在丰富儿童知识、经验的同时，注重开发多元智能、培养良好的个性、发展社会性品质和适应能力等。在今天，随着教育改革的进一步深化，前面推进素质教育，出现了强调培养创新精神和实践能力等新的方向。这些不断变化的新要求都是随着社会发展的需要而不断提出的。

（二）儿童身心发展特点和需求

儿童的身体和心理的发展是互相影响、密切相关的。儿童认知的发展与其身体的、社会的、情境的发展是相互促进、相辅相成的。无论对儿童进行哪方面的教育，都需秉持儿童整体发展的观念，要以儿童身体的、社会的、情感的、认知的和道德的整合发展为导向，促进儿童的全面发展，使儿童能更好地适应生活、理解周围世界、学会交流和表达，发展其主动性、责任感和自信心，培养科学态度和探索创新精神，成为全面发展、和谐、健康的儿童。因此，我们制订儿童数学教育学期目标时，要考虑儿童的整体发展，制订出包括情感、态度、个性和社会性等方面的综合的教育目标。

（三）数学学科特点和教育价值

数学学科的结构、教育价值和学习规律对数学教育目标的制订有重要的影响。当代，数学已经渗透到现实世界中与人类生活生存息息相关的各个领域，数学是现代科学技术的基础和工具。数学作为人类文化的自然组成部分，对人类生活有着重要的影响。数学学科的结构和知识体系较为系统、严谨，其逻辑性十分突出，这对学前儿童智慧的发展有着特殊的价值。学前儿童正处于逻辑思维萌发和初步发展时期，数学的学习对其初步逻辑思维能力的发展、良好思维品质的形成有着重要的作用。

二、学前儿童数学教育目标的结构

学前儿童数学教育目标体系是按一定的结构和层次组织起来的，从纵向结构看，它具有一定的层次结构；从横向结构看，它具有一定的分类结构。

（一）学前儿童数学教育目标的层次结构

学前儿童数学教育目标是一个有机的整体，可以分解为数学教育目标、年龄阶段目标和数学教育活动目标三个不同的层次。它体现了全面发展的任务在儿童数学学习各领域中的具体的中、短期发展要求，能使教育最终目标得以落实并更好地促进儿童发展。学前儿童数学教育目标是学前儿童数学教育的总任务要求；年龄阶段目标，一般以小、中、大班为界，指一年内的阶段发展目标；教育活动目标既可作为“系列活动”目标，作为一组需要逐步达到的目标，也可视作“独立活动”目标，指在一次教育活动中所应追求的主要目标。

不同层次的教育目标采用不同的表述方法。《幼儿园教育指导纲要（试行）》（以下可简称为《纲要》）和《3—6岁儿童学习与发展指南》（以下可简称为《指南》）等纲领性文件概括性地指明了学前儿童数学教育目标应涵盖的内容范围和应达到的期望。而年龄阶段目标和数学教育活动目标则表述得更为具体和具有可操作性。布卢姆认为，一个恰当的数学目标的表述应该具有两个特征：必须详细说明目标内容；应当用特定的术语描述教学后学生应能做的而以前不能做的行为。[①]在对阶段目标和教育活动目标的表述中有如下要求：①表述要明确，与上层次目标的关系要密切，要比较直接；②目标的涵盖面要广，包括知识的学习、能力的培养、操作技能和感情态度方面的培养；③目标要有代表性，每一条均是单独的内容，不要有交叉重叠；④不宜将手段写成目标。[②]一般而言，目标层次越高，其抽象概括性也越高，可操作性越低，而目标层次越低，其概括性也越低，可操作性则越高。

（二）学前儿童数学教育目标的分类结构

学前儿童数学教育目标分类结构是对学前儿童数学教育目标从横向结构上进行区分的，这在广度上体现了目标体系的有序性。根据布卢姆的教育目标分类学的理论，从儿童身心发展的不同方面将学前儿童数学教育目标按情感态度、认知能力和操作技能进行分类。

情感态度方面的目标主要指儿童对数学活动的兴趣、爱好及良好的态度、习惯等目标；认知能力方面的目标主要指儿童对有关数学知识的掌握和思维能力发展的目标；操作技能方面的目标主要指儿童学习与数学有关的操作与使用材料的技能目标。

三、学前儿童数学教育的目标体系

（一）学前儿童数学教育的总目标

（1）对周围环境中事物的数量、形状、时间和空间等感兴趣，有好奇心和求知欲，喜欢

① 黄谨．学前儿童数学教育与活动指导[M]．上海：华东师范大学出版社，2014.

② 陈帼眉，刘焱．学前教育新论[M]．北京：北京师范大学出版社，1999.

参加数学活动和游戏。

(2)能从生活和游戏中感受事物的数量关系,获得有关数、量、形、时间和空间等感性经验,体验到数学的重要和有趣。

(3)学习简单的数学方法,解决生活和游戏中某些简单的问题,能用适当的方式表达、交流操作和探索问题的过程和结果。

(4)会正确使用数学活动材料,能按规则进行活动,有良好的学习习惯。

(二)学前儿童数学教育各年龄阶段目标

年龄阶段目标是对总目标架构下的具体化表现的阐述,表述的是对某一特定的年龄阶段进行教育所期望达到的结果。《3—6岁儿童学习与发展指南》中对幼儿数学认知领域提出以下年龄阶段目标。

目标1 初步感知生活中数学的有用和有趣

3~4岁	4~5岁	5~6岁
1. 感知和发现周围物体的形状是多种多样的,对不同的形状感兴趣。 2. 体验和发现生活中很多地方都用到数。	1. 在指导下,感知和体会有些事物可以用形状来描述。 2. 在指导下,感知和体会有些事物可以用数来描述,对环境中各种数字的含义有进一步探究的兴趣。	1. 能发现事物简单的排列规律,并尝试创造新的排列规律。 2. 能发现生活中许多问题都可以用数学的方法来解决,体验解决问题的乐趣。

目标2 感知和理解数、量及数量关系

3~4岁	4~5岁	5~6岁
1. 能感知和区分物体的大小、多少、高矮、长短等量方面的特点,并能用相应的词表示。 2. 能通过一一对应的方法比较两组物体的多少。 3. 能手口一致地点数5个以内的物体,并能说出总数。能按数取物。 4. 能用数词描述事物或动作。如我有4本图书。	1. 能感知和区分物体的粗细、厚薄、轻重等量方面的特点,并能用相应的词语描述。 2. 能通过数数比较两组物体的多少。 3. 能通过实际操作理解数与数之间的关系,如5比4多1;2和3合在一起是5。 4. 会用数词描述事物的排列顺序和位置。	1. 初步理解量的相对性。 2. 借助实际情境和操作(如合并或拿取)理解"加"和"减"的实际意义。 3. 能通过实物操作或其他方法进行10以内的加减运算。 4. 能用简单的记录表、统计图等表示简单的数量关系。

目标3 感知形状与空间关系

3~4岁	4~5岁	5~6岁
1. 能注意物体较明显的形状特征,并能用自己的语言描述。 2. 能感知物体基本的空间位置与方位,理解上下、前后、里外等方位词。	1. 能感知物体的形体结构特征,画出或拼搭出该物体的造型。 2. 能感知和发现常见几何图形的基本特征,并能进行分类。 3. 能使用上下、前后、里外、中间、旁边等方位词描述物体的位置和运动方向。	1. 能用常见的几何形体有创意地拼搭和画出物体的造型。 2. 能按语言指示或根据简单示意图正确取放物品。 3. 能辨别自己的左右。

(三)学前儿童数学教育活动目标

数学教育活动目标的表述要更为具体和具有可操作性,并尽量用行为化的语言进行描述,使教师能够在活动中根据目标的要求观察幼儿掌握目标的情况,判断幼儿的发展状况,及时对活动做出诊断性评价,并为设计后续的数学教育活动做出相应的改进,提出更有针对性、更上层、更贴近幼儿实际的数学教育活动目标。如"正式的数学活动:三角王国(小班)"的活动目标:

(1)在讨论、操作等活动中,认识三角形。

(2)对图形感兴趣,能积极投入活动中。

在表述数学教育活动目标时,可以从教师角度出发提出教育目标,即用教师所做的事来表述,如培养儿童数学的能力;也可以从儿童角度提出发展目标,如学习5以内的数数;还可以从评价的角度提出评价目标,即用幼儿的行为变化来表述,如能手口一致点数5以内的实物。

【案例分析】

小班数学活动"比长短"

◇活动目标

(1)对比长短活动感兴趣,乐于参加。(情感和态度目标)

(2)学习比较物体长短的正确方法,练习按物体长度差异排序。(技能目标)

(3)理解物体长短的相对性,发展观察、分析、推理判断能力。(认知和能力目标)

中班数学活动“谁排在最前面”

◇活动目标

(1)学习不受物体排列形式的影响,正确感知7以内的数量。(认知和能力目标)

(2)学习按数量多少进行排序。(技能目标)

(3)积极参与活动,大胆讲述操作过程和操作结果。(情感和态度目标)

从以上例子可以看出每一个数学教育活动基本都包括认知和能力目标、情感和态度目标、技能目标三个方面的目标要求,并且与总目标和各年龄阶段目标相比要具体得多。在这些目标中,有些目标通过一两次教育活动就能达成,如感知7以内的数量等,但另一些目标如发展儿童的观察能力、抽象概括能力等不是通过一两次活动就能实现的,而需要长期关注儿童这些方面的发展目标。①

【案例分析】

中班数学活动“学习10以内顺数与倒数”

◇原活动目标

(1)使幼儿在心情愉悦的情况下,积极主动地进行数学活动。

(2)学会顺数与倒数,学会顺接数、倒接数。

◇调整后的目标

(1)学习10以内顺数与倒数,学会10以内顺接数、倒接数。(技能目标)

(2)能感知倒数与顺数的规律。(认知和能力目标)

(3)体验数学活动的快乐,并感受顺数、倒数的乐趣。(情感和态度目标)

调整后的三条目标相对于原来的目标,更为具体和有针对性,便于教师对活动进行评价与检验。首先,这个例子也说明数学活动目标的表述应具体、分层和细化,体现出层次性和渐进性。其次,数学活动目标在表述上要体现儿童的发展状态,注重目标表述的统一性,调整前的目标中有的条目是用教师所做的事来表述,有的条目又是用儿童的行为变化来表述,这是不恰当的。调整后的目标表述方式是统一的。

思考与练习

试拟定一个小班数学活动“认识三角形”、中班数学活动“学习目测数数”或大班“学习5的组成与分解”的活动目标。

① 史月杰.幼儿园数学教育与活动指导[M].北京:北京师范大学出版社,2017.

第二节
学前儿童数学教育活动内容

学前儿童数学教育活动内容是实现学前儿童数学教育目标的重要保证，也是教师向学前儿童进行数学教育的依据。它是指为促进学前儿童数学概念和数学认知能力的发展，为实现数学教育的目标任务而设定的要求儿童通过学习获得的有关数的知识、技能和经验。选取数学教育内容具有很强的目的性和科学性，它既要符合我国对学前儿童教育提出的全面发展要求，又要考虑到本身的学科特点和学前儿童对数概念认知发展的规律。

一、学前儿童数学教育活动内容选择的要求

《幼儿园教育指导纲要(试行)》对教育活动内容的选择提出了如下原则：

(1)既适合幼儿的现有水平，又有一定的挑战性。

(2)既符合幼儿的现实需要，又有利于其长远发展。

(3)既贴近幼儿的生活来选择幼儿感兴趣的事物和问题，又有助于拓展幼儿的经验和视野。

除了遵循以上原则，选择学前儿童数学教育内容还要关注以下特点：①

1. 学前儿童数学教育活动内容应具有启蒙性

学前儿童数学教育本身具有启蒙的特征，因而在选择教育活动内容时也应该体现启蒙性，具体表现在进行学前儿童数学教育过程中要求让学前儿童在生活和游戏中，通过操作、体验和感知数学教育的内容，从而获得较丰富的感性经验，并体验到数学的重要和有趣。

2. 学前儿童数学教育活动内容应具有生活性

这一点指学前儿童数学教育活动内容应从学前儿童认知水平出发选择学前儿童熟悉的、能理解的、感兴趣的并贴近其生活实际的数学教育内容，让儿童感受到数学能应用

① 梁慧琳.幼儿园数学教育活动设计[M].北京：中国社会出版社，2010.

于解决生活中的问题,以此激发他们学习数学的愿望和动机。

3. 学前儿童数学教育活动内容应具有可探索性

在开展数学教育活动时应给儿童提供机会,让他们在具有现实背景的活动中去探索、去自由操作和发现。学前儿童通过自己的探索来建构数学经验的过程不仅有利于对数学能力的培养,而且感受到数学的无处不在。目前很多幼儿园实施主题活动课程,其课程主题一般来源于儿童的生活,主题活动过程强调让儿童在生活情境中探索事物的数学关系和数学意义。

4. 学前儿童数学教育活动内容应具有一定的逻辑性

数学知识本身应具有系统性和逻辑性特征。在选择学前儿童数学教育内容时应考虑到数学知识的逻辑和儿童学习数学的逻辑顺序,体现由易到难、循序渐进和前后关联的特点。如在安排"分类"这一教学内容时,一般会从小班年龄段的一维特征分类,到中班的二维特征的逐渐分类,再到大班的同时满足两个特征的分类。

【案例分析】

蜂蜜蛋糕树(中班)①

◇活动设计意图

《蜂蜜蛋糕树》是一本绘本,其中蕴含的思想如下:"熊猫欢欢从家往外面走了5步的距离,埋下一坛蜂蜜。老鼠比斯吉看见了,就找了河马阿力一起去偷蜂蜜。可是它们怎么找都找不到那坛蜂蜜……"为了更适宜地传递给孩子正能量的情感指引,将原本小老鼠和河马"偷蜂蜜"调整为"为了早些吃到蜂蜜蛋糕,小老鼠和河马悄悄地帮助熊猫欢欢浇水施肥,可是同样走了5步,怎么也找不到蜂蜜罐"的故事情节,结合绘本中可爱的动物形象、柔和的色彩,使得故事更温馨感人,体现朋友间分享的美好情感。

"同样走5步,为什么找不到蜂蜜罐呢?"这个问题情境蕴含了"等量不等长"的数学元素,渗透着"自然测量"的概念。对于大班幼儿来说测量是认识量的手段,学习自然测量,可以加深幼儿对各种物体量的认识;有助于幼儿后期对不同量的测量工具的初步认识,培养幼儿对测量的探究和兴趣。符合幼儿的认知需求,并与生活紧密相关。

◇活动目标

1. 在故事情境中,尝试发现等量不等长的现象,积累有关距离比较的测量经验。

2. 大胆表述自己的体验和想法,感受自然测量的乐趣。

---

① 徐苗郎.数学活动这样做[M].上海:华东师范大学出版社,2014.

◇活动准备

多媒体，小老鼠、熊猫、大河马的头饰、脚印等。

◇活动过程

一、故事引入，引发兴趣

师：今天老师给你们带来了一个既好听又好玩的故事，故事的名字是《蜂蜜蛋糕树》。欢欢想起家中有一坛蜂蜜，心想：要是我埋下这坛蜂蜜，撒上面粉和糖，然后长出一棵蜂蜜蛋糕树就好了，因为我的朋友们最爱吃蜂蜜蛋糕。

二、理解走"5步"路的由来

师：第二天欢欢就从家门口出发，走了1步、2步、3步、4步、5步，就在这个地方挖了个大洞，将蜂蜜罐埋下。

关键提问：

1. 欢欢走了5步埋下了蜂蜜罐，那么什么叫作"5步"呢？

2. 我们应该怎么看？"5步"是指5个脚印吗？

师：我们大家一起来先走1步。什么叫"1步"？当一只脚跨出后，另一只脚跟上来，刚才这段距离，跨1步的空档处是"1步"。

小结：原来看脚步数是不能光看脚印数的。两个脚印之间的空档处才算"1步"。

三、尝试亲身试验，探索"等量不等长"

师：每天欢欢从家门口出发，走5步路去给蜂蜜罐浇水、松土、施肥。小老鼠为了想早日吃到香喷喷的蜂蜜蛋糕，它也悄悄地帮助熊猫浇水、松土、施肥，可是过了很久，也不见长出蜂蜜蛋糕树来。小老鼠想看个究竟，这里面到底有没有蜂蜜罐？于是就学着欢欢走了5步路去挖洞一看究竟。

关键提问：

1. 那么多的脚印，我们看一看，小老鼠走的步数对不对呢？

2. 小老鼠按照熊猫的脚步数走了5步后，开始挖蜂蜜罐，可是挖了很久也没有挖到。这是怎么回事？

师：于是它邀请了力大无比的大河马来帮忙，我们一起来数一数大河马走了几步？

关键提问：

1. 河马走了几步？

2. 河马成功了吗？为什么？

过渡：我们一起分别扮演故事中的小动物来找原因。我来扮演大河马，请一位朋友帮助大河马量一下每走一步留下的脚印。向前走一步，就在与我脚尖平的旁边留下脚印，再走一步又留下一个脚印，而且脚印都放在一边。看一看，同样走5步，发生了什么情况？为什么会这样呢？

（师幼共同扮演角色，体验走步。）

小结：因为每个动物身高不一样，走出的步子大小也不一样，高个子的步子大，矮个子的步子小，所以它们走5步的距离是不一样的。

四、故事圆满结尾

师：熊猫知道这件事之后，就决定带它们俩一起去看一下蜂蜜蛋糕树，三个朋友挖到了一颗大种子。这颗种子突然就开始发芽了，然后逐渐长大了，很快就长成一棵大树，树上结满了黄澄澄的蜂蜜蛋糕，发出奶油的香味儿。熊猫欢欢爬到蜂蜜蛋糕树上，摘下美味的蜂蜜蛋糕和它的朋友们一起分享。

案例评析

首先，目标定位清晰，环节设计合理。绘本蕴含的数学元素比较显性，根据大班上学期幼儿的年龄特点和本班幼儿的发展情况制订了两条目标。根据这两条目标，通过一开始目测感知故事画面中熊猫的5步脚印，个体走步体会“1步”“5步”的概念，到人人扮演不同动物角色理解“不同动物走相同步子距离不同”的概念，层层推进，环环相扣，在关键问题“等量不等长”上加以分解，帮助幼儿发现问题和解决问题，注重幼儿认知经验提升的同时也发展了其语言表达能力和思维能力。

其次，多媒体精妙配合，帮助幼儿主动学习。绘本故事中动物们由于跨出的脚步大小不同，走了相同步数却产生不同的距离，无法找到那颗种下的蜂蜜蛋糕树种子，这是一个幼儿不易理解的问题。利用动态的多媒体能使幼儿清晰地看到“等量不等长”的现象，并了解脚步大小不同，行走的距离也不同的道理，避免孩子纠结于什么是“5步”路，重点放在“1步”的理解上，最终明白无法找到蜂蜜罐的原因。

最后，师幼互动积极，活动氛围融洽。在整个活动中，教师能关注、鼓励幼儿主动学习，在活动中能适时地转变身份，采用角色扮演、及时小结、操作体验等多种方式引导幼儿积极迁移经验，拓展人际经验，通过个别指导和集体分享使不同的幼儿能在活动中得到表现的机会，师幼互动、幼幼互动积极良好，幼儿参与活动的热情和兴趣比较高。

二、学前儿童数学教育活动内容概述[①]

（一）学前儿童数学教育活动内容

学前儿童数学教育活动内容是教师对幼儿进行数学教育的依据，是幼儿学习并感知

① 赵振国．学前儿童数学教育与活动设计[M]．北京：北京大学出版社，2016．

自己周围生活中最初步的数、量、形、空间、时间等有关数学的知识。

1. 集合与分类

(1)感知集合及其元素,进行物体的分类。

(2)认识"1"和"许多"及其关系。

(3)以对应的方法比较两个物体数量的相等和不等。

(4)初步感知集合间的交、差集关系和包含关系。

(5)分类。包括一维特征、二维以上的特征、层级分类等。

2. 统计、排列、模式

(1)统计。在分类的基础上初步学会用简单的统计对资料做出分析,能看懂和学习用实物图示、图表和数符号等记录方式表征统计结果。

(2)排列。发现和识别物体排列的规律。

(3)模式。包括模式识别、模式复制、扩展、创造、比较、转换、应用与交流。

3. 数概念和运算

(1)10以内的数(包括基数、序数、数的实际意义、数量的比较与守恒、相邻数、零和10以内自然数列的等差关系等)。

(2)数数(唱数、手口一致点数、目测数、按群计数等)。

(3)书面数符号(数字的认读、书写)。

(4)数的组合与分解。

(5)10以内的加减运算。

4. 认识几何形体

(1)平面图形:圆形、正方形、三角形、长方形、半圆形、椭圆形、梯形 。

(2)立体图形:球体、正方体、长方体。

(3)图形之间的关系与等分。

5. 量的比较与自然测量

(1)比较大小、长短、粗细、高矮、厚薄、宽窄、轻重等量的差异。

(2)感知量的正、逆排序,量的守恒,量的相对性和传递性。

(3)自然测量。

6. 空间和时间

(1)空间方位:上、下、前、后、左、右、里、外、远、近等。

(2)空间运动方向:向前、向后、向左、向右、向上、向下等。

(3)区分早晨、晚上、白天、黑夜、昨天、今天、明天、星期、年月的名称及顺序。

(4)认识时钟:长针、短针及其功能,认识整点和半点。

思考与练习

1. 从《鼠小弟称重》《连在一起》和《寻找消失的爸爸》等绘本中挖掘幼儿数学教育内容。

2. 以一捆小木棒为操作材料,设计一则数学教育活动,说明蕴含的数学教育内容。

(三)各年龄段学前儿童数学教育内容与要求

各年龄阶段学前儿童数学教育内容与要求是各不相同的,具体见表2-1。

表2-1　各年龄段幼儿数学教育内容与要求

内容	小班	中班	大班
集合与分类	1. 根据物体的某一外部属性特征进行匹配。 2. 按物体某一特征(颜色、大小、形状、种类等)进行分类。 3. 区分"1"和"许多",并理解它们的关系。 4. 学会以一一对应方法来比较两组物体的多、少和一样多(物体个数在5以内)。	1. 能按物体的某一特征(高矮、长短、粗细等)进行分类。 2. 按物体的数量分类。 3. 能从不同角度给同样的物体进行分类。 4. 能按功用给生活中常见的物体分类,如给文具和玩具分类。 5. 尝试说出分类的理由。 6. 进一步以对应的方法比较不同类型物体的多、少和一样多(物体个数在10以内)。	1. 能按照给定的标准(概念水平)给熟悉的物体分类,如蔬菜和水果分类。 2. 能按物体的两种及两种以上属性特征给物体分类。 3. 学习按标记进行逐级分类。
模式与统计	1. 能识别所提供物体的排列模式。如ABABAB模式、AABBAABB模式。 2. 能对所提供的简单模式(如ABABAB模式)进行复制。	1. 能识别相对复杂的排列模式,如ABCABC模式、AAB-BAABB模式、ABBABBABB模式等。 2. 能对所提供的相对复杂的模式进行复制和扩展。 3. 能发现并说出环境中事物排列的简单规律,如衣服上的条纹是按红绿红绿的规律排列的。	1. 能识别构成模式的单元,如出示一排ABBABB模式的物品,能指出该模式的核心单元是ABB。 2. 能运用不同的方式和材料(图画、实物或动作等)表征有规律的模式。 3. 能运用所提供的材料创造一定的模式规律。 4. 学习统计(在分类的基础上初步学会用简单的统计对资料做出分析,能看懂和学习用实物图示、图表和数符号等记录方式表征统计结果。

内容	小班	中班	大班
10以内的数概念	1. 能进行10以内的唱数。 2. 能手口一致地点数5以内的物体，理解数的实际意义。 3. 能按数取物(5以内)。 4. 能采用目测的方式说出3以内物体的数量。	1. 能进行20以内的唱数。 2. 正确点数10以内的物体，理解数的实际意义。会按数取物和按物取数。 3. 学习目测群数。 4. 理解10以内相邻两数间的多"1"和少"1"的关系。 5. 初步认识10以内数的守恒。 6. 学习10以内的序数。 7. 学着10以内倒着数、接着往下数。 8. 认读10以内的阿拉伯数字。	1. 认识0。 2. 能按群计数，如用2个2个数或5个5个数的方式。 3. 学习10以内数的组成，理解总数和部分数间的等量、互补和互换关系。 4. 正确书写10以内的阿拉伯数字。
10以内的加减运算	—	—	1. 学习简单的口述应用题。 2. 能用算式来表示生活中遇到的数量变化和加减问题。如用2+3=5来表示2个糖果和3个糖果放在一起的事情。 3. 能对一定数量的物体进行等分，如二等分和四等分。
空间和时间概念	1. 以自身为中心区分上、下的空间方位。 2. 认识早晚(白天、黑夜)的时间概念及代表性的日长变化。	1. 以自身为中心区分前后、里外的空间方位，逐步学习以客体为中心区分前后方位。 2. 能用简单的方位词描述物体的位置。 3. 会按指定的方向(向上、向下或向前、向后)运动。 3. 认识昨天、今天、明天的时间概念。	1. 以自身为中心区分左右方位。 2. 学习用方位语言描述简单的路径，如：向前走到玩具店，往左拐，再往前走，就到学校了。 3. 认识时钟，学会看整点和半点。 4. 学会看日历，知道年、月、日、星期的名称及顺序。
量的比较及自然测量	1. 比较物体的大小和长短。 2. 从5个以内物体中找出并说出最大和最小的物体。 3. 按物体的外部特征(颜色、形状等)或量的差异特征(大小、长短等)进行3~4个及以上物体的正排序。 4. 能按一定的规则指示排序。	1. 比较粗细、厚薄、高矮、宽窄和轻重不同的两个物体。 2. 从几个物体中找出等量的物体。 3. 按物量的差异(粗细、厚薄、高矮等)和数量进行6以内的正、逆排序。 4. 能按一定规则指示排序(数量在6以内)。	1. 体验量的守恒。 2. 能在比较过程中体验量的相对性。 3. 按物体量的差异和数量不同进行10以内的正、逆排序。 4. 按一定规则自由排序，并初步理解序数之间的传递性和双重关系。 5. 学习自然测量。

拓展阅读

主题活动中的数学教育内容①

主题来源于儿童的生活，数学活动是在主题的背景下展开的。教师在设计数学教育活动时需要从与主题派生出的一些相关关键经验出发，思考可以根据儿童的生活经验渗透哪些相关的数学知识或数学概念，对主题中涵盖的数学教育内容进行分析和检核，以确定如何设计、组织相关的数学教育活动。例如，在“我爱我家”的主题中，中班儿童可能获得关于自己家里物品、家庭人数等经验，根据儿童的已有经验和兴趣，教师可生成一些数学活动内容，通过“我家的人”“家里的数字”“认识我的家”“我家的电话号码”等，把数数、认识序数、数物对应、方位比较等数学内容融合在主题活动之中。又比如“蔬菜”的主题活动。“蔬菜”主题来源于儿童的生活，儿童具有丰富的与“蔬菜”相关的知识经验，在蔬菜的主题网络中，可以包含蔬菜的食用方法、食用部位，蔬菜的种类、颜色，蔬菜的种植和生长地点，蔬菜的特殊用途等方面。在“蔬菜”主题中，可整合的数学教育内容有：

1. 分类活动

根据“蔬菜”主题网络下的内容，结合儿童的生活经验和已有的知识可以开展多种分类活动，如按蔬菜种类、颜色、食用部位、生长地点等进行分类，还可以将一组蔬菜按其不同特征进行多角度的分类。

2. 统计活动

在分类基础上可以进行统计活动，了解每类蔬菜的多少；用统计表示探索过程和结果；统计幼儿园（家中）所购买的蔬菜的种类，不同食用部位的各有几种。

3. 比较数量的多少和物体量的差异

在进行统计之后可以对蔬菜的数量进行比较，还可以比较各种蔬菜量的特征，如大小、长短、粗细、厚薄、轻重等。

4. 观察、记录种植蔬菜的生长情况

记录播种的日期，第几天种子发芽了，第几天长出了1片（或2片）叶子……

5. 蔬菜超市游戏

学习分类摆放蔬菜；体验在超市买菜，学习使用钱币买蔬菜，进行加减运算；学习制作蔬菜，感知物体形状等。

在“蔬菜”主题的数学教育活动中，各种数学教育活动紧紧依存于主题，儿童在生活化的情境中探索与自己生活密切相关的数学关系，建构数学的意义，从而也体验到数学的重要和有趣。

---

① 赵振国．学前儿童数学教育与活动设计[M]．北京：北京大学出版社，2016.

【考查要点】

学前儿童数学教育的目标与内容在历年考试中经常出现，题型多以选择题和活动设计题型为多。围绕幼儿数学教育的目标和内容，考查考生是否灵活掌握相应的理论知识，是否能根据给定的主题灵活设计该主题下的子活动，包括选择适宜活动内容，确定科学的活动目标，并能进行完整的数学教育活动设计，因此幼儿教师需要牢固掌握学前儿童数学教育的目标和内容，这是设计数学活动的基本前提。

【真题解析】

1.(2018年下半年)教师在重阳节组织幼儿到敬老院探访老人，这反映幼儿园教育内容选择的(　　)原则。

A.兴趣性　　B.时代性　　C.生活性　　D.发展性

【解析】C。幼儿园教育内容来源于生活，题干体现了幼儿园教育内容的生活性原则。

2.(2016上半年)教师拟定教育活动目标时，以幼儿现有发展水平与可以达到水平之间的距离为依据，这种做法体现的是(　　)。

A.维果斯基的最近发展区理论　　B.班杜拉的观察学习理论

C.皮亚杰的认知发展阶段论　　D.布鲁纳的发现教学论

【解析】A。解析：维果斯基的最近发展区理论认为，儿童有两种发展水平：一是儿童的现有水平，即由一定的已经完成的发展系统所形成的儿童心理机能的发展水平；二是即将达到的发展水平。上述题干中老师在制订教育目标时将幼儿现有发展水平和可以达到水平之间的距离作为依据正是维果斯基的最近发区理论思想的体现。

【真题模拟】

1.《幼儿园教育指导纲要(试行)》中的教育目标较多使用“体验”“感受”“喜欢”“乐意”等词语，这表明幼儿园教育强调(　　)。

A.知识取向　　B.情感态度取向　　C.能力取向　　D.技能取向

2.对幼儿学习品质的理解正确的是(　　)。

A.活动过程中的态度和行为倾向　　B.活动过程中的学习速度

C.活动过程中的知识积累　　D.活动过程中的道德品质

3.活动区活动该结束了，可是晨晨的游乐园还没有搭完，他跑到老师面前说：“老师，我还差一点儿就完成了，再给我5分钟，行吗？”老师说：“行，我等你。”一边说，一边指导其他幼儿收拾、整理……该教师的做法体现了幼儿园一日活动安排应该(　　)。

A.与幼儿积极互动　　B.根据幼儿活动的需要灵活调整

C.按作息时间表按部就班地进行　　D.随时关注幼儿的活动

4.教师在幼儿书写准备的指导中，不恰当的做法是(　　)。

A.用图画和符号表达自己的愿望和想法　　B.书写自己的名字

C.养成正确的写画姿势　　D.学习书写常见汉字

5.陶行知提出的“六大解放”指的是(　　)。

A.解放儿童的观察力　　B.解放儿童的体力

C.解放儿童的智力　　D.解放儿童的创造力

6.(论述题)在幼儿园教育活动中，为什么要关注幼儿学习与发展的整体性？请结合实例说明。

【思考实训】

1.4~5人组成一个小组，到幼儿园里观摩一节数学教育活动课程，并进行观察记录，活动结束后与执教教师进行分享交流。回来后，针对不同层次的目标，如年龄阶段目标、活动目标进行交流讨论，并落实到本节课的学习之中，分析所观摩的活动各级目标之间的关系如何？制订是否适宜，哪些目标达成了？进一步讨论目标制订对活动设计和实施的意义是什么？

2. 每位同学从幼儿身边的生活经验、一件教玩具或一本绘本入手，挖掘适宜的幼儿数学教育内容，并制订幼儿园某个年龄段的数学教育活动目标。

【推荐阅读】

[1]林泳海，徐宝良.学前儿童数学教育[M].北京：北京师范大学出版社，2015.

[2]周希冰，周利文.幼儿科学教育·数学[M].北京：北京师范大学出版社，2013.

第3章

学前儿童数学教育的途径与方法

某大班初期的幼儿对10以内的加减运算已经对答如流。在一次测查中，研究人员询问该幼儿“3+4=7”表示的是什么意思。他除了回答“表示3加上4就是7”之外，任凭研究人员怎样提示，也不能举出一件能够用这个算式来表示的具体事情。[①]

这个事例表明幼儿能熟练地解答数学问题，却不能将其还原为具体问题，这也反映幼儿能够进行抽象符号运算的表面现象掩盖不了他理解上的缺陷，即他不懂的抽象符号所表示的具体意义。那么，幼儿园该如何开展数学教育活动？幼儿园数学教育途径有哪些？又有哪些具体的教育方法呢？让我们带着这个问题开启本章内容的学习。

①张慧和，张俊．幼儿园数学教育[M]．北京：人民教育出版社，2004.

【学习目标】

1.知识目标:掌握学前儿童数学教育的主要途径,以及各种途径的主要特征和运用要点;掌握学前儿童数学教育的基本方法,理解各种方法的含义、特征和适用条件。

2.技能目标:学习幼儿园数学教育活动设计方案的撰写;会根据幼儿园数学教育的目标与内容,灵活选择适宜的教育途径和方法。

3.情感态度目标:喜欢设计与组织幼儿园数学教育活动。

【学习重难点】

1.掌握幼儿园数学教育的途径与方法。

2.学会根据幼儿园数学教育的目标与内容,灵活选择适宜的教育途径和方法。

【知识结构图】

- 学前儿童数学教育的途径与方法
  - 学前儿童数学教育的途径
    - 专门的数学教育活动
    - 渗透的数学教育活动
  - 学前儿童数学教育的方法
    - 操作法
    - 游戏法
    - 比较法
    - 讨论法
    - 寻找法
    - 启发探索法
    - 讲解演示法
  - 学前儿童数学教育环境的创设
    - 幼儿园数学教育环境的创设
    - 操作性材料的种类和来源

第一节 学前儿童数学教育的途径

学前儿童数学教育的途径是指实施数学教育所采取的活动组织形式，十分灵活且丰富多样，既可以是教师系统地、有目的地精心设计并组织的数学教学活动，也可以是儿童自主选择的数学游戏，还可以是渗透于一日生活及其他教育活动之中的活动。数学教育活动承载着各种数学教育目标，完成对儿童的数学启蒙教育的任务。

一、专门的数学教育活动①

专门的数学教育活动指教师组织或安排专门的时间让幼儿参加的专项数学活动。其中又分为教师预定的数学活动（正式的数学教育活动）和儿童自主选择的数学活动（非正式的数学教育活动）。

（一）正式的数学教育活动（数学教学活动）

正式的数学教育活动是教师在一定目的、计划指导下，组织全体儿童学习数学的专项活动，具有如下特征：

（1）系统性。正式的数学教育活动往往参考数学教育目标、内容和要求，分年龄、分学期系统地制订学习计划，按月、周实施。

（2）有目的、有计划。教师根据数学教育目标和要求，有计划地选择教育内容，确定具体的活动目标，采用合适的教育方法，开展面向全体儿童的教育活动。

（3）教师指导下，儿童主动参与活动。活动是教师设计和指导的，通过启发儿童感知、观察、操作、交流和讨论等，使儿童能主动参与活动，从活动中获得数学经验，自主建构数学知识，感受集体学习的氛围，增强数学学习的兴趣。

学前儿童数学教育活动计划是指教师根据学前儿童数学教育的目标、内容及儿童的认知发展水平和特点，有计划、系统地设计与安排的各种类型的数学教育活动方案。制

① 黄瑾．学前儿童数学教育[M]．上海：华东师范大学出版社，2007．

订科学、适宜的数学教学活动计划，是有效实现学前儿童数学教育目标，促进儿童发展的保证。数学教学活动计划一般格式如下：

1. 活动名称

2. 活动目标

3. 活动准备

4. 活动重难点

5. 活动过程

6. 活动延伸

（二）非正式的数学教育活动（数学游戏活动）

儿童自主的数学教育活动一般也是数学游戏活动，是将抽象的数学知识寓于儿童游戏中，让儿童在游戏活动的进程中学习数学，以完成一定数学教育任务的有规则的游戏活动。此类活动的特征是将要求儿童掌握的初步的数学知识和技能渗透到一定的规则和动作中去，让幼儿在按规则和动作进行游戏的过程中进行观察、比较、分析、综合、概括和推理判断等思维活动，从而获得数学知识、发展思维、提高数学能力。

通过将儿童所学的数学知识和游戏活动相结合，可以将抽象的数学知识具体化、形象化、童趣化，符合儿童的年龄特点。儿童以喜爱的方式进行数学学习并体验其中的快乐，有利于调动儿童的学习积极性，是儿童数学教育独特而有效的教育途径。

思考与练习

何谓正式的数学教育活动，非正式的数学教育活动？请结合实际，谈谈你对两类活动价值定位和实际运用的理解。

二、渗透的数学教育活动

渗透的数学教育活动是指除专门的数学教育活动外，渗透于其他教育活动和幼儿日常生活中的数学教育活动。其中包括日常生活中的数学教育、主题活动中的数学教育及其他领域活动中的数学教育。

（一）日常生活中的数学教育

儿童生活的现实环境中充满了与数、量、空间有关的数学内容，能为儿童提供自主、自发的数学学习环境，使儿童在轻松自然的情境下获得简单的数学知识，激发其学习数学的兴趣。这类活动具有经常性、真实性、渗透性，往往以问题解决为出发点，因而需要教师在一日生活中捕捉数学教育的时机，关注儿童解决问题的兴趣和动机，适时对儿童加以引导，让儿童在自然的情境下学习数学、感知数学、积累数学经验，体验应用数学解决实际问题的乐趣，感知数学的有用，获得逻辑思维和推理能力的发展。

例如，上下楼梯时可以引导儿童一边走，一边数阶梯的数量；晨间活动时，可以引导儿童观察树木的粗细；午餐时，可让儿童数碗筷；在整理玩具时思考分类；在照顾植物时复习序数；在玩沙水时，感知不同大小水瓶在装水和沙时容量的差异；在参观超市时认识钱币，并在运用10元人民币购买商品时复习加减运算。教师在组织这些活动时如能将数学知识渗透其中，引导儿童解决实际问题，就能使儿童体会数学就在身边，并乐意探索数学、运用数学。

（二）主题活动中的数学教育

主题活动是指在一段时间围绕一个中心内容（主题），将各个领域与学科的知识经验和相关技能融为一体的教育活动。在主题活动中，由于主题活动的内容来源于儿童的生活，它就像一张网，将与主题相关的各类学习经验通过一系列教育活动编织在一起。主题活动中的数学教育内容的整合是自然渗透的，是逐渐生成的。目前，幼儿园数学领域的主题活动一般分为两种类型。

一是以其他教育内容为主线的主题活动。这类主题活动中的数学内容和问题隐藏在儿童的探索学习过程中，需要教师去主题中寻找，分析并发现其中数学教育的价值，进行整体设计。比如，“我生活的地方”这个主题活动，涉及的范围较广，在此主题下可挖掘和整合的数学教育内容有：感知物体的形状及物体量的差异，感知时间、空间方位，学习加减运算等；在学习过程中可学习的数学操作技能有比较、分类、排序、统计等。

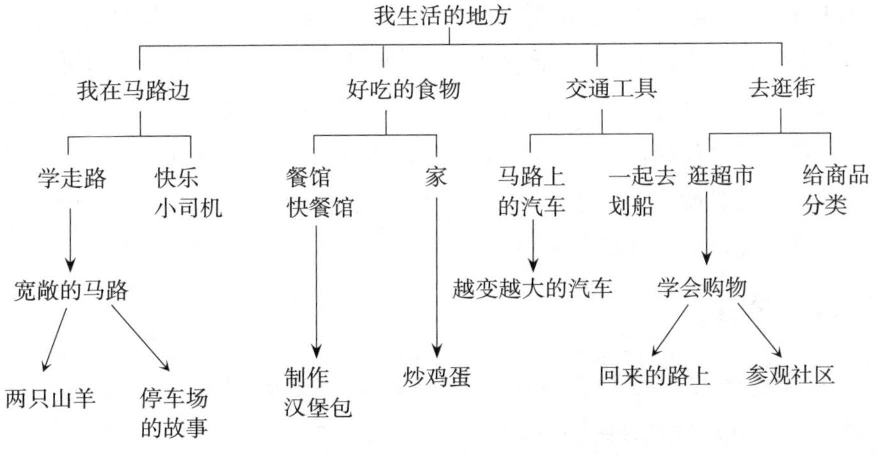

图3-1 “我生活的地方”主题网络[①]

二是以数学教育内容作为主线的主题活动。其数学活动是在某个大主题的背景下展开的，需要教师思考此主题下还可以包含哪些领域内容，并根据儿童的学习经验，围绕数学教育主题开展活动。比如“超市购物”主题网络中，教育者创设与营造了一个以数学

①图片来自史月杰主编的《幼儿园数学教育与活动指导》。

教育为主线的“超市购物”情境，体现了情境学习和问题解决的学习方式，其数学内容包括：物品分类、认识人民币、10以内加减运算及应用题。

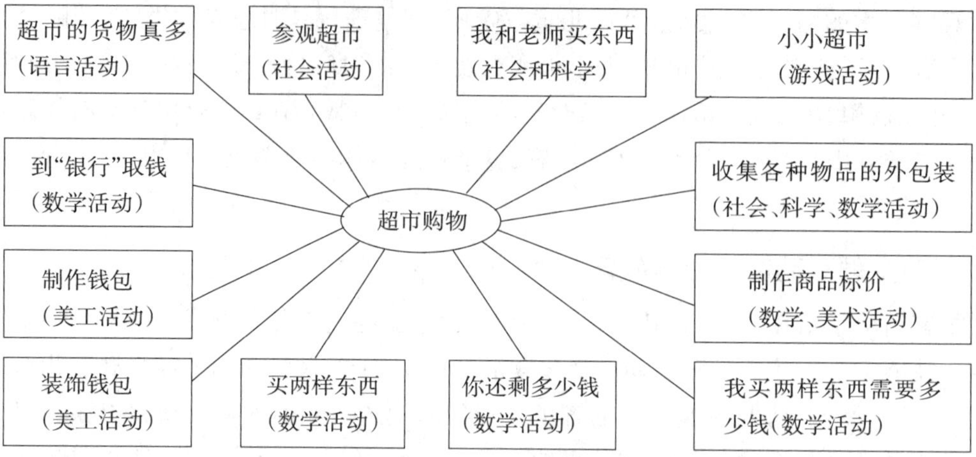

图3-2 “超市购物”主题网络①

（三）其他领域活动中的数学教育

在幼儿园各领域的教育中，由于各种知识是互相联系和渗透的，都不同程度地表现为一定的数量关系和空间形式。又由于儿童需要以各种操作或数学动作来建构知识，需要用语言来表达在操作过程中获得的数学经验和发现的问题，通过同伴间的交流使儿童获得的数学经验更加清晰。比如在语言活动中，教师讲故事《两只大狗熊》，两只大狗熊反复分蛋糕的过程中蕴含的等分的数学问题，正是儿童学习等分问题的好时机。在美术活动中，儿童在绘画、泥工、剪贴的活动中，往往需要用数学知识辨认物体形状、大小、比例及空间位置，感知守恒概念等。在体育活动中，儿童的走、跑、跳等动作是感知上、下、前、后、左、右等空间方位和向上、向下、向左、向右等运动方向的最自然的数学学习时机。

在其他领域中，教师应从整合多方面教育要素的思想出发，自然、有机地渗透数学教育，这是儿童数学教育的有效辅助方式。

思考与练习

如何理解幼儿园专门的数学教育活动与渗透的数学教育活动各自的价值？它们之间的关系？谈谈你的认识。

①图片来自张慧和、张俊主编的《幼儿园数学教育》。

第二节
学前儿童数学教育的方法

学前儿童数学教育目标能否达成，在很大程度上取决于教师能否针对数学教育目标、内容和对象，科学、适宜地选择不同的教育方法。

一、操作法

（一）操作法的含义

操作法是指给幼儿提供合适的操作材料，让幼儿在自己摆弄材料的实践过程中进行探索，获得数学感性经验和逻辑思维能力的一种方法。操作法的特点是将数学概念转化成幼儿可以操作的学习活动。例如，提供给幼儿随意堆放的8颗大小、颜色、形状不同的纽扣，让幼儿在摆弄中发现，两个孔的红色圆纽扣有4颗，四个孔的白色圆纽扣有3颗。幼儿还可以通过排一排来数一数不同纽扣的数量。①

（二）操作法的运用及注意事项

1. 明确操作目的

教师在设计活动时，应尽量从幼儿的操作开始，活动的整个过程以幼儿操作为主，让幼儿开动脑筋探索知识并获得经验。教师在此基础上，再引导讨论操作的结果，达到帮助幼儿整理经验、明确概念的目的。

2. 创设操作条件，交代操作规则

教师应为幼儿提供可操作的合适的场地以及足够儿童摆弄物体和思考、探索的时间。教师可以在儿童动手操作之前先向儿童说明操作的目的及具体的操作方法，以保证幼儿操作具有一定的方向性，减少盲目性、随意性。

---

① 周希冰，周利文．幼儿科学教育·数学[M]．北京：北京师范大学出版社，2013．

3. 体现操作过程的层次性

幼儿的学习特点和能力具有差异，操作活动在材料准备、活动方式、过程、要求等方面应体现差异性和层次性。如对于小班的幼儿，不仅要为他们提供人手一份的操作材料，且要求动手摆弄的操作可多些；而大班幼儿的粘贴、涂色、记录等书面操作材料可多些，且可以安排小组共用一份操作材料，培养幼儿的合作能力。

4. 评价操作结果

幼儿操作以后，老师应该围绕操作所要达到的教学目的，和幼儿一起讨论他们操作的结果，帮助幼儿将他们在操作中获得的感性经验予以整理归纳，形成初步的数学概念。

5. 与其他方法有机结合

强调数学教育中充分发挥操作法作用的同时，也要考虑与其他多种方法有效地结合。操作法可与分类、排序、比较、分合、计数等内容相结合，引导幼儿进行拼摆、画、剪、贴、推、投等操作活动。发挥每一种教学方法的优点，共同促进幼儿数概念和数思维的发展。

【案例分析】

小熊过生日（中班）

◇活动目标

1. 学习用目测的方法进行4以内的数数。
2. 在游戏化的情境中体验数学活动的乐趣。

◇活动准备

小熊头饰，泡沫塑料板，4根木制生日蜡烛，图片4张（2个盘子、3个盘子、4个盘子、5个盘子），4个客人（小兔、小牛、小狗、小羊）头饰，勺子、叉子若干。

◇活动过程

引入：播放《生日歌》，出示小熊和生日蛋糕，蛋糕上插有4根生日蜡烛，营造小熊生日会的快乐气氛。

1. 邀请所有的小朋友来参加生日会。先请大家注意生日蜡烛，并要求快速说出：这是几根蜡烛？

2. 对很快回答的小朋友说：你回答这么快，是怎么知道的？为了印证目测快，再请两个小朋友来比赛，一个用一一点数的方法，一个用目测的方法，来看今天来了几个客人。

3.所有小朋友为4个客人准备餐具(盘子),即选出画有4个盘子的图片。

4.用目测的方法为客人们选餐具:4个叉子,4个勺子。

案例评析

在这个案例中,幼儿通过扮演小熊和4个客人,学习了目测数的方法,既满足了幼儿喜欢游戏的特点,又提高了他们计数的能力。

二、游戏法

(一)游戏法的含义

游戏法是指将抽象的数学知识寓于幼儿感兴趣的游戏中,让幼儿在游戏活动中学习数学,以完成一定数学教育任务的有规则的游戏活动方法。游戏法有利于调动幼儿学习的积极性和兴趣。

(二)游戏的类型

1. 操作性数学游戏

操作性数学游戏是指幼儿按照游戏规则,通过操作玩具和实物材料,从而获得数学知识的游戏活动。例如,"小鸡捉小虫"游戏,幼儿扮演小鸡宝宝,跟随老师扮演的鸡妈妈学本领——捉小虫,从中学习比较多少、比较大小、1和许多、点数5以内数等知识。

2. 情节性数学游戏

情节性数学游戏是指有一定的游戏情节、内容和角色,通过游戏情节的安排来体现所要学习的数学知识的游戏活动。这类游戏一般以一个主题贯穿整个游戏,较为适合年龄小的幼儿。游戏的过程不宜太新奇、规则不宜太复杂,以免分散儿童的注意力。例如,"猫抓老鼠"游戏,其中一个幼儿扮演家里的大花猫,其他幼儿扮演老鼠,抓到一只就放到圆圈里,抓到许多次后,就有"许多"老鼠了,以此感知1和许多的关系。

3. 竞赛性数学游戏

这种数学游戏带有竞赛性质,它更适合中、大班幼儿。这类游戏不仅切合幼儿的好胜心理,而且有助于幼儿巩固所学知识,发展思维的敏捷性和灵活性。比如学习空间方位概念时,教师设计"找宝藏"看哪队找到的多,说得准确。

4. 运动性数学游戏

这类游戏将数学概念和知识寓于运动活动之中,既满足了幼儿好动的天性,又渗透了数学的初步概念。比如,大班幼儿通过掷飞镖的游戏来学习数的组成。

5. 多感官的数学活动

幼儿通过不同的感官进行数学学习，体现幼儿对初步数学知识的充分感知。如让幼儿通过看一看、听一听、摸一摸活动多方面地理解数的实际意义。在认识几何图形中，可以以“奇妙的口袋游戏”通过触摸来感知图形的不同特征。

(三)游戏法运用时的注意事项

1. 游戏的选择

每个数学问题都有其自身的特点，教师在选择游戏时，需根据数学内容和目标要求采取与之相适应的游戏活动。

2. 时间的长短

小班幼儿的注意力一般只集中2~4分钟；中班幼儿的注意力集中3~8分钟；大班幼儿的注意力集中5~10分钟。教师在设计游戏时应遵循这个规律，安排合理的游戏时间。

3. 尊重幼儿的发展水平和兴趣需要

选择难度适宜、符合幼儿兴趣及发展需要的数学内容来融入游戏，使他们获得成就感，这有利于增强幼儿学习数学的兴趣和培养其良好的情感态度。

【案例分析】

“占圈圈”的游戏①

操场上，老师正在和孩子们一起玩“占圈圈”的游戏，地上放着红、绿两个塑料圈，孩子们按照老师发出的口令：男孩回到红色的“圈圈家”，女孩回到绿色的“圈圈家”，孩子们各自奔向自己的家，以安全地躲避大灰狼。在重复的游戏中，老师的口令不断变化，根据孩子们穿的衣服颜色、鞋子种类、身上饰物、头发长短等特征进行区分性提示，等孩子们熟悉这个游戏以后，老师提问孩子：你们谁想来试试做一个发口令的人呢？我们还可以怎样来发口令让大家都能安全地躲到圈圈家里去呢？

案例评析

目标定位清晰，环节设计合理。在大班里，我们很少留意幼儿在生活和游戏中对集合的思考和体验，然而在这个运动性游戏中，孩子们在辨识、区分、奔跑、躲避……而他们在判断和行动中其实都围绕着一个最基本的核心经验：对集合概念的认识。

① 黄瑾，田方．学前儿童数学学习与发展核心经验[M]．南京：南京师范大学出版社，2015.

三、比较法[①]

(一)比较法的含义

比较法是通过两个(组)或两个(组)以上物体的比较,让幼儿找出它们在数、量、形等方面的相同和不同的一种学习方法,被广泛运用到数学教育活动中。

(二)比较法的分类

1. 按比较的性质分类

(1)直接比较。

直接比较是指对两个物体(组)的量或数的比较。两个物体间量的比较,是两个物体在大小、长短、高矮、粗细、宽窄和厚薄等特征方面的比较。比如两本书的厚薄、两根绸带的宽窄等。这种量的比较应将物体靠近在一起才有利于比较的准确性,可避免儿童因物体之间的距离造成视觉上的错误。

(2)间接比较。

间接比较是指两个以上物体(组)的量或数的比较。复杂的比较也可以叫连续比较,因为它是连续进行的两个物体(组)间的比较,是以简单比较为基础所构成的被比较对象之间较为复杂的关系。对3个以上10个以内物体按某一特征进行排序等,均属复杂性比较(如图3-3,图3-4)。例如,比较3本书中哪本书最厚,哪本书最薄。

图3-3　比厚薄

图3-4　比长短

2. 按比较的排列形式分类

(1)对应比较。

①重叠比较:把一个物体(组)重叠在另一个物体(组)上,形成两个物体(组)之间一一对应的形式,进行量或数的比较。将3个杯子一一重叠在3个盘子上,比较它们的数量是相同还是不同(如图3-5);小朋友坐在跳跳球上,比较小朋友和跳跳球的数量是相同还是不同(如图3-6)。

---

①李玲.学前儿童数学教育[M].成都:西南交通大学出版社,2013.

图3-5　重叠比较

图3-6　重叠比较

②并放比较：把一个物体(组)并放在另一个物体(组)的旁边，形成两个物体(组)之间一一对应的形式，进行量和数的比较。如3个茶杯，一一对应地放在3个茶壶的旁边进行比较(如图3-7)。

③连线比较：将物体与有关的其他物体、形状和数字等，用(画)线连接起来进行比较(如图3-8)。

图3-7　并放比较

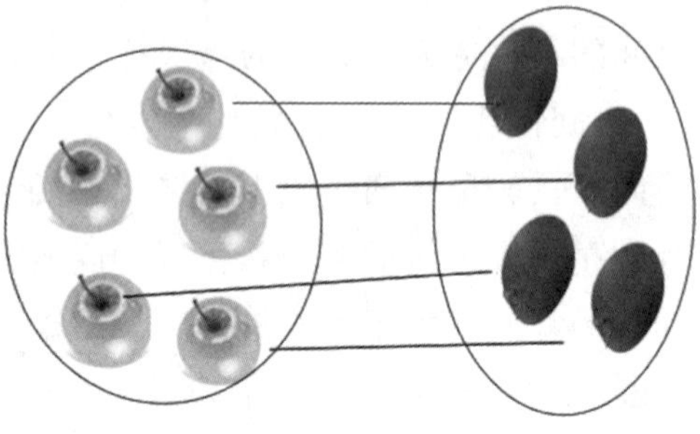

图3-8　连线比较

(2)非对应比较

①单排比较：将物体摆成一列或一行进行比较(如图3-9)。

②双排比较：将物体摆成双排进行比较。如有：异数等长、异数异长、同数异长等(如图3-10)。

图3-9　单排比较

图3-10　双排比较

③变式比较：将一组物体做不同形式的排列进行数量比较(如图3-11)。

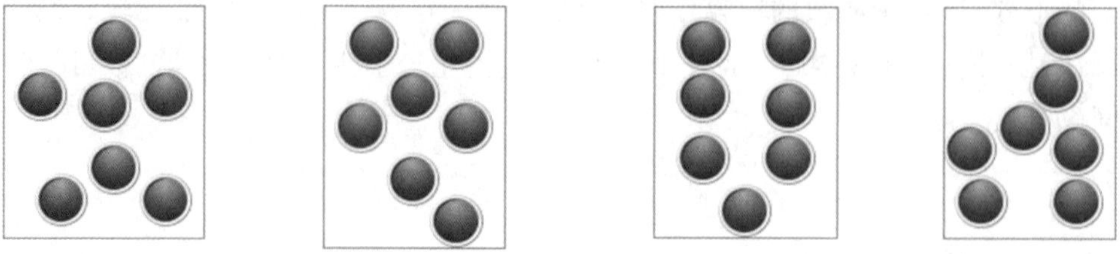

图3-11　变式比较

(三)比较法运用时的注意事项

(1)要组织幼儿细致地观察物体的数量和形状特征,在充分观察的基础上,再进行数和形方面的比较。

(2)运用比较法不只限于让幼儿用视觉进行观察比较,还要尽量让幼儿亲自动手进行比较。

(3)在比较判断的过程中教师要以启发性问题(启发的问题应围绕目标,突出数、量、形的要求),指导幼儿进行比较并进行正确判断。

(4)在运用重叠、并放、连线等比较形式时应有意识地指导幼儿理解对应(匹对)的含义并掌握正确对应的技能。

(5)比较法的选择应根据不同年龄班幼儿的现有水平和教学内容来确定。

四、讨论法

(一)讨论法的含义

讨论法是指教师引导幼儿有目的地、探讨性地学习数学的一种重要方法、它是一种多边的活动过程,可以是教师与幼儿之间,也可以是幼儿之间的讨论,它能够起到相互交流、相互启发、共同探究的作用,有利于进行分析与归纳,有利于幼儿初步数概念的形成及思维的发展。讨论法常常与操作法结合在一起使用。

(二)讨论法运用时的注意事项

1. 要有讨论的基础

幼儿在开展讨论前需有一定的知识经验和感性认识,因为幼儿只有有了一定的感性认识,才能对要讨论的内容做出积极的反应,才能接受讨论的最终结果。因此,操作体验是讨论的基础,讨论常常伴随着操作活动展开。

2. 要注重讨论的过程

幼儿数学教育的重点不在于传授知识,而在于促进幼儿思维的发展,因此讨论的过程比结论更重要。在讨论过程中,教师要关注幼儿的操作体验,观察分析幼儿在讨论中的反应,了解幼儿的思维形式和思维活动的过程,在此基础上再进行有针对性的引导。

3. 注重差异,因人施教

教师应让不同能力水平和性格特点的幼儿参与讨论活动,给幼儿更多自由讨论的空间、时间,在宽松自由、无拘无束的讨论环境中帮助儿童克服自卑感、紧张感,树立起自信心,大胆地说出自己的意见,当幼儿有了一定的基础之后,教师就可以提高问题的难度。

【案例分析】

小鸡搬家(大班)[①]

◇活动目标

1. 复习8的组成,理解8的加减含义,会根据算式算出得数。

2. 对加减运算感兴趣,在游戏情境中体验快乐。

◇活动准备

物质准备:写着7的组成的气球,小鸡的家(背景),8的第一、二组加减(活动的、书写的、游戏的),记号笔,抹布,花娃娃,夹子,数字1~8的卡片。

经验准备:对7以内加减有一定理解,学过8的组成。

◇活动过程

1. 复习8的组成(情境:庆祝小鸡搬家)。

游戏:放气球(歌曲问答:气球上面有题目,我们大家来放气球,8可以分成1和几,1和几组成8 ……)

2. 集体学习8的第一组加减(情境:新房子里的小鸡的颜色不一样、小鸡去玩)。

(1)根据颜色不同,幼儿理解1只红小鸡和7只黄小鸡合起来是8只,引导列式计算1+7=8。

(2)把小鸡位置进行交换,幼儿感知小鸡总数不变的道理(巩固理解加法交换律),引导列式7+1=8。

(3)分别以1只小鸡去玩和7只小鸡去玩,引导孩子列式8−1=7和8−7=1,理解减法含义。

(4)共同整理,朗诵算式。

3. 探索学习8的第二组加减(情境:看花,为小鸡家门前的花娃娃打扮——用夹子扎辫子)。

(1)为花娃娃打扮。根据上面的算式,请你用夹子帮忙算出得数,既扎好了辫子又算出了得数。请大家试一试。

(2)把花娃娃送到相应的花园里。(如2+6=8,送到8号花园)

(3)对孩子的经验进行整理。引发交流与讨论:你为花娃娃扎了几个辫子?为什么?

得出:2+6=8、6+2=8、8−2=6、8−6=2。

---

① 黄瑾. 幼儿园数学教育与活动设计[M]. 北京:高等教育出版社,2010.

(4)小结:8的第二组加减。

4.总结活动。

看花娃娃有没有哭。(评价对错)

活动评析

这个活动目标明确,而且整个活动有丰富的材料,特别是活动过程3"探索学习"中的操作,探索8的第二组加减,这个操作过程兼顾了不同幼儿的发展水平,因为幼儿在加减时会使用不同的策略:实物加减、数数加减、应用数的组合知识加减。教师在设计本次活动前已经摸清了幼儿的发展水平,可以应用数的组合进行加减,但在过程3中,幼儿给花娃娃打扮时,不一定会应用教师所教的8的组合知识,教师需在一旁观察提醒。如果个别幼儿加减水平滞后,需要分析具体原因。

五、寻找法

(一)寻找法的含义与分类

寻找法是让幼儿从周围生活环境中寻找数、量、形及其关系或在直接感知的基础上按数、形要求寻找相应数量的实物的一种方法。它也是幼儿数学教育中经常使用的一种基本方法,其具体形式有三种:第一,在自然环境中寻找,例如引导幼儿发现图片中的1和许多。第二,在已准备的环境中寻找,例如找找活动室里有哪些圆形的物体。第三,运用记忆表象来寻找。可以启发儿童在直接感知的基础上运用记忆表象,寻找出相应的物体。

寻找法不仅可以提高幼儿学习的积极性,使儿童的好奇心得到一定的满足,同时也有利于培养儿童的观察力、注意力和综合分析能力。

(二)寻找法运用时的注意事项

(1)根据具体的教学内容及儿童的年龄特点适宜地选用,避免追求形式。

(2)寻找法可以和游戏法相结合,特别是年龄小的儿童,利用游戏的口吻、游戏的情节及游戏的场景启发儿童寻找。

(3)教师对儿童的寻找要进行必要的引导和启发。

六、启发探索法

(一)启发探索法的含义

启发探索法是指对于一些数学知识、简单的数学逻辑规律等,用启发、引导的方式,让幼儿从已有的数学知识经验出发,自主探究、合作交流,通过积极的思维,探索并获取新知识的方法。此法最显著的特征是让幼儿在学习中探究和在探究中学习。

(二)启发探索法运用时的注意事项

(1)提供有利于幼儿探究发现的环境。比如对于5的组成,教师提供直观、具体的学习环境,启发幼儿思考“发现了什么”,让幼儿自主探究发现(如图3-12)。

图3-12　5的组成

(2)充分发挥教师的启发、引导作用。教师通过多样性的提问,如正面问题、反面问题、开放性问题、拓展性问题等,给予幼儿较多的思考和探究的机会。例如在学习比较物体数量的多少时,教师提问:“你可以用什么方法让苹果和梨一样多?”这个开放性的问题能引导幼儿采取添上或拿走两种方法解决问题。

(3)为幼儿提供交流和表达探究发现的时间。在幼儿思考探索的基础上,教师组织幼儿进行讨论交流,让幼儿有大量的机会表达自己的发现。

【案例分析】

学习6的组成(大班)

首先,提供操作材料引导幼儿操作并发现6的部分形式,一般只提供6的组成的一半内容,即“6可以分成5和1”“6可以分成4和2”“6可以分成3和3”如图3-13所示。

其次,启发幼儿运用规律,由已知的组成推出未知的组成形式,启发幼儿思考“6还可以分成几和几”,引导幼儿推出“6可以分成2和4”“6可以分成1和5”,从而掌握6的组成的全部形式,如图3-14所示。

6

5　1
4　2
3　3

图3-13　6的部分组成

6

5　1
4　2
3　3
2　4
1　5

图3-14　6的全部组成

最后，用互换律和互补律进行验证，使幼儿对6的组成形成完整的认识。

活动评析

在此案例中，幼儿在补充6的组成形式的过程中，运用了互换律和互补律，从而对数的组成规律形成了完整的认识，提供了幼儿探索和推理的能力。基于此，教师可以进一步引导幼儿探索7~10的组成形式。

七、讲解演示法

(一)讲解演示法的含义

这是在数学活动中将演示与讲解相结合的一种方法。教师通过操作演示教具的过程，把抽象的数学知识直观地呈现出来，同时通过生动、明确的语言对演示的过程进行说明和解释。讲解演示法既能够使抽象的数学知识具体化、形象化，使幼儿获得丰富的、典型的感性材料，又能启发幼儿的思维，帮助幼儿理解所学内容的难点。

(二)运用讲解演示法要注意的问题

(1)突出重点、突破难点。

(2)教具的演示要便于幼儿观察，启发幼儿思考。

(3)语言的讲解要明确、简洁、生动。

(4)始终突出幼儿是学习的主体。

总之，“教有法而无定法”，教学方法具有很大的灵活性和创造性，教师在选用具体方法时，应考虑教学目标、教学内容、教学对象等多种因素，让幼儿在有趣的学习中得到初步数学知识的启蒙，从而促进幼儿思维的发展。

思考与练习

试拟定一个年龄段幼儿园数学教育活动方案，选用适宜的教学方法。

第三节 学前儿童数学教育环境的创设

学前儿童是在材料的操作和感知的基础之上建构数概念和发展思维能力的，因此对儿童的数学学习和幼儿数学教育来说，数学教育环境和材料投放显得尤其重要。创设适宜的数学教育环境、提供操作材料能激发学前儿童的学习兴趣。学前儿童在反复地摆弄、尝试和探索过程中，对操作材料中蕴含的数学概念进行感知和体验，不仅可获得相应的数学感性经验，而且能学习正确的、规范的动手操作的方式和方法，养成喜欢操作的习惯，提高操作技能。

一、幼儿园数学教育环境的创设

作为影响儿童数概念的重要因素和条件之一，幼儿园数学教育环境问题得到学前教育工作者的高度关注。

(一)数学环境创设时应让幼儿感受数学美

数学与音乐、美术一样具有美的吸引力和感染力。感知数学美，可以帮助学前儿童从形象化入手理解抽象的数学知识。比如比例美(美就是和谐，而和谐是由一定数量比例、数学规律设计组成的)，按“环境分割”比例设计的长方形是最美丽的长方形，如画面、书本、邮票、照片等常见的物体是以此比例设计的。又比如几何美，在大自然和人造物体中具有许多由数学中的直线和曲线构成的美丽形状，如楼房是直线的、花是曲线的、贝壳是螺线形的、鸡蛋是卵线形的等。

艺术美具有形象和抽象之分。数学的抽象是对具体形象的高度概括和升华，抽象的形式更集中和富有启发性，能激发幼儿丰富的想象力和创造力。数学教育环境创设时应渗透数形结合，变抽象数学为形象数学，便于幼儿理解数学知识。

(二)依托幼儿园公共空间引发幼儿自主感知、学习数学

《幼儿园教育指导纲要(试行)》指出:“环境是重要的教育资源,应通过环境的创设和利用,有效地促进幼儿的发展。”环境与学前儿童的发展关系密切,环境创设具有教育价值。对幼儿园数学教育而言,应充分借助幼儿一日生活的整个空间环境渗透数学,把幼儿获得数学学习的环境拓展到幼儿园所有的活动区域内,如操场、门厅、走廊、餐厅、走廊、盥洗室等,幼儿在这些空间活动时接触到大量有关数、量、形、时间和空间等数学知识,激发幼儿数学学习的兴趣,使幼儿潜移默化地主动学习。

(三)利用区角活动空间合理投放材料激发幼儿有效的数思维

区角活动是一种充分利用环境和材料,让幼儿以个别或小组的方式,自主选择、主动操作、探索学习,感知、修正和表达经验,获得身体、情感、认知和社会性等各方面发展的教育组织形式。幼儿园数学教育应充分利用区角活动空间,合理投放材料,为幼儿自由、主动、有效地学习数学提供条件。在数学区角活动中,材料投放是幼儿主动学习的关键。

数学操作材料投放的要求包括两个方面:其一,关注材料和活动内容本身的系统性、层次性。教师在投放数学区角材料时不仅要关注幼儿的兴趣、需要和年龄特点,还要关注到活动内容和材料本身的系统性,即数学知识结构本身的逻辑性、层次性。因此数学材料的投放应有序而递进,有组织和系统性。比如教师投放的不同颜色的塑料瓶、不同粗细的塑料管和不同点数的花片,幼儿可自由挑选材料进行分类、对应、排序等数和量的操作,体现幼儿发展水平的差异。区角活动目标往往体现的是教师根据一个学期目标或月目标制订的较长远和宽泛的目标,因此不要求幼儿在一次活动中达成。其二,体现材料和活动内容的开放性和动态性。区角活动的特点是支持幼儿个别化的学习方式,幼儿在操作区角材料时经常会自主突破常规思维,创新活动内容和材料,这是幼儿通过假设、想象另谋活动途径和方式,赋予活动内容和材料以新的诠释,这也是幼儿下意识的变通。因此数学操作材料投放应体现开放性,支持幼儿的各种“变通”。动态性指教师根据幼儿操作情况,适时调整材料的难度,引导幼儿进一步自主探索和学习。一般而言,越是低结构的材料,越能引发和支持幼儿持久的、个性化的、自主的探索和学习。①

二、操作性材料的种类和来源

(一)实物材料类

此类材料是生活中容易收集到的或幼儿感兴趣的物体,具有自然属性,便于幼儿操作。主要有以下几类:

① 黄瑾.学前儿童数学教育与活动指导[M].上海:华东师范大学出版社,2014.

1. 玩具和一些日常生活用品

例如：皮球、娃娃、玩具汽车、小杯子、小碗、纽扣、小珠子、塑料拼插玩具、小镜子、积木、吸管、筷子、大米、花生、瓜子、核桃等。在小班分类活动中，幼儿最先接触的是实物分类，可选择纽扣、雪花片、形状卡片等，还可用吸管做材料进行排序。

2. 各种自然物

例如：小石子、小木棍、贝壳、果核、大小不同的植物种子、沙子、水、树木等。在长度测量活动中（中班）可以选择长度相同的小木棍、竹片等作为测量工具，学习分类和排序（小班）可以用小石子、小木棍或植物种子等。

3. 废旧物品

例如：各种瓶瓶罐罐、瓶盖、纽扣、冰棒棍、纸箱纸盒、幼儿用过的鞋袜、手套、旧挂历等。

4. 专门的数学活动的教具

目前幼儿园常见的蒙氏教具、福禄贝尔教具，还有各种计数器、几何图形板（七巧板）、分类盒、时钟模型等。相对于几何图形板、分类盒，蒙氏教具和福禄贝尔教具材料种类丰富，结构更复杂。

（二）形象直观的图片材料

印有各种物体的图片、几何图形卡片、时间排序卡片等。在萝卜分类活动（小班）中，就可以给每个幼儿准备一盒印有各种萝卜图案的图片供幼儿操作；在匹配活动中，就可以给幼儿相应的人物卡片和职业工具卡片，让幼儿进行匹配和对应。[①]

思考与练习

以小组为单位，设计、制作一套幼儿数学教育的学具，投放到幼儿园区角游戏活动中，经实践的反馈后，小组对其玩法进行讨论并改进。

① 史月杰．幼儿园数学教育与活动指导[M]．北京：北京师范大学出版社，2017.

拓展阅读

幼儿园数学教育活动设计与指导案例

名称	学习5的分解和组成 大班	评 析
目标	1. 乐意动手操作，体验成功发现数学秘密的快乐。 2. 学习5的分解和组成，了解并归纳出分合式中两边数列分别是递增、递减的关系。 3. 能通过观察和分析发现问题，并与同伴分享交流自己探究发现的结果。	由于是在学习了2、3、4的分解与组合基础上学习5的分解与组合，因此，在认知目标中，提出了“了解并归纳出分合式中两边数列分别是递增、递减的关系”，这符合幼儿最近发展区，并且将它作为难点来突破。
活动准备	1. 幼儿经验的准备：幼儿已学习了2、3、4的分解与组合。 2. 活动材料的准备：教具——小丑手偶娃娃1个；1~5的数字卡，分合符号；一段轻快的音乐。学具——1~5的数字卡若干；幼儿操作材料糖果5颗；蓝色和红色糖果瓶各一个，人手一份；固体胶。	—
活动重难点	1. 重点：学习5的分解和组成。 2. 难点：了解并归纳出分合式中两边数列分别是递增、递减的关系。	—
活动过程	1. 情境引入：以小丑手偶来做客的情境引入。 2. 学习5的分解。 (1)手偶娃娃送礼物：手偶娃娃给小朋友们带礼物来了，请你们看一看是什么？数一数糖果共有几颗？ (2)教师提出问题：请你们将手中的糖果分别装入蓝色糖果瓶和红色糖果瓶中，想一想可以怎样装？ (3)鼓励幼儿大胆动手操作，用不同的分法将5颗糖果分别装入两个糖果瓶中。	教师提出问题的目的是让幼儿在动手实践的过程中，独立思考、自主探索和合作交流。

续表

名称	学习5的分解和组成 大班	评 析
活动过程	(4)师幼一起记录糖果的几种不同分法，即 5　　5　　5　　5 1 4　2 3　3 2　4 1 3.教师重新摆放出示5的分解和组成的分合式，引导幼儿观察、分析并归纳分合式两边数列的递增、递减关系。 5 1 2 2 3 3 2 4 1 教师启发式提问，并引导幼儿观察： (1)分合式两边各是哪些数？ (2)左右两边的数1~4分别是怎么排列的？ (3)左边的数从上往下越来越怎么样？每次多几个？右边的数从上往下越来越怎么样？每次少几个？ (4)引导幼儿观察、思考，师幼共同归纳出分合式两边数列的递增、递减关系。 4.通过体验活动，对5的分解与组成进行巩固。 (1)游戏“我们是一对”：每名幼儿拿好一张数字卡，表示扮演一个部分数宝宝，在轻快的音乐中，去寻找自己的另一个部分数朋友，自己拿的一个部分数要和找的数合起来是5，才是一对朋友。 (2)粘贴糖果：幼儿根据自己的愿望将5颗糖果分别粘贴在两个糖果瓶上，教师再按相同分法进行分类展示。 5.幼儿自由交流学习中的感受。	发现分合式两边数列的关系，有一定的难度和挑战性。幼儿在具体的操作活动中通过自己的独立思考，与同伴交流，亲身体验5的几种分法，真正感受到了学习成功的快乐。 教师重新摆放出示5的分解和组成分合式，便于幼儿直观观察与比较。 结合教师启发式的提问，幼儿在层层深入引导、启发的提问中，逐渐发现分合式两边数列的关系，最后师幼共同归纳出分合式两边递增、递减的关系。真正让幼儿“跳一跳够得着”，进一步提升了幼儿的能力，使幼儿在数概念方面产生质的飞跃。 体验活动是为了巩固幼儿对5的分解与组成的掌握。同时，粘贴糖果的活动，也是为以后发现每一个数分别有几种分法做铺垫，感知每一对数的互补关系。
活动延伸	1.在区域活动中提供类似“粘贴糖果”的作业，请幼儿自由选择并完成。 2.在区域活动中，提供1~10的数字卡片，鼓励幼儿借助所学分解与组成的方法，用类推的方式，尝试找出10以内各数的分解与组成的方法。	
效果评价	本活动利用情境导入，激发了幼儿的学习兴趣，整个活动气氛十分活跃，教学采取动手操作实践的方式，幼儿人手一套学具，人人动手动脑，教师由易到难、层层深入地提问和启发，给予幼儿不断探究的动力和热情；教学设计层次分明，教学内容难易适度。	

【考查要点】

学前儿童数学教育的途径与方法的相关内容在历年的考试中经常出现，主要以选择题、材料分析题和活动设计题形式出现，围绕幼儿数学教育的具体途径与方法进行考查，测试考生综合分析问题与解决问题能力的题目经常出现，因此作为一名幼儿教师，需要在理解幼儿学习数学的心理特点的基础上灵活掌握幼儿数学教育活动的途径与方法。

【真题解析】

一、选择题

1.(2015年下半年)下列哪一种不属于《3—6岁儿童学习与发展指南》倡导的幼儿学习方式？(　　)

A.强化学习　　B.直接感知　　C.实际操作　　D.亲身体验

【解析】A。幼儿的学习尤其是数学学习是以直接经验为基础的，在游戏和日常生活中进行的。要珍视游戏和生活的独特价值，创设丰富的教育环境，合理安排一日生活，最大限度地支持和满足幼儿通过直接感知、实际操作和亲身体验获取经验的需要，严禁"拔苗助长"式的超前教育和强化训练。

2.(2017年上半年)郑老师搜集矿泉水瓶、报纸、纸箱、塑料绳等材料，并改造成适合幼儿的教学材料，郑老师的行为是(　　)。

A.环境创设的能力　　B.随机教育的能力

C.教学反思的能力　　D.教学生成的能力

【解析】A。教师变废为宝的过程体现了环境创设的能力。

【真题模拟】

1.按照皮亚杰的观点，2~7岁儿童的思维处于(　　)。

A.具体运算阶段　　B.形式运算阶段

C.感知运动阶段　　D.前运算阶段

2.幼儿园环境创设中，使用易于识别的生活行为规则标识图。其最主要的目的是(　　)。

A.美化环境　　B.便于幼儿看图说话

C.便于幼儿认识各种符号　　D.便于幼儿习得生活技能和行为准则

3.小班集体教学活动一般都安排15分钟左右，是因为幼儿有意注意时间一般是(　　)。

A.20~25分钟　　B.3~5分钟　　C.15~18分钟　　D.10~12分钟

4.教师要依据幼儿的个体差异进行教育,下列现象不属于幼儿个体差异表现的是(　　)。

A.某幼儿往常吃饭很慢,今天为了得到老师的表扬,吃得很快

B.有的幼儿吃饭快,有的幼儿吃饭慢

C.某幼儿动手能力很强,但语言能力弱于同龄幼儿

D.通常男孩比女孩表现出更多的身体攻击性行为

5.研究人员曾问一个儿童,是红片片多还是片片多,他一直认为红片片多。直到研究人员向他解释,片片是指的所有的片片,而不是(剩下的)绿片片,他才做出正确的回答,但回答的方式是一一点数,得出红片片是8个,片片是19个,因此片片比红片片多。

阅读上述案例,请回答下列问题:

(1)这个实验反映了幼儿的什么特点?

(2)对学前儿童进行分类活动的教育有何意义?

【思考实训】

1.进入幼儿园观摩一节数学教育活动课或观看活动录像,分小组对案例进行分析讨论,指出所选用的教育途径和方法,并进行评析。

2.小组以某个学具为操作材料(如一捆小木棒),设计一节数学教育活动课,说明所采用的教育方法,并完善教具,进行实际操作练习。

【推荐阅读】

[1]徐苗郎.数学活动这样做[M].上海:华东师范大学出版社,2014.

[2]王微丽,霍力岩.幼儿园数学区材料设计与评价[M].北京:中国轻工业出版社,2018.

第 4 章

学前儿童集合与统计概念的发展与教育

某园，老师和小朋友玩黄蓝两圈的占圈游戏，老师发口令：男宝到黄色圈里，女宝到蓝色圈里，以躲避抓捕。老师根据孩子们衣服颜色、鞋子种类、饰物等进行不同的提示口令，当小朋友熟悉游戏后，老师问："谁想当发口令的人？""还可以如何发口令让大家安全到圈里呢？"

游戏中，孩子们辨识、区分、躲避……都围绕最基本概念：通过对集合的认识来判断和行动。生活中有很多让儿童感知集合与分类的情境——玩具分类、餐具摆放……这些情境可引发儿童关于集合与分类的思考、运用。[①]本单元将探讨什么是集合？什么是分类？幼儿在学龄前集合概念发展的轨迹与特点是什么？在数学启蒙教育中，学前儿童集合概念教学应如何进行？

①黄瑾，田方.学前儿童数学学习与发展核心经验[M].南京：南京师范大学出版社，2015.

【学习目标】

1. 知识目标：掌握学前儿童集合与统计的概念和意义，以及集合概念发展的特点。

2. 技能目标：学习正式的集合教育活动设计的撰写；会根据学前儿童集合与统计概念的目标与内容，灵活选择适宜的支持性策略与活动提示。

3. 情感态度目标：喜欢设计与组织幼儿园集合与统计概念的教学活动。

【学习重难点】

1. 掌握学前儿童集合与统计的概念。

2. 学会根据学前儿童集合与统计概念的目标与内容，灵活选择适宜的支持性策略与活动提示。

【知识结构图】

- 学前儿童集合与统计概念的发展与教育
  - 集合与统计概念的发展与教育要求
    - 集合概念的发展与教育要求
    - 统计概念的发展与教育要求
  - 学前儿童集合与统计概念教育活动设计与指导
    - 分类
    - 教育活动设计与指导

第一节
集合与统计概念的发展与教育要求

幼儿数概念最初的形成，是从古老的数学概念——集合中产生的。对于刚接触数学的学前儿童而言，获得集合的相关概念是其学习认数和计算的前提条件，对其发展举足轻重。

一、集合概念的发展与教育要求

（一）集合的概念

集合是指具有某种共同属性的事物的全体。在我们的生活中，往往把相同类的事物归为一类，如公交车、小汽车、大卡车、三轮车……放在一起归为交通工具一类，称为交通工具的集合。幼儿在经验不断丰富的过程中，认识世界的事物，为了获得事物的名称，往往在脑海中会创造或者形成一些集合，比如获得“猫”的集合，那么他则会想到自己家的猫、别人家的猫、流浪的猫等，进而给“猫”下一个定义，形成“猫”的集合的概念。

（1）集合的表示法有列举法、描述法、文氏图法。①列举法即把集合中的每一个元素一一写在大括号里，如{苹果、橘子、香蕉}。②描述法即把具有同一特征的元素用语言描述的形式写出来，如{10以内的自然数}。③文氏图法即用一个封闭的图形象征地把元素包围起来表示集合，如图4–1。

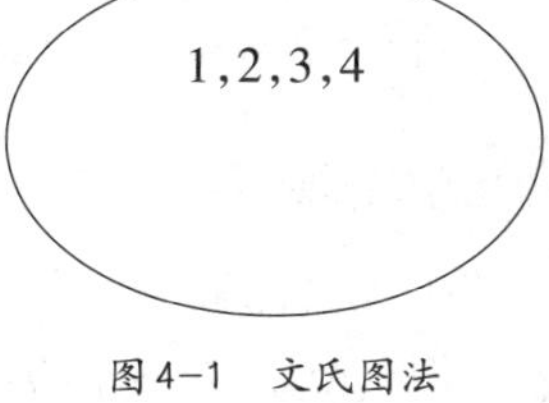

图4–1 文氏图法

（2）集合中的元素具有确定性、互异性、无序性的特点。即一个集合中的具有同一特征的元素是确定的，并且是单一的，没有顺序的。

思考与练习

从集合的角度，用集合的方式把加法、减法呈现出来。

答案解析：从集合方面来看，幼儿数学中的加法就是求已知两个没有公共元素的有限集合的并集的基数，减法就是求有限集合与它的子集的差集的基数，因此，集合概念就是幼儿掌握数概念，进行数运算的基础。

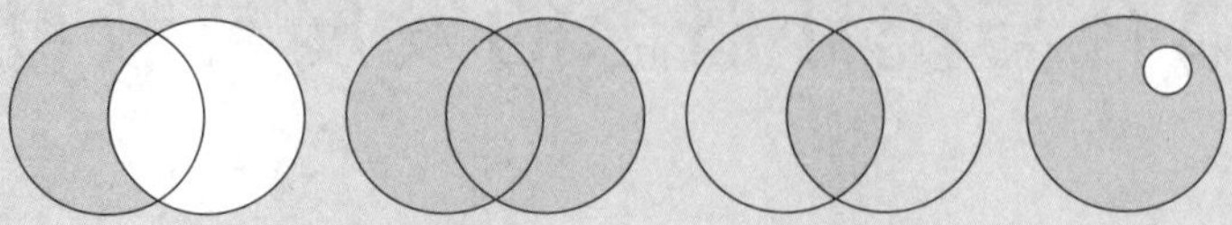

(二)发展幼儿集合概念的意义

集合是数学中的一个基础概念，是幼儿学习数学的基础。学前期是幼儿启蒙数学教育的重要时期，在这个时期幼儿获得集合的经验对幼儿形成严密的数学逻辑，积累相应的感性经验意义重大，应该引起足够的重视。

1. 集合是幼儿形成、掌握数概念和计数准备的基础

用数字描述来表述一个集合有"多少"物体是一个非常重要的内容，[①]即可以用具体的数字来表述集合的元素的数量。例如，让幼儿指出某一箩筐里有多少橘子，那么幼儿首先需要知道哪些水果是橘子，哪些不是，把橘子和其他的水果区分出来之后，再来数一数橘子的数量。这就表明，幼儿数数是在对集合属性认识的基础上进行的。幼儿的数学教学不是从数词的计算开始的，而是先从笼统的感知集合、比较集合、建立集合概念的基础上开始的。在幼儿数学教育的启蒙阶段，集合和集合中的一一对应的概念是帮助幼儿认识周围的世界，形成数学思维的基础，是进一步学习数学的基础，如图4-2。在幼儿数学启蒙或者日常教育中，一一对应的思想会时刻渗透在他们计数之时。

图4-2　一一对应思想的应用

2. 学习集合有利于学前儿童发现事物的共同属性

幼儿不断丰富自我集合经验的过程，就是幼儿发现事物间的共同属性的过程，如发现几何图形的颜色、形状属性。若是幼儿在感知集合的过程中，能从相同数量的事物中发现事物的等数性，那么意味着幼儿向抽象出数的阶段又更进了一步，有利于幼儿概括

① 黄瑾，田方.学前儿童数学学习与发展核心经验[M].南京：南京师范大学出版社，2015.

出数的概念。

3. 感知集合是学前儿童理解数的组成和数的运算的前提条件

集合有着本身的独有特点，集合与集合之间存在着交集、并集、差集、补集等运算关系。学前儿童在数学启蒙阶段若是能够很好地丰富自身的集合经验，那将会为以后学习数的组成和数运算打下坚实的基础。如数4可以分成1和3、2和2，这组数的组成可以看成集合与子集之间的关系。同样的4是由1和3或者2和2组成的，同样可以看成集合的两个子集的合集等同于加法运算，减法即是集合与子集之间的运算关系。感知集合是让幼儿从包含关系、整体与部分的关系角度来进行数的运算，这是后期幼儿数运算的基础前提。

(三)幼儿集合的发展阶段与特点

苏联儿童数学教育家A.M.列乌申娜的《学前儿童初步数概念的形成》指出了不同的年龄时期幼儿的集合概念的主要特征和表现。具体如下：

1.3岁前笼统感知、泛化阶段

婴幼儿数概念的发生经历了辨数—认数—点数的发展规律。1984年杭州师范学院(现杭州师范大学)吕静和王伟红的《婴幼儿数概念的发生的研究》中详细地展现了：2~5岁儿童的辨数(能辨别出两堆不同数目物体的多少)、认数(瞬时内不凭数数，只凭直觉说出物体数目)和点数(能逐一按物数数，并说出总数)[①]。在3岁前，婴幼儿的集合的概念发展是比较笼统、泛化的阶段。具体体现在：①感知的集合是没有界限的；②没有感知到集合中元素的具体数目。比如：让一个3岁前的婴幼儿去把散落在地上的10个苹果捡起来，在他捡起了3或4个苹果以后，你问他："宝贝，捡完了所有的苹果吗?"他会回你："捡好了所有的苹果。"这表明该阶段的幼儿还没有感知集合中的元素。

思考与练习

纽扣示范图1

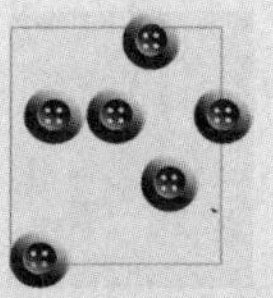
幼儿摆放图2

上图1是教师给的示范图，按照图1，幼儿摆放出图2的样子，说明幼儿摆放不是把空隙填满，而是会不断超出规定的界限，这说明3岁前的婴幼儿对集合没有明确的边界的意识。

2.3~3.5岁前期能感知到有限的集合

该年龄阶段的幼儿开始对集合的边界有了一定的意识，在做集合的活动时，能够有

① 吕静，王伟红.婴幼儿数概念的发生的研究[J].心理科学通讯，1984(3)：1-7,64.

意识地注意边界问题，同时该阶段的幼儿往往把注意力集中在集合的边界上，而不会感知到集合中的元素及数量，换言之，其对集合的数量构成的感知是泛化、笼统的，不精确的。另外，儿童感知统一完整的集合时，往往有两个边界起算点。

例1：

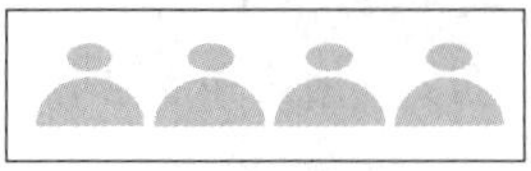

图4-3 示范图

图4-4 幼儿摆放图

在例1中，教师给出示范图4-3，3岁左右的幼儿，按照示范图摆放出图4-4，一般是把两边先摆放好（意识到了集合的边界），之后再把中间的空隙填满，这时候往往数量上是与示范图不相符合的，这也说明此阶段的幼儿有了集合边界的意识，但是对于集合元素的构成还没有精确的意识。

例2

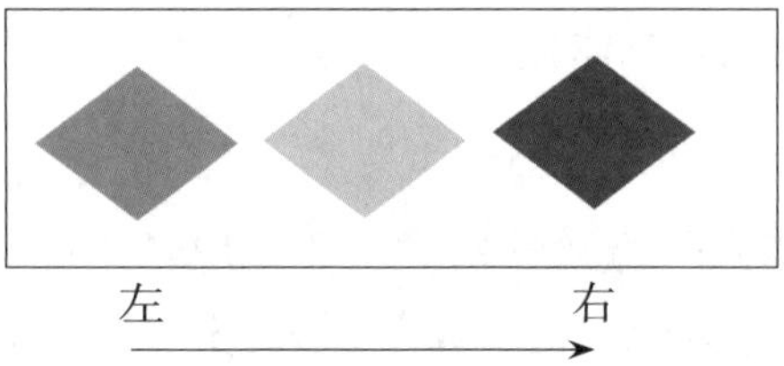

图4-5 左边界起点

图4-6 右边界起点

在例2图4-5中，当幼儿从集合的左边的边界开始摆放物品时，一般遵循从左到右的顺序摆放；图4-6中，当幼儿从集合的右边界为起点摆放物品时，一般遵循从右到左的顺序摆放。

3.3.5～6岁感知集合元素构成，进行简单的集合运算

该阶段若是幼儿经过了必要的数学启蒙，从3.5岁始，能采用一一对应的方式来比较两个集合的等量关系，4岁左右开始对集合元素精确感知。5岁幼儿对集合的理解更加灵活，能知道集合可由不同性质的元素组成，能用计数的方法比较两个集合元素的相等、多、少。6岁幼儿已能学会集合的简单运算。[①]

（四）集合与分类的关系

集合与分类是数学概念中关系比较密切的两个概念。分类是指对一组事物按照一定的标准加以区分，并进行归类的过程。分类是一种认知的能力，是在幼儿观察和比较之后必然进行的思维过程，贯穿幼儿认识周围世界的全过程。分类是儿童对集合进行区分的过程，是集合思想的体现。集合是分类活动的基础，对集合的区分和合并被称为分类。[②]分类也是逻辑思维的一个重要组成部分。在日常的生活中，幼儿会接触到事物的

① A.M.列乌申娜.学前儿童初步数概念的形成[M].曹筱宁等，译.北京：人民教育出版社，1982.

② 黄瑾，田方.学前儿童数学学习与发展核心经验[M].南京：南京师范大学出版社，2015.

不同种类、颜色、大小，他们首先需要对其进行属性的区分，然后分类成不同的集合，方能进行数数和计数。幼儿集合与分类经验不断形成和丰富的过程也正是帮助其建构有关数概念的基础。根据幼儿的年龄不同分类具有各个年龄阶段的认知特点，分类根据不同的标准有不同的分类。在幼儿的数学启蒙教育中，幼儿进行相关的活动主要不是为了认识事物的属性，而是为了让学前儿童在认识事物属性的过程中，不断认知到分类的过程和明白集合是怎样形成的，最终获得应有的数学思维，为以后数学的学习打下基础。

二、统计概念的发展与教育要求

（一）统计概念

在日常生活中，幼儿的统计概念无处不在，是在其生活经验不断丰富的过程中发展起来的。那么什么是统计呢？统计就是指对生活中的一种现象有关的数据进行收集、整理、计算、分析、整理等的过程。[①]

（二）统计遵循年龄特点

统计概念的发展，在小班的时候尚未发生，在中班的时候可以开始启蒙，一般在中班的时候进行数学统计启蒙。这个年龄段的幼儿，一般在进行统计运算的时候，脱离不了具体的事物、图片、场景等，统计分类的数量不能超过5类，数量上一般小于等于10个。这个时候做出的统计一般采用图像、图片等来计量。随着幼儿年龄增长、心理不断发展，抽象思维开始萌芽，在大班的时候，统计分类的类目一般可以增加到10类左右，数量小于等于30个。对此阶段的幼儿进行统计教学时，一般可以辅以简单的统计图。

（三）幼儿统计概念的教育内容和要求[②]

1. 中班

结合具体情境和事物，按统计要求将物体分类（不超过5类），分别统计各类物体的数量（每类不超过10个），用实物或图片加数字、标记加数字、圆点加数字、表格等图形符号，记录统计数据。学习用简单的闪点图理解统计数据间的关系，并做出简单的推断。

2. 大班

会用条形统计图对物体进行测量、记录、统计、推断，并能用数字说明。能按统计要求将物体分类（不超过10类），分别统计各类数量（每类不超过30个），并能按数量多少进行正排序和逆排序。能在教师引导下学习用简单的条形统计图表征统计数据，并做出判断。

---

① 史月杰．幼儿园数学教育与活动指导[M]．北京：北京师范大学出版社，2017.

② 史月杰．幼儿园数学教育与活动指导[M]．北京：北京师范大学出版社，2017.

第二节 学前儿童集合与统计概念教育活动设计与指导

集合的概念是学前儿童数学学习的基础，对集合的具体感知是幼儿数概念活动的基础，对学前儿童获得数学思维的发展影响深远。在幼儿日常的生活、数学启蒙教育中，教师应积极思考如何运用有效的方法来进行学前儿童集合与统计的教学，如何设计出符合幼儿年龄特点的集合与统计概念的教育活动，对幼儿进行有效的指导，丰富其经验，促教幼儿数学思维的发展。

一、分类

前面已探讨了集合与分类的关系，可知分类教学活动有利于帮助学前儿童把集合看作整体来感知，可以帮助幼儿掌握分类的能力，为后期的数数、计数运算打基础，另外还能理解集合之间的关系和运算形式。在现实教育中，物体的分类有多种形式[①]：

（一）分类的形式

（1）按照物体的名称分类——把相同名称的物体放在一起，如把图书放在一起，把蜡笔放在一起。

（2）按照物体的外部特征分类，如按物体的颜色、形状分类。

（3）按照物体量的差异分类，如按物体大小、长短、粗细、厚薄、宽窄、轻重等量的差异分类。

（4）按照物体的用途分类，如把水彩笔、画纸、手工剪刀归为一类，都是学习用品；把毛巾、漱口杯、牙刷归为一类，都是生活用品。

（5）按照物体的材质来分类，如玩具按塑料、木头、布制品等进行分类。

① 黄瑾，田方．学前儿童数学学习与发展核心经验[M]．南京：南京师范大学出版社，2015.

(6)按照物体的数量分类，如分别把数量是一个、两个、三个的分在一起。

(7)按照事物间的关系分类，如在一堆动物和食物中，将猴子和香蕉归在一起，将牛和青草归在一起。

(二)分类活动开展应遵循年龄特点

在进行集合和分类教学活动设计的时候，教育者应该创设符合幼儿认知经验和生活经验的环境，在幼儿最近发展区内进行有效的教育，让幼儿在动手、游戏、自我讨论中不断加强自身的经验，进而形成有效的抽象化概念。在不同的年龄阶段，应创设符合幼儿年龄特点的生活和教育环境。

1. 小班

此年龄阶段的幼儿，往往能够根据物体的外形特征或量的不同来进行分类。对该阶段的幼儿，主要是先培养其辨认的能力，为后期的概括能力做准备。本阶段的教育者，可以设计一些让幼儿亲自动手动脑的匹配活动，之后再进入下一个阶段——分类活动的教育。

【案例分析】

袜子配配对(小班)①

◇活动目标

1. 按照袜子的颜色、花纹进行配对。
2. 将袜子与底板的洞洞匹配并镶嵌其中。

◇活动准备

1. 创设生活化的游戏情境——投放底板，将底板制作成“袜子收纳柜”。
2. 提供3~5双袜子，花纹种类1~2种。

◇活动过程

【关键提问】

1. 太阳快下山了，袜子都晒干了，赶紧收起来吧。(导入生活化的情境，激发幼儿兴趣)
2. 怎么整理这些袜子？袜子和柜子有什么秘密？

(引导幼儿观察袜子的特征及其收纳柜子底板的特征，启发幼儿按照袜子颜色和花

① 徐苗郎.数学活动这样做[M].上海：华东师范大学出版社，2014.

纹匹配成一对，并与底板的颜色和花纹进行匹配）

3.怎么把袜子收到柜子里？

（引导幼儿用“镶嵌”的办法将袜子收进底板）

【重点小结】

原来收袜子的时候，我们要把颜色一样、花纹一样的两只袜子配成一双，要注意袜子的颜色、花纹要和柜子的颜色、花纹匹配，这样整洁美观，找起来也很方便。

◇温馨提示

1.根据幼儿的年龄特点和个体差异，逐渐增加袜子的数量、花纹的种类，增加底板收纳柜的数量，增加玩法难度。

2.游戏后期：提供数字点子卡片。将游戏玩法拓展为“数袜子”，观察幼儿是否能用手口一致的方法点数袜子的数量，并能找到相应的数字卡片。

活动评析

幼儿的心理和年龄特点是具体形象思维，幼儿在学习发展的过程中，往往依赖于外部的动作——摆弄和操作，反复操作，通过动作来内化为思维。学具对幼儿学习数学有着很重要的意义，符合幼儿的发展规律。

2. 中班

随着中班幼儿年龄的增长，相较于小班的集合与分类教学活动，可以适当增加难度，但是该年龄阶段的幼儿的活动是按照事物的一个外部特点进行，一般比小班增加2~3类，物体的数量分类小于等于5，比如可以给幼儿提供6张不同颜色的卡纸，每种颜色各2张，让幼儿自由地观察，把相同颜色的卡纸放在一起成为一类，并让幼儿自己说一说有几种颜色的卡纸，每一种颜色的卡纸有多少张。

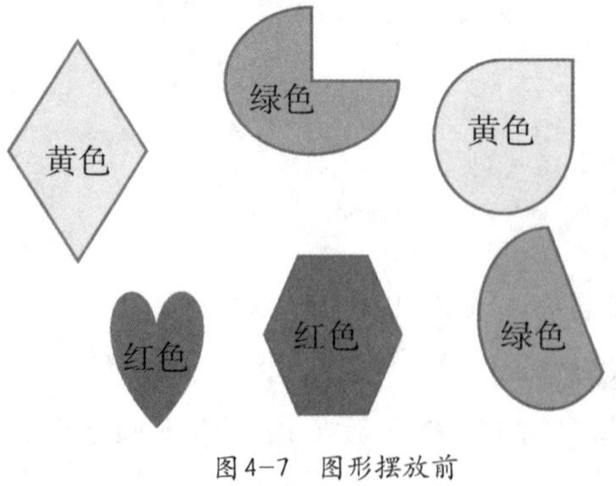

图4-7　图形摆放前

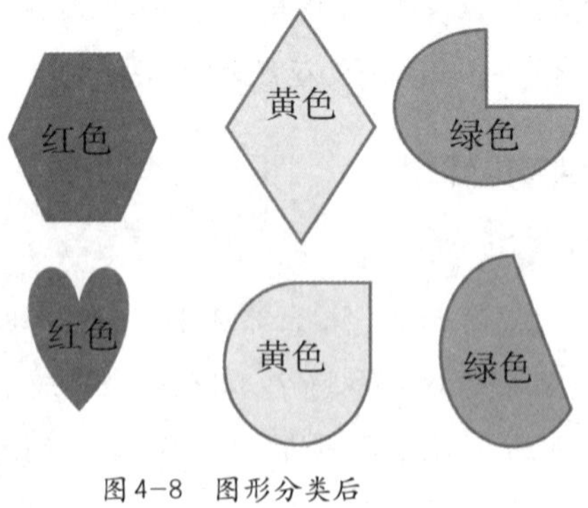

图4-8　图形分类后

【案例分析】

一颗纽扣(中班)[①]

◇活动目标

1. 学说故事中的对话,尝试按钮扣的特征(色、形、大小、洞的数量)进行配对。
2. 乐意帮助别人,知道捡到东西后要归还,并学习寻找失主。

◇活动准备

PPT、塑封好的衣服、纽扣等。

◇活动过程

一、引起兴趣

1. 一起来看动画片,名字叫《一颗纽扣》。(PPT)
2. 你们身上有没有纽扣? 在哪里?

二、观看PPT,听故事

PPT1:天气真好,一只小老鼠出来散步,走着走着,前面滚来了一颗纽扣。

师:这是一颗怎样的纽扣? 谁能连起来说说看?

小结:这是一颗白色的、圆圆的、有四个洞洞的纽扣。

PPT2:他找到了小狗。他问:"小狗你好,我捡到了一颗……纽扣,是你丢的吗?"

师:"是小狗的吗? 从哪里看出来的?"

PPT3:小老鼠又找到了小兔,他问:"小兔子你好,我捡到了一颗……纽扣,是你丢的吗?"小兔子用望远镜瞧了瞧,连忙摇摇手。

师:你们猜猜小兔会怎么说?

PPT4:看,小老鼠又遇见了谁?(向幼儿解释蟋蟀是什么动物)

小老鼠问:"大象、蟋蟀,我捡到了一颗……纽扣,是你丢的吗?"

师:你觉得可能是他们的吗? 为什么?

大象、蟋蟀想想后都摇摇头。"这次为什么又不对了呢?"小老鼠想明白了。

师:大象,蟋蟀会怎么说呢?

PPT5:告别了两位朋友,小老鼠继续往前走,这次他遇到了小刺猬。

师:他会怎么问呢? 谁来学一学?

---

① 徐苗郎.数学活动这样做[M].上海:华东师范大学出版社,2014.

师：如果你是小刺猬，会怎么回答呢？

放大点，看看仔细。

PPT6：所有小朋友都问过了，可就是没有找到纽扣的主人。小老鼠只好拿着纽扣回家了，妈妈给他做了好吃的点心。小老鼠一抬头，突然发现：妈妈的衣服怎么少了颗纽扣呀？

师：他是怎么问的？我们一起来学学小老鼠的话。

师：放到哪里？

师：什么地方是一样的？

PPT7："小宝贝，谢谢你！你真是个爱动脑筋又会帮助别人的好孩子。"妈妈说完还在小老鼠的头上亲了又亲。

三、幼儿操作，一起帮助小动物找纽扣

1.故事到这里结束了，可故事里的那些小动物还没有找到自己丢失的纽扣，你们愿意帮助他们吗？

2.集体操作。

草地上有一些纽扣，你们每人也去捡一颗纽扣，看看自己捡到的是什么样子的？和旁边的小朋友说一说。然后每人去找一找，问一问，这颗纽扣是谁丢的？帮小动物把纽扣装上去。

3.验证讲评。

4.延伸

Q：你们都帮助哪些小动物找到了自己丢失的纽扣，现在老师手里也捡到了一颗纽扣，会是谁的呢？我们去找找看。

3.大班

随着大班幼儿年龄的增长，在集合与分类教学活动中，相较于中班可以适当增加难度，但是该年龄阶段的幼儿适宜的活动是按照事物的两个或者两个以上的外部特点进行，一般比中班增加到多类，物体的数量分类可以增加到5类以上。

思考与练习

分类性质的玩具商品不如教师设计的收集活动能激发幼儿的兴趣，如收集各种各样的玩具帽子，有不同颜色、类型和尺寸。

1.收集至少30顶帽子，2~3种颜色，3~4种类型，2种不同材料（太阳帽、礼帽、牛仔帽；塑料帽和纺织帽），开展分类活动。

2.活动开展一段时间后，加入特殊帽子（如毛毡帽、大小不同的太阳帽等）。

【案例分析】

分家(大班)[1]

◇活动类型

区角活动

◇活动准备

用纸盒做成两个家当背景、各种卡通人物的图片(后面可以垫一块积木,增加立体感)

◇活动过程

幼儿观察卡通人物的不同特征,根据其中的一到两种特征将小人分类放入两个家中,并说出分类的理由,如:男孩放一个家,女孩放一个家。

◇活动建议

投放材料初,可放置较少的卡通人物且特征较为明显(如头发、帽子、背包等)。随后可视幼儿操作和发展情况逐渐增加卡通人物数量。

活动评析

在设计幼儿的集合和分类概念的活动时,应该遵循幼儿的年龄特点和心理发展规律,遵从分层渐进的发展规律。一般小班注重匹配练习,中班着重让幼儿自己制订标准,进行分类并说明分类的理由,大班重点放在多维度多层次的比较上。

(三)学前儿童分类活动的一般规律

学前儿童的集合概念的发展规律虽然存在个别差异,但是都遵循一般的规律,经历从泛化、笼统到精确的渐进的过程。同样的,幼儿的分类能力的发展同样遵循着这样一个连续、渐进的发展过程。虽有个别差异,但是一般表现出如下三个发展性阶段和特点[2]:

1. 能根据实物表面的、具体的和简单的特征进行分类

例如按照颜色、形状等进行分类。一开始,幼儿经常倾向于按照事物的具体特性进

---

① 黄瑾,田方.学前儿童数学学习与发展核心经验[M].南京:南京师范大学出版社,2015.

② 黄瑾,田方.学前儿童数学学习与发展核心经验[M].南京:南京师范大学出版社,2015.

行分类，把具有同样颜色或形状的物体放在一起，而不是把属于同一类别的物体分成一堆。例如，幼儿倾向于把苹果和皮球放在一起，而不是把它和香蕉放在一起，原因是苹果和皮球都是圆形的。对于幼儿来说，在知觉特征和概念特征同时存在的情况下，知觉特征往往是占优势的。

2. 能根据事物较内部的特征来对事物进行抽象概括，但脱离不了具体的情境和功能

随着幼儿年龄的增长以及分类经验的相应积累，4岁以后幼儿一般能够根据事物较内部的特征进行分类。例如在分类活动中，有的幼儿把飞机和火车放在一起，显然他们是从两者的作用去分类；也有的幼儿会把飞机和鸟放在一起，以为它们“都有翅膀，都能飞”。显然这两种分法都发现了事物的共同特点，但体现出不同儿童在分类活动上的抽象性思维水平的差异。在此，请成人特别注意不能简单地认为符合成人概念标准的才是对的，否则就是错的，这是因为幼儿的抽象逻辑思维发展具有一定的局限性，幼儿的分类不同于成人，他们往往根据自己的想法进行，分类依据也在不断改变，但只要各类别物体彼此不交叉和重复，该分类依据就可成立。此外，幼儿分类标准的确定往往受其认知经验和生活经验的影响。如幼儿在分类时，常常把蜘蛛和蜘蛛网分在一起，而不是把蜘蛛和小甲虫分为一类，这是因为日常生活中，儿童所认识的事物就是按照这种功能关系联系在一起的，功能关系是幼儿常见到的关系。对于幼儿来说，在功能关系和概念关系同时存在的情况下，功能关系往往是占优势的分类标准，正是因为幼儿熟悉功能因素，所以在分类时常利用这些因素作为依据和标准。

3. 开始根据本质属性对事物进行分类，能够抽象事物的多种属性或特征

幼儿对分类多样性的理解并不是一个简单的过程，虽然幼儿也能根据较大的类目标准进行分类，但是他们并不明白为什么一个物体可以同时属于多个类别，例如婴儿的手套既属于婴儿套装又属于冬装。这样的认识往往要随着幼儿分类经验的不断积累和抽象性思维水平的提升才可慢慢发展起来，因此，帮助幼儿抽象出同一种事物的多种属性特征并在此基础上建立起多样化分类的经验是儿童分类能力发展和提升的一个重要方面。

【案例分析】

学习分类（小班）

一、教学目标

学习按照物体的大小进行分类。培养幼儿的观察比较能力。

二、教学准备

大小不同的动物玩具猴、象、熊各两个，大小皮球若干，盒子两个。

三、教学过程

1. 出示4只猴子(大小各两只)。

小朋友看，谁来和我们做游戏了?(小猴)这几只猴子哪些大？哪些小?(集体或个别回答)请两位小朋友来和猴子玩好吗?(请幼儿按照老师指定或按照幼儿意愿与大猴子、小猴子玩耍)

2. 出示4只象(大小各两只)。

小朋友看，是什么动物来了?(象)这几只象哪些大？哪些小？大象、小象也想和你们玩。谁来?(请幼儿按指定或自己的意愿与大象、小象玩)

3. 出示4只熊(大小各两只)，方法同上，让幼儿区别大小。

4. 小朋友仔细看，都有些什么动物来和我们做游戏(猴子、象、熊)。现在老师请小朋友来找出小猴、小象、小熊放在一起。

5. 出示皮球，进行分类。

小朋友看，老师有许多皮球要送给你们玩，现在请每个小朋友来取一个皮球，看看你拿的是大皮球还是小皮球?

请拿大皮球的小朋友把皮球举起来，请拿小皮球的小朋友站到老师这边来。

请拿大皮球的小朋友先出去玩，请拿小皮球的小朋友跟老师一块出去玩。

活动评析

上述案例中，采取幼儿在生活中喜欢的游戏、创建故事情境的方式，对幼儿进行了分类的教学活动。这既满足了幼儿喜欢游戏的特点，又提高了幼儿比较、分类的能力。

(四)学前儿童分类活动的指导要点

在学前儿童数学教育过程中，教师要不断提高幼儿的分类能力，不断提升幼儿对集合是同类元素的汇集这一基本概念的认知，同时要让幼儿知道集合构成元素可以由不同物体的特征来决定。在日常数学活动的组织过程中，教师应该遵循一定的规律与原则。

(1)抓住生活中教育时机，不断提升幼儿对事物间的相同特征的感知，促进其逻辑思维的发展。

在日常生活中会接触到各种各样的关于集合和分类的事件，教育者应该抓住教育的契机培养幼儿集合和分类的能力，锻炼其逻辑思维能力。

如在培养幼儿独立生活自理能力时候,就是提升其集合和分类能力的好契机。可以让孩子把自己的鞋子、家人的鞋子分开摆放,或者衣服按照每个人的上衣、下衣分开摆放或者收拾整理自己的玩具,按照玩具不同的种类分门别类地摆放;在幼儿园里可以按照自己的方式或者喜好摆放自己的玩具,在孩子亲自摆一摆后让他说一说自己这样做的理由。或者父母也可以在带孩子逛商场、超市的时候,让孩子说一说在这些地方为什么会这样分门别类地摆放商品或货品,或者区角环境创设的时候,如超市,则可以让幼儿自己来摆放物品等。所以在有关学前儿童集合与统计概念教育活动设计与指导的时候,应该遵循在具体的生活情境、问题情境中开展活动,即生活化原则。不能脱离生活,进行为了教学而教学的抽象式的说教。

【案例分析】

抓鱼①(大班)

◇活动类型

日常生活。

◇活动准备

一张纸,一支笔。

◇活动过程

让幼儿扮演鱼,教师扮演抓鱼的人。幼儿"游动"起来后,教师一次只抓一种类型的鱼,比如穿红衣服的鱼,请幼儿观察教师抓鱼的规则,猜测教师要寻找哪种类型的鱼。

◇活动建议

游戏开始时要确定一个明确的属性特征(比如孩子的衣服颜色),当教师抓到幼儿时,要让其他人清楚地看到,并提问:"我抓到哪种类型的鱼?""我抓鱼的规则是什么?"

可以用不同的属性特征重复玩游戏,也可以让儿童轮流做捕捉鱼的人,选择规则。

◇数学语言

我抓到了哪种类型的鱼?我抓鱼的规则是什么?你想抓什么样的鱼。

---

① 黄瑾,田方.学前儿童数学学习与发展核心经验[M].南京:南京师范大学出版社,2015.

活动评析

在日常的生活中进行集合和分类的活动是可以实现的。上述的案例取自幼儿日常生活中的事件,生活化、游戏化的情境,符合幼儿的心理发展规律和年龄特点。在生活中进行教育(生活即教育),丰富幼儿的集合和分类经验是可行的,也是科学的。

(2)教师作为环境的创设者、材料的提供者,提供的材料应该是有差异的,投放差异性的操作材料遵循分层和渐进的原则。

教师应该依据所教幼儿的真实情况来设置材料的难易程度,一般遵循由简单到复杂、由易到难的原则来投放操作材料。比如对于小班的幼儿,一般投放的物体的外部特征以1种为宜,数量小于等于4。随着幼儿的年龄增长,再适当地增加外部特征和数量。

(3)制订合理的分类标准。

分类活动是幼儿发展数概念的重要活动,在幼儿开展日常的分类活动的时候,应该有一定的分类标准。这个标准制订前,教育者应引导幼儿观察要分类的材料或物体,从不同的维度共同制订出适宜的分类标准,在日常的分类活动中,不断促进幼儿的逻辑思维发展。

(4)注重分类结果的交流与分享。

在幼儿活动之后,教师务必要设置分享与交流的环节,这个过程是帮助幼儿内化所学,提升自我思维的抽象化水平的重要环节。

二、教育活动设计与指导

(一)认识“1”和“许多”的教育活动设计与指导

1. 认识“1”和“许多”的含义

“1”和“许多”是数学中的两个基础概念。“1”是最小的自然数,是其他数的基础,而许多是一个宽泛的概念。首先要让幼儿认识清楚“1”“许多”两个基本概念,并能区别出两者的不同,然后再告诉他们“许多”是由一个个“1”组成的。在日常的数学启蒙过程中,教师应该利用幼儿常见的生活实践、日常教育活动,调动幼儿的多重感官来感知这两个概念。

2. 认识“1”和“许多”教育活动的指导要点

(1)调动幼儿的多种感官引导其察比较。

在学前儿童日常的数学启蒙过程中,应注重调动幼儿的各种感官来体验、感知“1”和

“许多”这两个概念。如可以在区角活动中让幼儿用听一听、说一说、摸一摸等方式来体验什么是“1”、什么是“许多”，在实践操作中丰富其相关概念的经验，使其内化成自我的概念。

(2)循序渐进地感知和理解“1”和“许多”。

在数学启蒙的过程中，先引导幼儿认识“1”“许多”这两个概念，再让幼儿明白两个概念的不同和联系，在日常的生活和幼儿一日活动的各个环节中采取不同的方式让幼儿感知这两个概念。

(三)一一对应教育活动的设计与指导

在集合的概念中，一一对应是重要的知识点，是帮助幼儿形象直观地比较一样多和不一样多的方式。在幼儿已经获得了“1”和“许多”的两个基本概念之后，已经有了不等和一样多的概念。这种相等的关系在幼儿的数概念的发展中意义重大。在集合的概念中，这种对应关系有物与物、数与数、数与物的对应。对应方式有多种(见前文所述)。同时注意在幼儿进行对应的时候，对应的物体源于幼儿生活，遵循幼儿的年龄特点和一定的规律，有创造性地开展活动，培养其严密的逻辑思维能力。

(四)学前儿童统计教育活动的设计与指导

在幼儿数学启蒙教育过程中，开展统计教育活动，是为了培养学前儿童解决问题的能力和合作的意识，帮助幼儿掌握简单的统计方法并能口述出结果和统计的过程。在日常的幼儿统计思想培养教学的过程中，应注意幼儿学习的方式和特点。首先，创设具体的幼儿感兴趣的情境，让幼儿在生活中学习相关经验。如在玩玩具的过程中，让幼儿分类统计，哪种玩具多，哪种玩具少，具体数量是多少？教育者可以提供简单的统计表。其次，4~6岁的幼儿有了一定的集合、分类的基础，那么在教育的过程中，让幼儿自己讨论出分类统计标准，教育者帮助他们慢慢掌握简单的统计方法。如：可以放一张大的统计表在教室的一面墙上，以小朋友的名字分类，统计每位小朋友每天、一周喝水的杯数，在生活中渗透统计方法的应用。

【案例分析】

连在一起(小班)[①]

◇活动目标

1.感知同类的事物可以连在一起。

① 徐苗郎.数学活动这样做[M].上海：华东师范大学出版社，2014.

2.感受一家人在一起的快乐。

◇活动准备

PPT、小图片。

◇活动过程

一、理解故事(目的:引导幼儿观察、感受一家人在一起的快乐)

1.金鱼和金鱼。

(1)这是什么?

(2)金鱼朝着这里游来游去,金鱼和金鱼是一家人,连在一起了。

2.鸭子和鸭子。

(1)这是什么?你从哪里看出来的?

(2)这只鸭子朝着这里游来游去,它们连在一起了,是一家人吗?

(3)鸭子为什么连在一起了?

3.大象和大象。

(1)这是一头大象,那是一头大象,它们会连在一起吗?

(2)他们是怎么连在一起的?大象和大象是一家人,伸出长鼻子,连在一起了。

4.妈妈和宝宝。

(1)他们是谁?

(2)宝宝和妈妈可以怎么连在一起呢?(宝宝和老师用动作来表示)

(3)还有爸爸,也连在一起了。

二、阅读故事(目的:乐意用故事中的句式讲,感知同类的事物可以连在一起)

提问:为什么金鱼和金鱼,鸭子和鸭子,大象和大象,妈妈、宝宝和爸爸连在一起了?

小结:因为他们是一家人,一样的东西可以连在一起。

三、找找讲讲(目的:进一步感知同类的事物可以连在一起)

1.找找家人的图片,把他们连在一起。

2.用故事中的句式交流分享。

活动评析

从文学作品、绘本中让幼儿感知同类事物可以连在一起,一一对应匹配,不断积累集合的经验,挖掘其中的数学元素,用数学语言表现出来,让幼儿不断地累积生活经验和接受数学启蒙,为其后期的抽象逻辑思维的发展做充分的准备。

学习统计方法（大班）①

◇活动类型

区角活动。

◇活动过程

首先给每位幼儿分发一张简单的统计表，让幼儿进入区角超市中，统计生活用品的数量、食物的数量、玩具的数量、图书的数量等。接着，让他们计算出种类、数量等。幼儿自己统计，老师辅助指导。然后让幼儿分享统计的过程和结果，教师总结。当幼儿熟悉简单的统计方法后可以让幼儿自己回家采用统计的方法，把家中的物品分类、统计，之后让幼儿分享自己的统计过程与结果。

活动评析

本案例中，引导幼儿结合日常生活中的事例，进行简单的统计学习，感受生活中的统计学，建立统计思想。

思考与练习

教师请家长或朋友提供一些旧钥匙。对幼儿来说，这些钥匙属性多样且有趣，它们是用不同的金属制作的，有不同颜色、尺寸和形状，有的有塑料把手，孔的形状和数目各异。设计一个给钥匙分类的教育活动。

【考查要点】

幼儿园集合和统计概念教育活动设计与指导的内容是幼儿园数学教育中的重要内容，是幼儿获得数概念、计数和运算的基础，在历年的考试中经常出现，题型多是选择题、材料分析题和活动设计题。考试内容围绕幼儿数学教育的集合、分类等概念，测试考生综合分析问题与解决问题能力的题目经常出现。因此，作为一名幼儿教师，需要在理解幼儿学习集合与统计概念的心理特点的基础上掌握幼儿集合与分类教育活动的设计与指导的要点。

①黄瑾，田方.学前儿数学学习与发展核心经验[M].南京：南京师范大学出版社，2015.

【真题解析】

一、选择题

1.(2015年下半年)一名从未见过飞机的幼儿,看到蓝天上飞过一架飞机,说:“看,一只很大的鸟!”从语言发展的角度来看,这一行为反映的特点是(　　)。

A.过度规范化　　B.扩展不足　　C.过度泛化　　D.电报句式

【解析】C。“语言泛化现象”是指儿童在语言习得过程中,对一些语言单位的理解或使用超出了目标语言范围的现象。题干中幼儿把“飞机”说成是“大鸟”,这里的“大鸟”已经超出了“大鸟”的正常含义范围。

2.(2016年下半年)科学活动中,教师观察到某幼儿能用数字、图表来记录和整理自己观察到的现象,该幼儿最可能的年龄是(　　)。

A.6岁左右　　B.5岁左右　　C.4岁左右　　D.3岁左右

【解析】A。《3—6岁儿童学习与发展指南》的目标部分分别对3~4岁、4~5岁、5~6岁三个年龄段末期幼儿应该知道什么、能做什么,大致可以达到什么发展水平提出了合理期望。其科学领域中提到,5~6岁幼儿能用数字、图画、图表或其他符号记录。

【真题模拟】

一、选择题

1.某教师针对不同发展水平的幼儿提供了不同难度的操作材料,这遵循了(　　)。

A.因材施教原则　　B.直观性原则　　C.整体性原则　　D.活动性原则

2.适合幼儿发展的内涵是(　　)。

A.适合幼儿发展的规律与特点　　B.跟随幼儿的发展

C.任其发展　　D.追随幼儿的兴趣

3.幼儿以积木、沙、雪等材料为道具来模仿周围现实生活的游戏是(　　)。

A.表演游戏　　B.结构游戏　　C.角色游戏　　D.规则游戏

4.一名幼儿画小朋友放风筝,将小朋友的手画得很长,几乎比身体长了3倍,这说明幼儿绘画特点具有(　　)。

A.形象性　　B.抽象性　　C.象征性　　D.夸张性

5.下列哪一种活动的重点不是发展幼儿的精细动作能力?(　　)。

A.扣纽扣　　B.使用剪刀　　C.双手接球　　D.系鞋带

二、简答题

(2017下半年)为什么幼儿园教育内容要贴近幼儿的生活?

【推荐阅读】

[1]黄瑾,田方.学前儿童数学学习与发展核心经验[M].南京:南京师范大学出版社,2015.

[2]徐苗郎.数学活动这样做[M].上海:华东师范大学出版社,2014.

[3]杨智华.区域活动中幼儿数学学习的教师指导策略的个案研究[D].长沙:湖南师范大学,2017.

【思考实训】

1.请搜集不同大小、形状、颜色、材质、用途的物件,把其投放到区角中,让幼儿在一日生活中去操作这些物品,并观察记录幼儿是如何操作这些材料的,有没有进行分类,如果分类了,是按照什么样的标准来分类的。

2.设计一则符合幼儿年龄阶段的区角游戏或者集体教学活动,并请幼儿教育专家评价,根据建议改进后,再进行试讲实践。

第 5 章

学前儿童数概念的发展与教育

3岁的奇奇能熟练地从1数到100，并在户外活动时能念出环境中出现的数字，如门牌号、车牌号等，还能写出数字1~10。妈妈对此感到很骄傲，常常自豪地向朋友夸耀自己的宝宝才3岁就已经获得了数概念。有一次，妈妈在桌上放了6个苹果并问道：“奇奇，数一数这里有几个苹果呀？”奇奇却一边数一边说：“1、2、3、4、5、6，一共有3个、2个……”无论妈妈怎样引导，奇奇却一直重复数数，无法正确说出苹果的总数。

上述事例中的奇奇是否真正获得了数概念呢？幼儿数概念形成的标志有哪些？幼儿数概念发展具有怎样的特点？幼儿园的数概念教育活动应该如何设计与组织？这些关键的问题将是本章节讨论的重点内容。

【学习目标】

1. 知识目标：了解有关数的基本知识；理解学前儿童数概念的含义与形成标志；掌握不同年龄阶段学前儿童数概念发展的特点、教学内容与教育要求。

2. 技能目标：能依据学前儿童数概念发展的特点以及教学内容的不同，设计不同类型的学前儿童数概念教育活动，并完整规范地撰写教育活动方案。

3. 情感态度目标：乐意评析数概念教育活动方案，喜欢设计与组织幼儿园数概念教育活动。

【学习重难点】

1. 掌握学前儿童数概念发展的年龄特点以及教学内容。

2. 学会根据学前儿童数概念发展特点与教学内容，设计并组织幼儿园的数概念教育活动。

【知识结构图】

- 学前儿童数概念的发展与教育
  - 学前儿童数概念的发展与教育要求
    - 有关数的基本知识
    - 学前儿童数概念形成的标志
    - 幼儿数概念发展的年龄特点与教育要求
  - 学前儿童数概念教育活动设计与指导
    - 有关计数的教育活动设计
    - 有关“数的实际意义”的教育活动设计
    - 有关“数的组成与分解”的教育活动设计
    - 有关“数字认读与书写”的教育活动设计

第一节 学前儿童数概念的发展与教育要求

数是比文字产生还早的数学概念。作为数学的基本概念之一，数与人们的日常生活密切相关。因此，理解并掌握数的相关知识是幼儿的一项必备生活技能。

一、有关数的基本知识

（一）自然数

什么是数？从数的产生过程来看，原始人外出采集或狩猎时，有时有收获，有时空手而归，这就产生了“有”和“无”的概念；后来在分配物品或进行物品交换时，就要比较物品数量的多与少，这又产生了“多”“少”和“一样多”的概念；同时，在不断重复的过程中，人们发现3个果子、3头牛、3个贝壳、3根手指等有着共同的量，于是开始用手来表示这类含有3个元素的集合，并以这种集合来表示数量的多少，但这是一种用实物符号代表数量多少的方法；随着文字的发展，人类逐步创造了数字符号来表示这些抽象的数。

因此，数是集合类的标志，表示的是非空有限集合中元素的个数，是表示事物的量的程度的抽象符号。①

（二）基数、序数与数序

基数是指集合中元素的个数。例如，篮子里有5个苹果，这里的5就是基数概念。

序数表示某元素在集合中所在位置的数，也就是表示集合中某个元素次序的数。如：幼儿在排队时说“我排在第一个、第二个、第三个……”或者“我得了第一名、第二名……”这里的“第一、第二……”就是序数概念。

需要注意的是，数可以有两层含义，即基数含义和序数含义。例如：一组小朋友报

---

① 潘月娟.幼儿数学教育与活动指导[M].北京：高等教育出版社，2013.

数,从第一个小朋友开始报,最后一名报数为“6”,这里的6既可以表示这一组共有6名幼儿,又可以表示最后一名幼儿排在第6个位置上。

数序与序数是两个截然不同的概念。数序是指数字序列,是指数字按某种规律排列起来的先后顺序。

(三)单双数

单双数也叫作奇数和偶数。相对于幼儿的理解与认知发展水平,我们可以将单数理解为“两个两个一起数总会剩下1的数”,双数是指“两个两个一起数不会剩下1的数”。

(四)相邻数

相邻数表示三个数的关系,即中间一个数(除1外)比前面一个数大1,比后面一个数小1。例如:1、2、3是相邻数。

(五)计数

计数又称为“数数”。它是一种有目的、有策略以及有结果的活动,涉及视觉、动觉、记忆、语言几方面的活动,[①]内容主要包括:唱数、点数(按物取数或按数取物)、目测数、按群计数。

唱数是指幼儿口头按顺序说出数词,像背诵儿歌一样数数,带有顺口溜的性质,一般从1开始,有顺序地往下数,如果遇到干扰就不会数了;同时,幼儿一般不会从中间的任意一个数开始数,更不会倒着数;常常会出现漏数或者循环重复数字的现象。

点数是指在口头数数基础上将数字与客观事物联系起来,建立一一对应关系,需要多种器官参与,如手、眼、口和脑协同一致活动。

目测数是指用眼睛代替一一点数的方式,在心中默数并说出总数。

按群计数不是以单个数为单位,而是以数群为单位,2个、2个或者5个、5个等一起数,为幼儿学习数的加减运算奠定基础。

(六)数的组成与分解

除1以外的任何自然数都可以分解为2个或2个以上的部分数,包括数的组成与分解两个方面,体现了总数与部分数、部分数之间的等量、互补和互换关系。对于幼儿来说,学习“数的组成与分解”的关键是掌握互补规律和互换规律,为学习后续的加减运算奠定基础。

等量关系是指把一个总数分成2个或2个以上部分数,这些部分数合起来等于原来的数。互补关系是一个总数分成的两个部分数中,一边从上到下一个数比一个数小1,另一边从上到下一个数比一个数大1。互换关系是指把部分数的位置调换后,总数保持不

① 周欣.儿童数概念的早期发展[M].上海:华东师范大学出版社,2004.

变。例如:5的组成与分解。

5

1	4
2	3
3	2
4	1

其中1和4、4和1就是互换规律。互补规律就是左边一列从上到下数字分别是1、2、3、4,依次增加1,右边一列数字分别是4、3、2、1,依次减少1。

(七)数字认读与书写

数字认读是指认识数字,并用正确的数字表示相应物体的数量。数字书写主要是让幼儿学习正确书写的规范以及掌握正确握笔姿势。

二、学前儿童数概念形成的标志

数概念是指对数的理解与运用,主要包括对数的实际含义及数与数之间关系的理解与运用。因此,幼儿形成数概念的标志是理解数的实际含义以及数与数之间关系。

第一,由于每个数都可以包含基数和序数两层含义,因此,幼儿理解数的实际含义包括了对基数含义和序数含义的理解。其中,基数代表集合中元素个数,包括:计数、按数取物、数的守恒。第二,数与数之间的关系主要包括相邻数、数的组成与分解、数的加减运算等。(如表5-1所示)

表5-1　数概念形成的标志①

维度	指标	
理解数的实际意义	理解基数含义	计数
		按数取物
		数的守恒
	理解序数含义	
理解数与数之间的关系	理解相邻数	
	理解数的组成与分解	
	理解数的加减运算	

① 潘月娟.幼儿数学教育与活动指导[M].北京:高等教育出版社,2013.

三、幼儿数概念发展的年龄特点与教育要求

在日常生活中，如果你给2岁左右的孩子分糖果，在两堆糖果里面，他们会挑选看上去多一些的那堆糖果，这就表明3岁前的幼儿主要根据直观感知来笼统判断和比较数量多少，对数的模糊感知是理解数的实际含义的重要基础。从3~4岁开始，幼儿就已经具备了学习计数的经验和能力。

（一）小班幼儿

案　例

刚入园时，李老师问欢欢（女孩，3岁）："欢欢，你几岁了？"欢欢伸出小指、无名指和中指，说："我3岁了。"这时候，李老师伸中指、无名指和小手指："哦，你3岁了呀。"欢欢看了看说："我不是你那个3岁，我是这个3岁。"欢欢再次伸出小指、无名指和中指，强调自己的3岁是这个样子的。

为什么欢欢认为她的3岁和老师的3岁不一样呢？3岁幼儿的数概念发展特点是怎样的？幼儿教师应该如何促进小班幼儿数概念的发展呢？这些问题将是本节要解决的问题。

1. 小班幼儿数概念的发展特点

（1）小班幼儿能进行口头唱数，即能像背诵儿歌一样，凭记忆按顺序说出数词，但数目不会太大，一般不超过10。在遇到稍大的数字时，常会出现顺序混乱、重数、漏数等，如1、2、3、4、5、6、7、8、9、10、12、13、10…

（2）能点数5以内的数，但在计数时，常常需要用手去触碰物体，并且要移开已经数过的物品，口中还要出声地说出数词，从而建立和强化肢体动作、语言动作与物群之间的一一对应关系。如：在区角游戏中，乐乐用手数了数娃娃家里的人，然后对站在区角外的小朋友说："我们这里已经有3个人了，已经满了，不能再进来了。"这就表明小班幼儿能按顺序正确点数3以内的物品并说出总数，还能在区角游戏中运用计数的结果。

2. 小班幼儿数概念发展的教育要求

因此，根据小班幼儿的数概念发展特点，幼儿教师在组织教育教学活动时有如下要求：

首先，教师应该观察幼儿的计数能力，包括：小班幼儿最大能数到几，数出的数词顺序是否正确，计数时幼儿手、口与头等有什么动作，所数物群有何特征等。

其次，帮助幼儿学习手口一致地点数并说出总数，即按物取数，从而帮助幼儿强化物群、肢体动作和语言动作三者之间的一一对应关系，掌握正确的计数方法。

最后，在此基础上，帮助幼儿对5以内的基数含义进行感知和理解。计数教学是小班

幼儿主要的教育内容。

(二)中班幼儿

1. 中班幼儿数概念的发展特点

(1)计数能力进一步提高。体现在正确计数物品的数量增多,以及能够正确点数10以内的物体并说出总数。

(2)能按给定数(10以内)取出相应数量的物品,即按数取物。例如:李老师组织了一次“宝囊探物”的游戏,在箱子里放了玩具车、娃娃、积木、雪花片等,然后对孩子们说:“请你们拿出5个娃娃、3个雪花片……”小朋友们就按照老师给出的数量取出相应数量的物体。

(3)具有初步数的守恒概念,能不受物体大小、颜色、形状等影响,正确判断10以内物体的数量。数的守恒要求幼儿明白不论什么物体,不管其颜色、形状、大小以及摆放方式等有什么不同,它们的数量是一样的。例如:中班娃娃家,欢欢取了6棵白菜放在盘子里,乐乐手里拿着6根胡萝卜。欢欢说:“我的玩具比你多。”乐乐数了数欢欢的玩具,再看看自己手里的玩具说:“你有6个,我也有6个,我们两个的玩具是一样多的。”表明欢欢还不能排除玩具大小的影响,导致对两组玩具数量做出了错误判断,而乐乐能通过计数的方式对两组玩具数量进行比较,形成了初步的守恒概念。

(4)在实物操作基础上初步理解相邻两数之间多1与少1关系。

(5)理解序数的含义,并能用序数词表示10以内物体排列的次序。例如:下午离园时,明明对妈妈说:“妈妈,我早上不是给你说过了吗,你要第一个来接我,你看现在别的小朋友都回家了,今天你是最后一个来接我的。”案例中的明明能够按照时间先后排出顺序,同时能够用词语“第一个、最后一个”,表明他能够理解并正确运用序数词。

2. 中班幼儿数概念发展的教育要求

中班幼儿数学教育活动的主要目标仍然是帮助幼儿理解数的实际含义,即进一步帮助幼儿提升计数能力,并增加数的转换、按数取物、数的守恒、序数等方面的内容。

第一,在数的转换上,主要目的是帮助幼儿理解数的形成,掌握一个数是在前一个数的基础上添1形成的,理解相邻数的多1和少1的关系。

第二,在按数取物上,教师可以借助按范例数量取物、按数词取物以及按数字取物,

第三,在数的守恒上,应先控制材料的特点,如颜色、大小等,只变化材料的空间排列形式(如图5-1),然后用不同大小、颜色等材料进行练习(如图5-2)。

第四,在序数教育时可分段集中学习,可以先学习5以内的序数,在学习10以内的序数,教会幼儿用计数的方法确定事物的排列顺序,并帮助幼儿理解起始方向不同,序数不同。

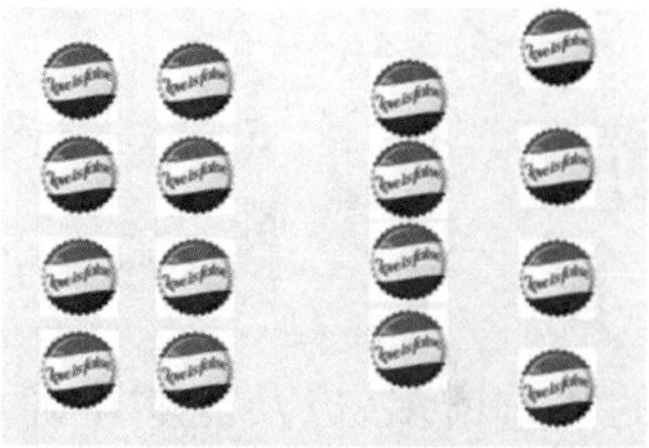

图5-1　只变化空间排列顺序的数的守恒

图5-2　改变特征的数的守恒

(三)大班幼儿

案　例

在建构游戏区,小辉因为玩具多少与同伴发生争执。小辉一边把自己的积木一对一对挪开,一边数到:“2、4、6、8、10、12、14,我一共才14块。”然后他又以同样的方式数了数同伴的积木:“2、4、6、8、10、12、14、16、18、20。”数到20块后就不再继续往下数了,向同伴抗议道:“你有那么多,我才这么点,你再给我几块吧。”从上述案例中,可以反映出大班幼儿在计数时具有怎样的特点呢?

1. 大班幼儿数概念的发展特点

(1)学会10以内的顺数、倒数和按群计数。

(2)感知和理解三个相邻数的多1和少1的关系。

2. 大班幼儿数概念发展的教育要求

大班幼儿数概念教育活动应该在巩固数的实际含义的基础上,着力促进幼儿理解数与数之间的关系。并且在巩固提高幼儿数的实际含义方面,增加计数策略,如顺数、倒数和按群数数。

总的来说,3岁以前的幼儿处于笼统感知数量阶段,对数的感知是笼统的、模糊的、不精确的,只能区分明显的多与少,能按正确顺序唱数;3至5岁的幼儿处于理解数的实际含义阶段,主要依赖于实物与动作的支持,对数的实际含义的理解更多地停留在动作和表象层面;5岁以后的幼儿处于初步理解数与数之间关系阶段,对数概念的理解与掌握处在从具体动作和表象层面向抽象符号层面过渡的层面。

思考与练习

1. 幼儿数概念形成的标志是什么?结合实例谈谈不同年龄段幼儿数概念的发展特点是怎样的。

2. 选择一所幼儿园,对小班、中班以及大班幼儿数概念发展水平进行观察或测查。

第二节 学前儿童数概念教育活动设计与指导

幼儿园数学教育活动形式丰富多样，既包括专门的数学教育活动，还有渗透的数学教育活动。学前儿童数概念教育活动亦是如此，并且《3—6岁儿童学习与发展指南》中明确指出：要帮助幼儿感知和理解数、量及数量关系。因此，教师在设计与指导学前儿童数概念教育活动时要灵活运用多种形式，依据幼儿数概念发展的年龄段特点与要求，科学地选择与设计数概念教育活动的内容、目标以及过程等。

由于幼儿数概念形成的标志在于理解与掌握数的实际意义和数与数之间的关系。基于此，幼儿数概念教育活动的内容主要包括计数（唱数、点数、目测数、按群数数）、数的实际意义（基数、序数、相邻数、单双数、零等）、数的组成与分解、数字的认读与书写4个部分。

一、有关计数的教育活动设计

（一）计数的内容

1. 唱数

唱数又称为口头数数，是指口头依顺序说出数词，是幼儿学习数学的基础。如：3岁左右的幼儿在成人影响下能逐步说出个别数词，并能凭借记忆，按一定顺序背出这些自然数，但这只是口头上的唱数，并不能与实物对应起来。

【案例分析】

小班数学教育活动：小矮人上楼梯

◇活动目标：

1. 能按照正确顺序唱数1~10，并能合着身体动作有节奏地唱数。

2. 愿意跟着老师一起进行10以内的唱数活动。

◇活动准备

1. 物质材料准备：小矮人纸偶、卡纸制作的10步阶梯、儿歌《十个小矮人》。

2. 知识经验准备：日常生活中自发体验过唱数。

3. 空间环境准备：空旷宽敞的教室。

◇活动过程

一、讲述故事《小矮人上楼梯》，导入活动

1. 教师操作纸偶讲故事。

小矮人很想爬到高高的楼梯上去玩玩，看看上面有什么。小矮人一边爬楼梯一边有节奏地唱歌：1、2、3、4、5、6、7、8、9、10。小矮人爬到了10步高的楼梯上，高兴地跳呀跳，向小朋友们挥挥手。

2. 教师提问：小矮人是怎样爬楼梯的？我们一起来学一学。

二、组织游戏：小矮人上楼梯，学习有节奏地唱数

1. 教师操作纸偶，请幼儿用手指或身体某部位伴奏，师幼共同有节奏地学小矮人唱数，反复唱数几遍。

2. 幼儿操作纸偶，玩小矮人上楼梯唱数游戏。

三、体验音乐游戏“十个小矮人”，巩固唱数

1. 请十个小朋友当小矮人。教师一边唱歌曲《十个小矮人》一边轻轻地摸小朋友的头。

2. 请幼儿唱歌曲《十个小矮人》，边唱歌曲边与这十个小矮人拍手。

3. 以十个手指头当作小矮人，一边唱一边伸出手指头。

◇活动延伸

户外游戏：小朋友上楼梯。

活动评析

上述活动选择的内容是“10以内的唱数”，要求幼儿从1开始顺数，活动中借助了儿歌，并利用了丰富多样的教学方法，如示范法、操作法、游戏法等，增加了幼儿对数数的乐趣。此外，也可以结合一日活动进行任意数的顺数或倒数，例如：拍皮球、儿歌《1、2、3、4、5》、手指游戏“五只小猴荡秋千”“三只小猴子”等，让幼儿感知多种形式的数数。

2. 点数

点数是指逐一指点物体，同时有顺序地逐个说出数词，使说出的每一个数词与手点的物体一一对应，包括按物取数和按数取物。

(1)按物取数。

按物取数是指幼儿依据物体数量取出相应数字。

(2)按数取物。

按数取物是指幼儿依据数词取出相同数量的物体。能否按数取物是检验幼儿是否真正理解数的含义的一个重要指标，因为幼儿只有真正理解了数的抽象意义，才能取出正确数量的物品。具体教学内容如下：

①按范例数量取物。

按范倒数量取物是指教师给幼儿一定数量的物品，让幼儿拿出同等数量的物品。如教师拿出3片雪花片，要求幼儿取出同等数量的积木，如果幼儿是看一眼范例拿出一块积木，表明他们使用了一一对应的方法完成任务，而非按照范例进行。因此，教师要开展这一活动时，需要先提问幼儿范例物品一共有多少个，幼儿取出物品后再提问幼儿一共拿出多少个，从而便于幼儿理解数量。一般从中班开始进行教学。

②按数词/数字取物。

按数词/数字取物是指要求幼儿根据口头说出的数词或者出示的书面数字取出相应数量的物品。需要注意的是应先让幼儿按照范例数量取物，再进行按数词/数字取物，因为前者幼儿可以先数数再取物，而后者完全是依据抽象的数进行操作，难度更大。

【案例分析】

中班数学教育活动:按数取物

◇活动目标

1.进一步了解5以内数字的含义。

2.能用目测的方法观察、比较出等量物体,并按5以内指定数目取出相等数量的物体。

3.乐意帮助他人,体会解决问题的快乐。

◇活动准备

1.物质材料准备:幼儿人手一个装有点子卡的小篮子;笑脸信封1~5个;1~5的实物卡一套;电话录音2段。

2.知识经验准备:知道5以内数字的含义。

3.空间环境准备:将活动室布置成超市。

◇活动过程

一、创设情境,导入活动

1.教师发放材料,幼儿每人拎一个小篮子,篮子里有点子卡。

2.教师创设"去大班做客"的情境:"小朋友们,一会儿我们要到大班哥哥姐姐的娃娃家去做客,我们先去超市买点礼物好不好?每人可以买3种礼物,每种礼物买几个呢?看看你们篮子里的点子卡是几,就买几个。"

二、玩"超市购物"游戏,初步感知按数取物

1.幼儿到超市购物,并按照点子卡取出相等数量的物体。

2.师幼检查是否正确。

三、给笑脸信封找卡片朋友,进一步掌握按数取物

1.播放电话录音:小朋友们,我们是大班的哥哥姐姐,请你们帮我们的笑脸信封带一点儿小卡片吧。

2.教师讲要求:哥哥姐姐打来电话,说让你们给他们的笑脸信封带一点儿小卡片。我们先看看信封上的笑脸娃娃有几个,然后再给它找卡片朋友。只有和信封上娃娃脸数量一样多的卡片才能放进信封里面。

3.请一位小朋友示范操作按信封上面的娃娃脸数量放小卡片。

4.幼儿操作，教师巡回指导。教师重点指导幼儿用目测的方法观察、比较等量物体。

5.幼儿展示：请幼儿说一说自己操作的信封上的笑脸娃娃是几个，自己找了几张卡片，每张卡片上的物体有几个。

四、去大班做客，结束活动

1.播放录音：小朋友们，谢谢你们帮我们的笑脸信封找到了卡片朋友，请来我们的娃娃家做客吧。

2.总结：刚刚小朋友们都帮助大班的哥哥姐姐，为他们的笑脸信封找到了卡片朋友，他们打来电话谢谢我们，那现在我们赶紧带着购买的物品和笑脸信封到大班娃娃家去做客吧。

活动评析

本次活动选择的内容是“按数取物”，活动过程以“去做客”“去超市购买礼物”“帮助他人”等生活情境贯穿其中，具有较强的趣味性，能激发幼儿参与活动的兴趣；准备的材料丰富多样，能让幼儿在游戏情境中、操作过程中感受按数取物在生活中的作用和乐趣。

3. 目测数

不用一一点数的方式，而是用眼代替，在心中默数，说出总数。

【案例分析】

中班数学教育活动：捡落叶

◇活动目标

1.亲近自然，产生关爱自然的情感。

2.练习目测数群，尝试用先目测一部分再接着数完全部的方法进行8以内的数数。

◇重点难点

1.重点：学习目测一部分，接着数完全部的数数方法。

2.难点：能较快地目测5以内的数群。

◇活动准备

知识经验准备：能目测简单数群。

物质材料准备：标有5、6、7、8数量的点子卡片（如5的点卡上有5个点）；标有5、6、7、8朵花的纸袋若干。

空间环境准备：带幼儿到园内落叶较多的大树下。

◇活动过程

一、练习按点子数捡落叶

1. 教师与幼儿一起到幼儿园的树下捡落叶，要求幼儿按照点卡捡相应数量的落叶。教师提出要求："小树叶离开大树妈妈，落了一地，好美啊。我们来玩一个捡落叶的游戏吧。（出示带点子卡片的布条）请小朋友看清卡片上有几个点子，就捡几片叶子，再用布条把叶子捆成一捆。"

2. 幼儿自选点卡，目测卡片上的数群，听音乐捡落叶。

二、检查点卡和树叶的匹配情况

1. 教师提问：你们怎么知道卡片上有几个点子的？你发现怎么数速度最快？

2. 请幼儿发现并体验"接着数"的方法，即先目测一部分，再接着数完全部。

三、再次练习按接着数的方法捡落叶

鼓励幼儿多次取不同卡片，捡、捆扎树叶，比一比谁捡得又对又快。

四、把落叶装袋

1. 出示4只贴花纸袋，即标有5、6、7、8朵花的纸袋，请幼儿用接着数的方法，数出贴花的数量。

2. 请幼儿将刚才捆扎的树叶，放入贴有对应数量花朵的纸袋中。

◇延伸活动

请孩子们把落叶带回教室，放在区角继续练习数数，也可进行手工粘贴等活动。

活动评析

这是一个关于目测数的教育活动。该活动让幼儿走进大自然，把随处可见的落叶作为幼儿计数的工具，既节省了教师制作教具的时间，又发挥了周围环境中事物的潜在教育功能。活动过程中，通过"捡落叶"和"数落叶"的游戏，让幼儿边听音乐边捡落叶，趣味性极强，体现了"学中玩、玩中学"；同时，借助最后的"装袋"游戏，既检查了幼儿的数物匹配能力，也再次练习和巩固了幼儿目测数群后接着数的方法。

4. 按群计数

按群计数指计数时，不再依赖一一点数的方式，而是以数群为单位计数，如两个、三个一起数等。

【案例分析】

大班数学教育活动：招聘售货员

◇活动目标

1. 通过游戏、操作活动学习按群计数。
2. 能采取轮流、协商等方法与同伴合作完成任务。
3. 主动与同伴友好地进行数学游戏。

◇活动准备

1. 物质材料准备：5个模拟文具店，文具用品若干；5个进货筐；记录纸；摆放图示一张；五角星贴纸若干。
2. 知识经验准备：逛过文具店的经验，数数经验。
3. 空间环境准备：创设模拟文具店场景。

◇活动过程

一、招聘售货员

1. 教师提问：班级里开了很多文具店，老师是经理，现在要为文具店招聘一些售货员，你们愿意来应聘吗？售货员要有什么样的本领呢？

2. 售货员的本领很多，一要又快又准确地统计商品；二要会整齐地摆放商品；三要学会友好地合作，共同完成任务。

3. 我们一共有5个文具店，每个文具店需要3个售货员，请你们3个3个手拉手，自由组合，就座。

二、第一次统计，学习2个2个点数

1. 教师提问：文具店里到底有哪些文具用品，有多少呢？现在就要请小售货员们互相合作去统计一下，先想想怎样合作？

2. 提出点数要求：原来我们都是1个1个去数，除了这样数，还可以怎么数呢？你们可以看看这些文具用品都是怎么摆放的，找一个又快又简单的方法去数。

3. 幼儿统计记录，教师有意识地倾听幼儿点数，指导幼儿2个2个数。引导先统计完的小组学习自己验证。

4. 交流讨论：你们文具店的商品有多少？你们是怎么数的？

5. 教师总结：2个2个数比1个1个数更快更简单，可以节省很多时间，为我们的生活带来方便。

三、进货、摆货

1. 经理发现我们文具店的商品已经卖掉了不少，有的已经空了，所以我们要去进货了。

2. 教师出示5个货筐并提问：这些货要怎么放进去呢？原来是2个2个放，有没有其他的方法呢？

3. 教师示范，出示摆放图。这张图能看懂吗？表示什么？

4. 提出摆放要求：按照图示摆放，互相合作。

5. 幼儿操作，教师观察、指导。

6. 师幼共同验证摆放是否正确。

四、第二次统计，学习各种点数方法。

1. 进货后文具用品又有多少呢？我们又要进行第二次统计了。这次统计时想想你可以怎么数了呢？

2. 幼儿统计记录，教师有意识地指导幼儿运用各种方法点数。

3. 交流：你们文具店的商品有多少？你们是怎么数的？

五、活动结束

今天经理发现来应聘的每一个小售货员都很聪明能干，你们全部被录取了。而且今天还有一份特殊的奖励呢，就是五角星贴纸，请每个小售货员回家后用各种方法数一数你的五角星有几个，然后告诉爸爸妈妈。

活动评析

本次活动是“按群计数”的教育活动。首先，教师将幼儿分为3人一组，便于幼儿统计和记录；其次，在活动的第二个环节，教师通过将物品2个2个一起摆放，有效地帮助幼儿进行2个2个数数，在幼儿统计好结果后，教师适时地提示和指导，帮助幼儿获得按群(2个)计数的方法；在第三个环节中，教师拓展了物群的数量，通过教师示范摆放图样，幼儿不仅可以学习2个2个摆放物品，还可以掌握3个3个摆放物品；在第四个环节中，教师利用第二次统计物品，巩固了幼儿按群计数的方法。

（二）设计要点

设计有关计数的教育活动时，需要注意以下几点：

第一，把握幼儿计数能力的发展特点。根据幼儿已有的计数经验与水平，为其选择恰当的教学内容，并提供适宜的计数对象；幼儿计数能力发展的顺序是口头数数、按物点数、说出总数、按数取物、按群计数；教师可以按照从易到难、从具体到抽象的顺序来安排教学内容，具体为唱数、按物点数、目测数、按群计数。

第二，把握计数教育活动的目标。重点在于帮助幼儿掌握正确的数序，建立物群、语言和肢体动作之间的对应关系以及理解数词与数量之间的对应关系，而不是让孩子数得越多越好。

第三，可以借助多种途径与方法开展教学，让幼儿在实际操作和体验中丰富计数经验。如利用日常生活各个环节渗透计数，也可以利用手指头、图片、实物、儿歌、游戏等。

二、有关“数的实际意义”的教育活动设计

计数能够帮助幼儿掌握数数的规则，而有关基数、序数、单双数、相邻数、零的教学活动能让幼儿获得数的实际意义。教师可以按照难易程度，依次选择教学内容，具体顺序如下：基数、序数、相邻数、单双数、零等。[①]下面将详细介绍不同类型“数的实际意义”教育活动的设计。

（一）有关基数的教育活动设计

对幼儿来说，基数与计数最初是相互分离的，当幼儿把计数与基数联系起来时，即当幼儿数数有正确的结果时，其对数的理解就迈出重要一步。[②]判断幼儿是否掌握了基数概念，可以要求其说出集合的总数或从集合中拿出一定数量的物体。例如：当幼儿数出1、2、3，一共有3个苹果时，教师可以让幼儿把这3个苹果分别指出来或放到另外一边，从这个过程中可以准确地判断幼儿是否获得了3的基数概念。

因此，基数教育活动的内容主要包括：按物点数、说出总数、按数取物、按物取数。前面已经详细介绍了它们的活动设计，这里不再赘述。

（二）有关序数的教育活动设计

1. 教学内容

幼儿对序数的理解比对基数的理解晚一些，一般是在4岁以后逐渐发展起来的，并能逐渐回答出10以内的序数。

---

① 黄瑾．幼儿园数学教育与活动设计[M]．北京：高等教育出版社，2010.

② 周欣．儿童数概念的早期发展[M]．上海：华东师范大学出版社，2004.

2. 设计要点

(1)序数教学内容可以先选5以内的序数,再选择10以内的序数。

(2)序数教学要借助教具的排列变化,引导幼儿明确序列的起点与方向。

由于物体排列的位置会随着起始点和方向的变化而变化,因此序数的核心是掌握物体排列的起始点与方向。例如:图5-3中正方形在第几个位置呢?如果从左往右数,正方形在第四位,从右往左数,正方形在第二位,从而让幼儿理解起始方向与物体排列位置之间的关系。

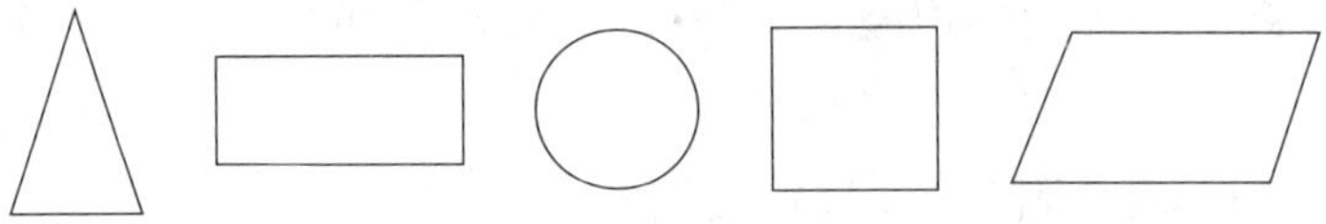

图5-3 正方形的位置

此外,还能借助多样的教具排列形式,从两个维度判断物体的位置,从而丰富幼儿的序数经验,防止思维固化。如图5-4的教具,既可以横排数也可以竖排数。

图5-4 教具的排列

(3)序数教学应结合一日常规,并运用于多种场合。

序数教学途径应丰富多样,既可以利用正式的集体教育活动,又可以结合幼儿一日常规活动。例如:开火车游戏、户外活动、早操、体育活动等环节,都需要幼儿排队,教师则可以在幼儿排队时渗透序数概念,即欢欢排第一,乐乐排第二,明明排第三……当幼儿积累了这些序数经验后,就会运用于多种场合。

【案例分析】

中班数学教育活动:5以内的序数

◇活动目标

1. 认识5以内的序数,能按符号指示方向排序。

2. 会用"第几"准确地表示物体在序列中的位置。

3. 愿意参加游戏活动，体验游戏的乐趣。

◇活动准备

1. 物质材料准备："认识5以内的序数"课件、车票35张、火车头7列、幼儿人手一份操作材料(1列火车、5张小动物图片)。

2. 知识经验准备：幼儿积累了排队经验。

◇活动过程

一、营造动物探险情境，导入活动

1. 教师讲述：有一群小动物要去森林里探险，看看都有谁？

2. 引导幼儿说出探险的小动物，引起幼儿兴趣。

二、小动物排队，学习判断5以内的序数

(一)引导幼儿从左到右进行排序

1. 教师提问，谁排在第几？引导幼儿依次说出每只动物排在第几位。

2. 改变动物的排队顺序，引导幼儿重新确定各动物的位置。

3. 游戏"谁不见了"，巩固排序：小动物都排好队了，现在想和小朋友玩一个"谁不见了"的游戏。请小朋友们闭上眼睛，有一只小动物不见了，小朋友要说出排在第几位的小动物不见了。

(二)引导幼儿从其他方向重新确定动物的位置

1. 引导幼儿从右到左排序，并说出小动物的位置。

2. 引导幼儿从上下方位确定物体的位置。

3. 引导幼儿从斜向上、斜向下方向确定物体的位置。

4. 小结：从不同的方向开始数，小动物们排的位置也会不同。

三、坐火车游戏，结束活动

1. 教师分发车票并讲述：天黑了，小动物要回家了，他们决定坐火车回去。小朋友们帮小动物们取车票坐火车回家吧。

2. 幼儿游戏规则：按车票上相应的车次找到相应的车厢坐好，此活动进行两次——按车票进森林公园；火车调头，凭车票找到车厢坐好回家。

◇活动延伸

1. 家园共育：生活中的序数。

2. 领域渗透：小动物住高楼。

案例评析

本次活动目标明确，符合中班幼儿的年龄特征，整个活动以探险、坐火车等游戏情境贯穿其中，趣味性较强，较好地达到了预设的活动目标。

具体来讲，借助小动物探险的情境导入活动，有效地激发了幼儿参与活动的兴趣，吸引了幼儿的注意力；借助“小动物排队”的游戏，不断变换排队的方向，有利于幼儿掌握“方向不同，排列的位置就不同”，利于幼儿理解序数的概念；最后以“小动物坐火车”游戏结束，一方面体现了探险情节的完整性，另一方面进一步巩固了幼儿对5以内序数的认知，因此活动环节具有较强的逻辑性，体现了让幼儿在操作中、游戏中、情境中学习的特点。

在延伸的操作活动中，整合了各领域的内容，投放了与健康、语言、艺术等领域相关的材料，让幼儿进一步在游戏中感受序数的存在及有趣。同时，要想让幼儿在各自原有的水平上得到发展，教师提供的材料必须要呈现出不同程度的难易差异，既有对本次活动的复习巩固，也有在此基础上的提升，以满足不同发展水平幼儿的需求。如小蜜蜂采花蜜、毛毛虫涂色的游戏材料，就从5以内拓展到7以内；住高楼的游戏材料，就从单向的判断拓展为双向的判断。

当然，该活动还存在一些问题，如在活动过程中，有些地方表述不够准确，有些区域活动的玩法设计不够简单明了，有些孩子对玩法不清楚。

（三）有关相邻数的教育活动设计

1. 教学内容

相邻数的教学重点不是要求幼儿机械地记住谁和谁是好朋友，而是为了引导幼儿理解数与数之间多1和少1的关系，在确定教学内容上应该选择10以内的相邻数，可以先复习两个数之间的转换，再过渡到三个相邻数。根据幼儿年龄特点，可以从4岁以后开始进行教学。

2. 设计要点

有关相邻数教育活动设计的要点是多观察、多操作，如拆装相邻数教具，熟悉相邻数顺序。教学程序一般是：通过唱数和点数方式复习数字—引导幼儿观察相邻数图片—明确数字顺序。

【案例分析】

大班数学教育活动：找朋友（认识10以内相邻数）

◇活动目标

1. 知道相邻数的含义，感知中间一个数与前后两个相邻数之间的关系。

2. 通过玩游戏，能够正确找出10以内相邻数。

3. 感受正确找出相邻数的成就感，体会集体玩数学游戏的快乐。

◇活动准备

1. 纸制小猪卡片5个、小猫卡片6个、小猴卡片7个，1~10的长条点卡。

2. 数字卡1~10，每人一份。

◇活动过程

一、出示动物卡片，引出相邻数话题

1. 教师将3种动物卡片散贴在黑板上。并提问：黑板上3种动物卡片有什么不同？（它们数量不同）

2. 教师提问：谁能把一样的动物卡片放在一起，并且把3种动物卡片进行排队呢？（2~3名幼儿回答）

3. 教师提问：每种动物卡片的数目可以用数字几表示？请小朋友在每种动物下面用数字卡表示它们的数目。（小猪5，小猫6，小猴7）

4. 教师提问：

（1）动物卡片是怎么样排队的？（按小猪—小猫—小猴的顺序排队）

（2）6个小猫卡片的前面是几个小猪卡片？（5个）

（3）6个小猫卡片的后面是几个小猴卡片？（7个）

5. 教师提问：

（1）为什么5个小猪卡片排在6个小猫卡片的前面？（因为5个小猪卡片比6个小猫卡片少1个）

（2）为什么6个小猫卡片排在7个小猴卡片的前面？（因为6个小猫卡片比7个小猴卡片少1个）

6. 教师提问：

6的前面是几？6的后面是几？6比5怎样？6比7怎样？

7.教师小结：

原来6的前面是5,6的后面是7,6比5多1,比7少1,它们是手拉手挨着的。像这样排队的数字,我们叫它们相邻数。所以,6的相邻数是5和7。

二、出示点卡,感知10以内相邻数之间的关系

1.教师出示1~10的长条点卡,引导幼儿观察,并匹配数字卡。

2.教师指着8的长条点卡,并提问:图上有几个圆点?请找出比它少1的小朋友和比它多1的大朋友。

3.1个数字有几个朋友?是什么样的朋友?

4.数字9有朋友吗?它的朋友是谁?

三、玩"找朋友"游戏,巩固10以内的相邻数

1.教师示范游戏规则:

(1)老师报一个数,请幼儿在自己的卡片中找到对应的数卡,并把这个数的两个朋友举起来。

(2)师幼共同游戏。

2.幼儿分组游戏:请幼儿两人一组,一人报数,一人举数卡,然后重复交换玩。

四、总结活动

今天我们认识了相邻数,并帮助10以内的数字宝宝找到了自己的好朋友,大家可以回家后继续和爸爸妈妈玩"找朋友"这个游戏。

活动评析

上述活动选择的内容是10以内的相邻数,目的是让大班幼儿感知10以内相邻数多1和少1的关系,并能正确找出相邻数,活动难度适宜,符合大班幼儿数概念发展特点;活动过程中利用了不同数量的动物卡片、数字卡片和点卡,材料的出示由具体到抽象,便于幼儿理解相邻数的概念;同时还借助了"找朋友"的游戏,体现了幼儿的主体性,有利于幼儿进一步掌握10以内的相邻数,也便于反馈幼儿的学习效果。因此活动过程由简单到复杂,具有层次性。

(四)有关单双数的教育活动设计

1. 教学内容

单双数的活动一般放在5岁以后,涉及的内容主要是掌握单双数的含义、判断10以内的单双数以及发现生活中的单双数现象。

2. 设计要点

设计单双数的教育活动时，教师首先需要明确单双数的基本概念，并以直观形象的方式呈现于幼儿面前，如口语化的语言、直观形象的材料等；其次要结合幼儿生活经验，让幼儿发现身边的单双数现象；最后鼓励幼儿利用单双数知识解决生活实际问题。

【案例分析】

大班数学教育活动：10以内的单双数（2元超市）

◇活动目标

1. 积极参与多种游戏活动，感知、理解10以内单双数的含义。
2. 在操作中理解并区分10以内的单双数。
3. 发现身边的单双数，对周围生活中数学现象产生兴趣。

◇活动准备

2元超市场景及其图片，1~10元面额的代用券（左边标具体数字、右边画相应数量的1元硬币图），红色水彩笔每人一支，幼儿分组操作材料。

◇活动过程

一、情境导入——引起兴趣

瞧！我们已经来到了2元超市，你们来猜一猜，它为什么叫2元超市呢？

二、购物游戏——体验、感知单双数

1. 教师讲解游戏规则。

数一数，你有几元钱？圈一圈，你能买几样东西？

2. 幼儿进行购物游戏，提醒幼儿做一个文明小顾客。

三、交流与比较——理解单双数

1. 讨论：你有几元钱？买了几样东西？还有多少钱？
2. 回收代用券：还剩一元的小朋友把代用券送到一边，都用完的送到另一边。
3. 集体检验，解决问题："1"该送哪边？
4. 教师小结：

（1）像1、3、5、7、9这样两个两个数，总会剩下一个的数叫单数；2、4、6、8、10这样都能凑成2个2个的数叫双数。

(2)10以内有5个单数,也有5个双数。

(3)单数挨着双数,双数挨着单数,它们手拉手,都是好朋友。

四、游戏与操作——区分单双数

1.寻找身边的单双数

2.分组操作

准备4组操作材料,幼儿自由选择进行操作。

圈一圈:两个两个地圈,区分单双数。

分一分:在许多点卡和图卡中区分出单双数。

转一转:转动转盘,当转盘停下时记录下指针所指的数是单数还是双数。

扔一扔:扔骰子,记录下单双数并写出它的两个相邻数。

3.集体游戏

抱一抱:单数——自己抱自己;双数——找个朋友抱一抱。

活动评析

该活动以"2元超市"情境作为活动过程的主线索,通过购物的游戏让幼儿发现了单双数的奥秘,且贴合幼儿生活实际,符合《3—6岁儿童学习与发展指南》中让幼儿"初步感知生活中数学的有用和有趣"的要求,设计较为巧妙。活动过程体现了由简单到复杂、由具体到抽象的特点,先介绍了什么是单双数,再让幼儿判断10以内的单双数,最后运用于生活实际,但在最后一个环节,准备了4组操作材料以及1个集体游戏,稍显烦琐,建议可以精简,二选一即可。

(五)有关零的教育活动设计

1.教学内容

零是一个非常特殊的数字,既不是单数也不是双数,它可以表示多层含义:①可以表示没有;②也可以表示界限,如:温度计上的"0";③还可以表示数位,如105中的"0"表示十位数。

2.设计要点

教师设计零的教育活动时,先要把握零的多层含义,然后根据幼儿已有经验筛选教学内容,并非在一次教学活动中将有关零的所有教学内容一一呈现,也不是让幼儿机械地掌握零的多层含义,更重要的是要结合幼儿生活经验去发现身边的零的现象,解决生活实际问题。

【案例分析】

大班数学教育活动:奇妙的数字“0”

◇活动目标

1.知道“没有了”可以用“0”表示,并初步了解“0”还可以表示“起点”“界限”等含义,探索“0”在生活中的作用。

2.发现生活中的“0”,对周围生活中的数学现象产生兴趣。

◇活动准备

1.物质材料准备:数卡若干、直尺、儿歌《小猴荡秋千》、课件PPT。

2.知识经验准备:在生活中对数字“0”有一定了解。

◇活动过程

一、儿歌导入

1.读儿歌《小猴荡秋千》。

2.小结:小猴子荡悠悠,荡秋千玩累了,肚子也饿了,心里想妈妈为我准备了什么好吃的?小朋友,我们一起去看看吧。

二、播放课件,学习“0”可以表示“没有了”的含义

1.出示小猴子吃桃子的图片,并提问:

(1)盘子里有几个桃子?可以用数字几来表示?

(2)小猴子吃了几个桃子?盘子里还剩几个桃子?我们用数字几来表示?

(3)桃子太好吃了,小猴子把盘子里剩下的1个桃子也吃了,盘子里还有桃子吗?你能用哪个数字来表示?

(4)出示数卡“0”,引导幼儿说“0”像什么,感知“0”的形状。

(5)儿歌形象识记“0”——“数字零,像鸡蛋,上下长,左右扁。”

(6)小结:0和1、2一样,也是一个数。

2.播放课件,进一步认识数字“0”,知道“没有了”可以用“0”来表示。

(1)树枝上的桃子分别可以用数字几来表示?

(2)2个气球都飞走了可以用数字几来表示?

……

三、幼儿探究，掌握“0”表示“起点”“界限”的含义

1.寻找直尺中的“0”，并知道“0”在这里起什么作用?(是“起点”)

2.玩“数字宝宝排队”游戏，感知“0”在这里表示“起点”。

3.观察温度计，了解“0”表示“界限”的含义。

4.小结：原来“0”除了可以表示没有，还有起点、界限的意思。

四、联系生活实际，让幼儿了解“0”在生活中的广泛应用

1.教师提问：你在什么地方见过“0”?

2.幼儿自由讲。

3.播放课件，拓宽知识面。

总结：今天我们认识了数字宝宝“0”，知道它可以表示“没有了”“起点”“界限”等意义。其实，它在我们生活中无处不在，起着非常大的作用，小朋友只要仔细观察，一定会发现更多关于“0”的奥秘。

活动评析

生活中的数学现象不计其数，在设计数概念教育活动时要结合幼儿的生活实际，让他们主动地发现生活中的数学现象，感受到生活中数学的有用和有趣。该活动难易程度适中，活动内容较为丰富，便于幼儿操作，也利于达成预设的活动目标；活动过程从念《小猴荡秋千》儿歌引出话题—出示“小猴吃桃子”图片学习“0”表示没有的含义—幼儿主动发现和探究“0”的其他含义—生活实际中的“0”，各环节环环相扣，逻辑性较强。

综上所述，幼儿数概念教育活动的设计多采用内容导向，设计的程序一般是先确定该年龄段幼儿适宜的教学内容，内容的选择应遵循从易到难的顺序，即基数—序数—相邻数—单双数—零；其次围绕内容制订活动目标；然后设计活动过程；最后完善活动方案的各要素。

三、有关“数的组成与分解”的教育活动设计

(一)教学内容

“10以内数的组成与分解”一般在大班开展，幼儿需要学习的内容包括：理解10以内数的组成；明确总数比两个部分数都大，部分数比原来的总数小；掌握互补、互换规律。

(二)设计要点

“数的组成与分解”教学活动重点是让幼儿对数有真正的理解，因此教师应结合多种

方式设计活动，让幼儿通过亲身体验、实际操作等方式学习，切忌死记硬背。具体设计要求如下：

1. 操作为先，注重数实物

幼儿对“数的组成与分解”这个内容的理解与其数数能力密切相关。例如：2个青苹果对应2，3个红苹果对应3，幼儿通过数数发现这里一共有5个，初步理解了5的组成与分解，详见图5-5。同时，教师也可以利用正面、反面两种颜色不同的圆点，让幼儿随机撒5个圆点，然后分别数出不同颜色的圆点有几个，最后记录数量即可，详见图5-6。

因此，实物操作是幼儿理解数的组合的第一步，教师应为幼儿提供各种材料，如：小木棍、雪花片、水果、玩具等，让幼儿在操作体验的基础上感知数的组合。

图5-5　数实物

●红色圆点　●绿色圆点

第1次	●●●	●●
第2次	●●	●●●
第3次	●●●●	●
第4次	●	●●●●

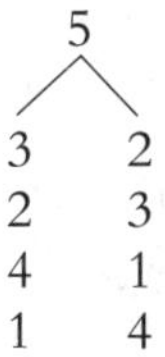

图5-6　5的组成与分解

2. 推理并归纳规律

幼儿在数实物的过程中，会逐步发现一些原则，如：1与2、2与1合起来都是3，这就是互换规律，幼儿就是在发现、推理和归纳过程中理解数的组成与分解。

3. 识记与背诵

当幼儿理解了数实物与推理之后，教师可以引导幼儿用背诵的方式来识记和学习，需要注意的是幼儿发展水平参差不齐，教师不能要求每个幼儿都快速识记数的组成与分解的口诀。

总之，在设计“数的组成与分解”教学活动时，教师应借助数数、数实物、推理归纳、识记背诵等方式，帮助幼儿理解数的组合及其规律。

思考与练习

1.游戏名称：碰球。

玩法：教师任意给出一个数，问幼儿：嘿嘿，我的1球碰几球？幼儿需快速回答：嘿嘿，你的1球碰×球。反复如此。

2.选定某个数，自主设计两个该数的“数的组成与分解”的小游戏。

【案例分析】

大班数学教育活动：聪明的喜羊羊

◇设计意图

幼儿园数学是一门系统性、逻辑性很强的学科，有着自身的特点和规律。《幼儿园教育指导纲要（试行）》提出：让幼儿能从生活和游戏中感受事物的数量关系，并体验到数学的重要和有趣；引导幼儿对周围环境中数、量、形、时间和空间等现象产生兴趣，建构初步的数概念，并学习用简单的数学方法解决生活和游戏中某些简单问题。由此可见，生活化、游戏化已经成为构建幼儿数学课程最基本的原则。分解和组成是幼儿学习加减法的基础，幼儿在学习时往往觉得很枯燥。本活动为了提高孩子们的学习兴趣，本着直观性、参与性的原则，从动手操作、情感需要和快乐学习三个方面进行了设计。

◇活动目标

1.在教师的引导下，理解数的组成与分解中的交换规律。

2.能够准确地将数字9按照8的不同分法分成两份。

3.在集体游戏活动与合作中，体验数学游戏的快乐。

◇活动准备

1.物质材料准备：儿歌《大家一起喜羊羊》；棋子若干、彩笔、记录纸、课件、泡沫板、小草、灰太狼头饰、沙包等。

2.知识经验准备：初步掌握了8的组成与分解，熟悉《大家一起喜羊羊》儿歌。

3.空间环境准备：干净宽敞的教室。

◇活动过程

一、情境导入，激发幼儿学习兴趣

1.教师播放音乐《大家一起喜羊羊》，幼儿做手指律动，通过谈话激发幼儿的兴趣。

教师提问：小朋友，刚才的歌里都唱到了谁？你喜欢喜羊羊吗？为什么喜欢他？(因为喜羊羊很聪明。)

2.引导幼儿复习8的组成。

教师扮演慢羊羊并提问：今天，我是羊村的村长慢羊羊，你们想当聪明勇敢的喜羊羊吗？那我就先考考你们：前段时间喜羊羊已把8捆青草分别送给了沸羊羊和美羊羊，当时有几种分法？(7种分法)分别是几捆？(1和7、2和6、3和5、4和4、5和3、6和2、7和1)

二、幼儿自由动手操作，尝试9的分解

1.教师提问：今天，我准备了9份礼物，我想请喜羊羊帮忙，请帮我把这些礼物分给美羊羊和沸羊羊，愿意帮忙吗？

2.教师分发材料，每位幼儿一盒棋子、一张大图片。

(1)幼儿第一次进行9的自由分配。

(2)幼儿进行第二次自由分配，提出要求：不能和上次分的一样。

(3)依此类推，一直到第八次自由分配。

三、教师出示分解结果，幼儿对比、验证

1.请幼儿观看课件，带领幼儿验证自己分配和记录的结果。

2.引导幼儿观察自己分的和老师分的有什么不一样。

3.幼儿交流讨论：9还能不能再分。

4.教师小结：9一共有8种不同的分法。

四、游戏，巩固9的组成和分解

1.游戏“拔草”

(1)教师准备好绿色的大泡沫板，在上面插上很多的小草。在游戏进行前老师会告诉每个小朋友一个数字密码，数字密码是几就拔几棵草，请幼儿在规定的时间内，完成老师布置的任务。

(2)提问：谁拔了8棵草，那8和几可以组成9？(拔了1棵草的小朋友起立)幼儿一起说：8和1组成9。

(3)依次提问。

2.游戏“打倒灰太狼”

玩法：羊村的警报响了，灰太狼来了，怎么来了这么多灰太狼？原来灰太狼新发明了克隆机器，克隆出好多的灰太狼。

(1)请幼儿点数灰太狼的个数。(9只)

(2)喜羊羊准备好武器——沙包,拿出来当石头砸向灰太狼。

(3)打倒了几个?请幼儿列出相应的数的分解。

(4)带幼儿到室外庆祝战胜了灰太狼,活动结束。

活动评析

本活动选取的内容是"9的组成与分解",是在幼儿熟悉了数字8的组成与分解的基础上开展的。因此教师设计了先让幼儿根据之前的知识经验,操作实物来自由探索9的组成与分解,再进行对比、验证,总结归纳出9的8种不同的分法。同时,还借助了情境化的游戏"拔草"和"打倒大灰狼"进一步巩固了幼儿对9的组成与分解的掌握,从而较好地实现了活动目标。

四、有关"数字认读与书写"的教育活动设计

(一)教学内容

数字认读与书写包括两个部分,一是数字认读,即正确认读阿拉伯数字1~10,并用数字正确表示10以内物体数量,一般放在中班;二是数字书写,即正确书写10以内的数字,掌握正确的握笔姿势并建立良好的书写习惯,一般安排在大班开展。

(二)设计要点

1. 数字认读教学应该结合多种形式与材料,激发幼儿兴趣

第一,幼儿学习数数时就已经掌握了10以内数字的发音,教师应提供实物,即数字字形教具,是由与数字字形相似的形象实物、数字以及相应数量的点构成,从而帮助幼儿建立数量,数字间的对应关系,理解数字的含义。

第二,借助生动、形象的儿歌开展教学,激发幼儿记诵数字字形的兴趣,例如《数字歌》。

第三,观察比较,区分形近数字。尤其是具有相似特征的数字,教师应引导幼儿细致观察,从而认识数字的结构特征。

第四,利用游戏,巩固幼儿认识字形并理解字形、数量之间的关系。也就是说当孩子熟悉字形以后,教师可以设计数字与数量的配对游戏,进一步强化幼儿对1~10的数字字形以及数字的实际意义的认知(如表5-1)。

表 5-1　数字与数量配对表

1	2	3	4	5	6
●	●●	●●●	●● ●●	●●● ●●	●●● ●●●

2. 把握数字书写教学重点，培养幼儿良好书写习惯

大班幼儿书写阿拉伯数字时应达到姿势正确、笔顺正确以及书写工整的要求，教师在设计与组织这种活动时应在循序渐进的过程中提高幼儿书写的水平，按下列顺序进行，即用数字表示数量—空手书写数字—在田字格上试写—在纸上练习书写。注意事项：

第一，教师要做好示范，交给幼儿正确的书写笔顺，如图5-7。

图5-7　数字书写顺序

第二，应在幼儿空手书写练习较为熟练的基础上，再练习纸上书写，但书写时间不应太久，一般不超过10分钟。

【案例分析】

中班数学教育活动：复习认读数字1~10

◇活动目标

1. 知道10以内数字的正确顺序、读音及字形。
2. 通过观察、游戏、动手操作，复习巩固10以内的数字认读。
3. 对数字认读感兴趣。

◇活动准备

1. 物质材料准备：教学课件（有小数字人物化舞蹈情形的图片，第一张至最后一张依次出现1~10，每幅图出现一个数字）；1~10的数字头饰；贴有10个数字的小火车；胶棒；10种不同水果的卡片；1~10数字卡片。

2. 知识经验准备：幼儿在日常生活中初步认识10以内数字。

3. 空间环境准备：干净宽敞的教室。

◇活动过程

一、出示课件，引出话题

1. 教师演示课件第一幅图，引导幼儿说出这是哪个数字娃娃，并且说出数字的名字。

2. 依次演示课件其他图片，引导幼儿说出图上的数字，并且说出与数字对应的象形，如：1像铅笔、2像小鸭。

二、玩"数字娃娃"游戏，复习10以内数字认读

1. 呈现"数字娃娃"游戏，并提出：接下来，我们要和数字娃娃一起玩游戏。

游戏规则：请一名幼儿找出教师所说数字娃娃的名字，如果幼儿找对了，把数字娃娃头饰送给找对的小朋友，并且说："我的名字是×（数字），我把头饰送给你，我们都是好朋友。"游戏持续到数字娃娃全部找到好朋友为止。

2.10个小朋友分别戴上1~10的数字头饰，走进活动室，分别介绍自己是数字娃娃1~10。

3. 全体幼儿认读数字娃娃头饰上的数字。

小结：我们都和数字娃娃做了好朋友，数字娃娃很高兴，决定带我们去果园看一看，我们一起出发吧。

三、体验"运水果"，加深对10以内数字的认识

1. 教师讲述情境：我们来到了果园，大家看，果园里的水果都熟了，你们猜猜用什么交通工具运水果？（火车）火车厢上有什么？（数字）

2. 请幼儿一起复习火车厢上的数字1~10。

3. 出示水果卡片，请幼儿将水果卡片放入教师规定的数字车厢里，如教师说把苹果装入6号车厢里，幼儿便将苹果卡片插入6号车厢内，直到将水果卡片全部放入车厢。

4. 教师说出水果名，幼儿回答在几号车厢内。

5. 教师说出车厢号，幼儿说出车厢里装的是什么水果。反复练习，加深幼儿对数字的认识。

6. 全体幼儿操作，体验运水果，教师做巡回指导。

四、结束活动并总结

◇活动延伸

让幼儿同伴之间相互玩，一个幼儿提出口令将什么水果卡片放入几号车厢，另一名

幼儿动手操作,然后交换角色,游戏反复进行。

活动评析

这是一个关于10以内数字认读的教育活动,在本次活动中教师借助课件、图片、数字卡片等开展教学,激发了幼儿参与活动的兴趣,同时让幼儿在观察过程中、游戏过程中、操作过程中反复感知、练习10以内数字的认读,并帮助幼儿有效地理解了字形与数量之间的关系,较好地完成了活动目标。

思考与练习

1. 收集有关数概念的儿歌、童谣、故事、绘本,如《9只小猫呼呼呼》《10只小猴加油》等材料,分析其蕴含的教育价值,并选择一个儿歌或故事,设计任意一种类型数概念教育活动。

2. 设计幼儿园小、中、大班有关数概念教育活动方案,并到幼儿园进行试讲,写出活动反思。

拓展阅读

幼儿园数学教育活动设计与指导案例

名称	小青蛙捉害虫	评 析
	小班	
目标	1. 能手口一致地点数5个以内的物体,并能说出总数,尝试按数取物。 2. 在游戏中体验数学活动的乐趣。	目标设计具有操作性和针对性,符合《3—6岁儿童学习与发展指南》的基本要求。
活动准备	1. 物质材料准备:青蛙胸饰19个,荷花3朵,荷叶5片,水草4条,螃蟹5个,虫子若干,PPT演示文稿。 2. 经验准备:观看小青蛙生活视频,进一步了解小青蛙。 3. 空间环境准备:创设池塘与稻田的情境。	活动准备充分,便于达成活动目标。

续表

名称	小青蛙捉害虫 小班	评 析
活动过程	一、通过儿歌,引导幼儿回忆青蛙的基本特征,知道小青蛙是人类的好朋友。 播放蛙鸣声,“听,是谁在唱歌?”还记得我们学过的一首青蛙的儿歌吗? 二、通过创设池塘的情境,让幼儿在游戏中学习手口一致地点数5以内的物体。 (一)数荷花,手口一致地点数1~3 有几朵荷花呀?你是怎么知道的?谁来数一数?一个一个数,手到口也到,千万别漏掉。一共有3朵荷花。 (二)数水草,手口一致地点数1~4 长长、绿绿的水草有几条?来数一数。 (三)荷叶嬉戏,手口一致地点数1~5 1.点数荷叶 那边的荷叶好多呀,有多少?数一数。 2.跳荷叶 大荷叶真好玩,就像蹦蹦床,谁想来跳跳大荷叶?跳一下,数一下。 3.荷叶上休息 看大屏小结:手口一致点数及说出总数。 4.发现小螃蟹,再一次练习1~5的点数 “咦,我发现荷叶下面还藏着小动物呢。”数一数。 三、游戏:小青蛙捉害虫,练习按数取物,并手口一致地点数。 前面不远处的稻田里出现了大量害虫,农民伯伯正着急呢,我们快去捉害虫吧。 四、结束:捉完害虫回家饱餐。	1.以儿歌方式导入,便于引出话题,同时激发了幼儿参与活动的兴趣。 2.第二个环节是以游戏情境的方式开展,让幼儿在数荷花、数水草、荷叶嬉戏的游戏中自然反复地学习点数5以内的数。 3.第三个环节紧接上个情境,利用小青蛙捉害虫的游戏让幼儿进一步练习和巩固了5以内的点数。
活动延伸	区角活动:表演区“小青蛙捉害虫” 领域渗透:体育游戏“小青蛙捉害虫” 家园共育:亲子游戏“小青蛙”	
效果评价	活动过程中将“小青蛙捉害虫”的游戏情境贯穿始终,具有很强的逻辑性和层次性。具体来说,教师先通过儿歌的方式导入,激发了幼儿参与活动的兴趣;其次通过创设池塘的情境,让幼儿不知不觉地学习了1~3、1~4、1~5的点数;然后借助“小青蛙捉害虫”的游戏巩固了幼儿手口一致地点数5以内的数;最后在游戏情境中自然结束活动。这体现了游戏是幼儿园最基本的活动,游戏是幼儿最主要的学习方式,突出了幼儿的主体地位。	

【考查要点】

幼儿园数概念教育活动设计与指导的内容在历年考试中多以选择题、活动设计题出现;考试内容主要围绕幼儿数概念教育活动的目标、内容和活动过程的设计要点等,对考生的综合分析与解决问题的能力进行考查。因此,作为一名幼儿教师,需要在了解数概念基本知识的基础上，学会如何用给定的材料，结合幼儿的年龄段特点来设计数概念教育活动。

【真题解析】

1.（2017年下半年）找规律填数字是一项很有趣的活动，特别锻炼观察和思考能力，下列选项中，填入数列“7、8、9、11、（　）、19”空缺处的数字，正确的是（　　）。

A.12　　　　B.14　　　　C.16　　　　D.18

【解析】B。解析：本题属于数字推理，主要考查递推数列。从题干的数列中，可以以3个已知数字为一组找规律，因为数字之间相差不大，考虑加法和减法。数列规律为前两个数字之和减6得出第三个数字。所以，括号中数字为9+11−6=14。

2.（2018年上半年）用来记数的符号叫“数字”，世界各大文明都曾创造过“数字”，有的现在已不再使用，有的只用于特定的场合。右图钟表盘面上表示时间的数字，使用的是（　　）。

A.希腊数字　　　　B.罗马数字　　C.阿拉伯数字　　　D.巴比伦数字

【解析】B。罗马数字。

3.（2016年下半年）找规律填数字是一项很有趣的活动，特别锻炼观察和思考能力。下列选项中，填入数列“2,4,9,16,（　）,47”空缺处的数字，正确的是（　　）。

A.28　　　　B.29　　　　C.30　　　　D.31

【解析】A。本题属于数字推理，主要考查递推数列。从题干的数列中，可以以3个已知数字为一组找规律，因为数字之间相差不大，考虑加法和减法。数列规律为前两个数字之和加3得出第三个数字，所以，括号中数字为9+16+3=28。因此本题选择A选项。

【真题模拟】

1. 找规律填数字是一项有趣的活动，特别锻炼观察力和思考能力，下列选项中，填入数列“1、2、4、10、42、（　）、17726”空缺处的数字，正确的是（　　）。

A.422　　　　B.523　　　　C.624　　　　D.725

2. 找规律填数字是一项很有趣的活动，特别锻炼观察和思考能力，下列选项中，填入数列“8、9、10、12、（　）、20”空缺处的数字，正确的是（　　）。

A.13　　　　B.15　　　　C.17　　　　D.19

3. 序数和数序是完全不同的概念，序数是代表集合中元素次序的数，这一教学内容一般从（　　）开始。

A.3岁　　　　　B.4岁　　　　　C.5岁　　　　　D.6岁

4.数的组成与分解的教学重点不是让幼儿记住谁是谁的好朋友，而是让幼儿理解数与数的三种关系和规律，下列规律中不正确的是(　　)。

A.等量关系　　　B.互换关系　　　C.互补关系　　　D.数运算关系

5.下列选项中不属于小班幼儿数概念的发展特点的是(　　)。

A.能进行10以内的口头唱数　　　B.能点数5以内的数

C.具备数的守恒概念　　　D.初步感知5以内的基数含义

【思考实训】

1.任选一个幼儿园的年龄班，观摩其数概念教育活动，并评析其目标、内容以及活动过程。

2.设计一个小、中、大班的数概念教育活动，并制作教具，进行模拟教学片断展示。

【推荐阅读】

[1]安·S.爱泼斯坦，苏珊娜·盖斯莉.我比你大，我五岁——学前儿童数学能力的发展[M].霍力岩等，译.北京：教育科学出版社，2012。

[2]推荐绘本：《9只小猫呼呼呼》《10只小猴加油》《100层的房子》《点点点》《鼠小弟爱数学》(系列)。

第6章
学前儿童数运算能力的发展与教育

生活中家长急于让孩子学习数运算，看到别家宝宝能进行数运算，列出算式时，就迫切希望自己孩子也能列出算式。家长往往会摆出相应实物，如给宝宝1个苹果，再给宝宝2个苹果，宝宝能说出3个苹果，但是让孩子列出了1+2=?，宝宝会不知所措，即使家长告诉他答案，后面他还是会忘记。这时，家长往往会认为自家孩子没有别家孩子聪明，却不明白为什么简单的数运算，学前的儿童怎么学都学不会呢？

学前儿童数运算到底何时开展比较适宜？幼儿学习10以内的加减运算表现出什么特点？有哪些适宜幼儿发展的数学教育内容与要求？怎样根据幼儿的认知特点进行有效的10以内加减运算教育活动设计与指导？这些问题将在本章的内容中找到答案。

【学习目标】

1. 知识目标：掌握学前儿童数运算教育活动内容和要求；掌握学前儿童数运算的发展特点和规律。

2. 技能目标：学习数运算的教育活动设计的撰写；会根据幼儿园数学教育的指导要点，组织与实施10以内加减运算的教育活动。

3. 情感态度目标：喜欢进行数的运算的教学活动。

【学习重难点】

1. 掌握学前儿童数运算的发展特点和规律。

2. 学习数运算的教育活动设计的撰写；会根据幼儿园数学教育的指导要点，组织与实施10以内加减运算的教育活动。

【知识结构图】

- 学前儿童数运算能力的发展与教育
  - 学前儿童数运算能力的发展与教育要求
    - 学前儿童加减运算能力发展的一般过程
    - 学前儿童加减运算能力发展的年龄特点
    - 口述应用题在学前儿童学习加减运算中的作用
  - 学前儿童加减运算教育活动设计与指导
    - 实物加减运算
    - 口述应用题
    - 列式运算

第一节
学前儿童数运算能力的发展与教育要求

在幼儿数概念发展的过程中，幼儿一般需要借助实物或者真实场景才能理解抽象的符号和进行数的运算。数感对幼儿独立发展数运算能力具有很重要的作用，数感也是在具体真实的情境中发展起来的。数学是源自生活又服务于生活的。在日常的生活中，往往会出现多、少、多多少、少多少等概念，学前儿童数运算能力的发展正好可以解决这些现实问题。

幼儿数运算的发展同样遵循一定的规律，有动作表征、表象表征、符号表征的三个水平。幼儿在抽象的数概念发展的过程中，都离不开现实场景、实物的操作。教师在教学过程中如果直接让幼儿进行1+5=6这样的算术运算，幼儿往往是不太容易理解的，这样违背了幼儿的发展规律，容易让幼儿单纯依靠记忆而不是真实的内部数学思维来理解。在遵循科学性的原则前提下，如果给抽象的数字赋予幼儿生活中的事物，从幼儿生活经验出发，遵循生活化的原则，这样符合幼儿的年龄和身心特点，更容易被幼儿接受，更利于幼儿的数运算能力的提升。如妈妈给了宝宝1个橘子加上爸爸又给了宝宝5个橘子，这时候宝宝就有了6个橘子……在幼儿数概念启蒙阶段，如果教师能够不断从幼儿生活中熟悉的事物中挖掘数学元素，融入幼儿日常的数教学中，那么幼儿的数的解决问题经验就会不断丰富，逐渐地过渡到后期的抽象思维的发展阶段，对幼儿逻辑思维的发展意义重大。

幼儿在进行数运算之前，已经有了生活经验和必要的启蒙准备。那么什么是学前儿童数运算的含义呢？对于学前儿童而言，有关数的运算，主要是指10以内数的加减运算，帮助幼儿理解加、减法的意义和符号所代表的含义很重要。[1]

---

① 黄瑾，田方.学前儿童数学学习与发展核心经验[M].南京：南京师范大学出版社，2015.

一、学前儿童加减运算能力发展的一般过程

（一）动作水平的加减—表象水平的加减—概念水平的加减

幼儿运算能力的发展是一个持续不断的过程，在幼儿日常生活中，幼儿或多或少可以解决一些简单的日常数运算的问题，但是在解决问题的过程中，依然依赖于现实中的事物来解决，不能完全脱离这些形成稳定的、模式化的解决问题的形式。在幼儿运算能力的发展过程中，一般经历了动作水平的加减—表象水平的加减—概念水平的加减三个阶段渐进式的发展。

1. 动作水平的数运算

这一水平的数运算是指该阶段幼儿若是进行加减运算离不开具体的事物，必须用现实中的物体或者材料作为辅助，通过实际的操作，合并、分开等方式，方能解决现实中的加减问题。例如若教师让幼儿直接回答3+1=？时，他是不能解决这个问题的，此时若是你给他3个梨，随后再给他1个梨，接着问他一共有几个梨？这时，幼儿会给出“4”的结果。

2. 表象水平的数运算

这一水平的数运算是指学前儿童逐渐可以从实物中脱离出来，不用再完全借助于实际的实物操作，而是可以借助于脑海中的事物的形象和生活经验进行加减运算。这一点在此年龄段的幼儿中体现的是口述应用题。这一水平的数运算是学前儿童进行加减运算的主要方式，它依托表象，帮助学前儿童理解题目的意思、数量之间的关系、运算符号，从而使儿童选择适宜的解决问题的方法。例如给小亮1个苹果，小明2个苹果，然后问他们一共有几个苹果，这时候幼儿会给出“3”的答案，在此过程中，不需要拿真实的实物——苹果给幼儿，让幼儿一个一个点数计算，这就是表象水平的加减运算解决实际中的问题。

3. 概念水平的数运算

这一水平的数运算是指幼儿从生活中的实物形象中抽离出来，直接借助于数学符号、数学概念进行抽象的加减运算。例如2+1=？直接看算式或直接口述即可得到结果。这一水平的数运算能力的发展是学前儿童数运算的最高水平。

（二）逐一加减—按数群加减

加法是把两个东西合并到一起。减法是加法的反面，是与加法互逆的一种运算，即在整个里面去掉、抹去、分开等的一种运算。两者都是在数的组成与分解的基础上开展的。对幼儿的观察和研究表明，幼儿计算加法的正确率要明显高于减法，对于学前儿童而言，学习掌握减法要难于加法，原因如下：

（1）日常生活经验的影响。幼儿接触最多的是加法，累积较多的经验也是从加法开

始的。这也符合幼儿思维发展的规律——从小到大,从少到多的学习顺序。

(2)受运算方法的影响。在进行加法时候,幼儿往往用的是顺着数的方法,而进行减法时候,用的是倒着数的方法。在学前儿童思维发展的过程中,逆向思维对幼儿来讲是比较困难的。

(3)受数群关系的影响。加法是两个数合并起来求总数,而在减法运算中,需要把加法的顺向思维变为逆向运算,即从总数中去掉一部分,得到另一部分。学前儿童在进行减法运算的过程中,先想数的合成,然后再想减法。如在4−1=? 的运算中,幼儿会先想1和? 合起来是4,即1和3合起来是4,那么4−1才等于3,这是一个思维逆运算的过程。

二、学前儿童加减运算能力发展的年龄特点

根据《指南》数学认知目标中指出的让幼儿感知和理解数、量及数量关系,教育建议中提到要让幼儿通过实物操作来理解数与数之间的关系,并用“加”或“减”的办法来解决问题。如前面所述,学龄前的幼儿一般难以理解加减法的真实含义,到学龄前后期大班年龄段5~6岁时,幼儿的抽象思维开始发展,在一定的教育下,他们可以慢慢地脱离实物开始进行加减运算。这一时期幼儿的加减运算往往有下面一些特点:可以完成简单的口头上的应用题,但是依然不能完全脱离生活中的场景;可以理解10以内运算的基本含义;会读算式,理解“+”“−”“=”的含义,并进行10以内数的简单运算。随着幼儿的抽象思维的不断发展,这一时段的幼儿能够进行加减运算,并能够理解两者互逆关系和加法运算中的交换关系。学前儿童运算能力的发展不是一蹴而就的,如果只是简单地让幼儿进行成人认为的加、减运算,即使幼儿得到了成人认为的正确结果,也不是真正意义上的数运算,而只能说是一种机械记忆,并没有内化成幼儿的有效知识和丰富其真正意义上数经验。在幼儿运算能力发展的过程中,在数学启蒙教育的时候要遵循一定的年龄特点和发展规律。

表6-1 各年龄段运算能力发展的年龄特点(节选)①

内容班级	小班	中班	大班
10以内的数概念	1.手口一致地点数5以内的物体,理解数的实际意义。 2.能按数取物(数量5以内)。	1.正确点数10以内的物体,理解数的实际意义;能按数取物或按物找(或说)数(数量10以内)。 2.理解10以内相邻数间的多1和少1的关系。 3.初步感知10以内数的守恒。 4.认识10以内数的序数。 5.学习10以内数的顺数和倒数。 6.认读10以内的阿拉伯数字。	1.认识数。 2.认识单数、双数和相邻数,了解10以内相邻数的等差关系。 3.学习目测数群和按群计数。 4.学习10以内数的组成,理解总数和部分之间的等量、互补、互换。 5.正确书写10以内的阿拉伯数字。

① 史月杰.幼儿园数学教育与活动指导[M].北京:北京师范大学出版社,2017.

续表

内容班级	小班	中班	大班
10以内的加减	—	—	1. 学习10以内的数的口述应用题，理解10以内加减法的含义，学习用加减法解决实际生活中的问题。 2. 学习用数的组成进行10以内的加减运算及列式(认识和理解“+”“-”“=”的意义)。

【案例分析】

十只兔子去野餐[①]

今天，有一组孩子们要尝试表演《十只兔子去野餐》。在表演之前，陈老师设计了一些变化，每一次不同角色的兔子数量发生变化时，陈老师都会让小兔子留在台上，暂停表演，并问当观众的小朋友发生了什么变化。如刚开始，9只兔子走在前面，1只兔子走在后面，陈老师会提示“哪只小兔子愿意陪一陪后面的这只小兔子”，这时前面剩下了6只小兔子，后面有4只小兔子走在一起，孩子们发现走在前面的数量变少了，后面的兔子变多了，有的孩子会一一点数，并说出数量……

从头到尾，陈老师都在黑板上用圆圈表示故事中兔子的数量变化。陈老师不断地让孩子们描述故事中角色数量发生了什么变化。学生说：“一开始，后面走着1只兔子，然后，有3只兔子来陪它了，后面一共有4只兔子了，但是前面走的兔子变少了！”

活动评析

在故事表演中，幼儿记不住具体的数量，但是他们对数量的变化很敏感，会清楚地发现数量发生变化后，是比以前更多或更少。实物的表征或者真人的故事表演等真实的情境都有助于幼儿直观地发现数量的变化(更多或更少)。作为观众的幼儿看到不同特征的兔子集合发生变化，先增加，然后缩减。知道增加就会变多，拿走或去掉就是集合数量减少，是幼儿有意义地估算“现在是多少”这个问题的基础。

① 黄瑾，田方. 学前儿童数学学习与发展核心经验[M]. 南京：南京师范大学出版社，2015.

三、口述应用题在学前儿童学习加减运算中的作用

(一)口述应用题的教育作用

口述应用题是幼儿数运算的基础和前提。用语言、文字来描述实际生活中涉及的情节和数量间的关系问题,被称作应用题。情节和数量间关系是其必不可少的部分。每一种运算都是一种具体的问题情境。应用题源自解决生活中的实际问题,在生活情境中进行数运算,更能唤起幼儿数运算的表象。幼儿通过口述应用题,更有利于理解数学符号、数学语言。口述应用题加上幼儿的实物操作能力,更利于其后期进行符号运算。

(二)幼儿学习口述应用题的特点

口述应用题对幼儿数运算能力的发展极为重要,所以理解幼儿口述应用题的特点,对幼儿数运算的启蒙教育意义重大。

(1)幼儿解答应用题易受到情节和内容的干扰①。

幼儿在解决应用题的过程中,往往容易忽略掉其中的数量关系,而被应用题中的情节和事实所吸引。比如老师说:“妈妈有6个橘子,爸爸给了她2个,现在妈妈一共有几个橘子?”这时候可能有的幼儿会说:“为什么不给宝宝呢?宝宝喜欢吃橘子?”还有的会说:“我妈妈买的是苹果,奶奶还给了我呢。”他们都忽略掉了应用题中的数量关系。这个阶段教育者应该及时地引导幼儿关注其中的数量关系,这样幼儿慢慢会把注意点放到应用题中的数量关系上。

(2)幼儿在口述应用题的基础上自编应用题存在一定的难度,具体如下:

①编题不完整,不会提问题。“爸爸有3个苹果,奶奶给了1个。”

②题中没有提出问题,反而出现了结果。如:小明有2个梨,小宇有3个梨,他们一共有5个梨。

③缺少已知条件。如我有5个车子,我一共有几辆车子。

④在自编应用题的时候场景往往会不合常识。如宝宝白天喝了5杯牛奶,后面晚上喝了6杯,一共喝了几杯牛奶?……

① 周希冰,周利文.幼儿科学教育·数学[M].北京:北京师范大学出版社,2013.

第二节
学前儿童加减运算教育活动设计与指导

一、实物加减运算

通过实物操作，让幼儿体会数学符号意义，并学习列出相应的算式。在前部分，幼儿已经对加减运算的含义有了一定理解，还需要先明白“+”“-”“=”数学符号的意义，在此基础上，才能列出简单的算式，并学会读算式。

案　例

4的加法运算（大班）①

首先，教师口述应用题，让幼儿告知结果和计算的方法，再次体验加法减法的意义。

其次，在幼儿得出结果和说出计算方法后，帮助幼儿分析题中的意境，感知其中的数量关系，已知条件和未知条件，然后用数字卡片表示出来。

例如，草地上飞来了2只小鸟，随后又飞来了1只小鸟，目前一共有多少只小鸟？

2　　1　　3

接着讲给幼儿并填写上

+　=　数学符号

①周希冰，周利文.幼儿科学教育·数学[M].北京：北京师范大学出版社，2013.

然后，教师口头重复：加法用“+”来表示，代表合起来一共有多少的意思，并讲明 2+1 合起来就是3，“=”表示一共有多少的意思，放在2+1与3之间，读作等于，列出算式：2+1=3，读作2加1等于3，表示2和1合起来就是3。在幼儿理解熟悉之后，让幼儿联系应用题，并自觉列出算式。

减法运算同上。

活动评析

在幼儿已经有了加减运算的概念经验的基础上，根据幼儿的年龄、心理发展特点，从实物出发，根据幼儿的实际，由易到难，从说到写，层层递进，帮助幼儿理解抽象的“+”“-”概念、算式的意义，从而向口诉应用题水平发展。

二、口述应用题

（一）口头运算教育活动的设计与组织

口头运算包括两个阶段，动作水平加减和表象水平加减。通过生活实例或口述应用题等，幼儿可以借助动作和语言理解加减法的意义。

1. 在生活情境中，引导学前儿童进行数运算

案　例

一共喝了多少杯水？（大班学习加法）①

姓名	周一	周二	周三	周四	周五	总数
小明						
小溪						
小鱼						
小宝						
……						

①周希冰，周利文．幼儿科学教育·数学[M]．北京：北京师范大学出版社，2013.

活动分析

教师制订一个喝水表，准备好相应的水杯粘贴图片，让幼儿根据自己实际喝水的情况，在制订的表上做统计(自己喝了1杯水就贴一个小水杯的图样)，之后做加法运算。之后可以每两天做一次加法运算。

这就是按照幼儿生活中的场景，渗透数运算，让幼儿感知加法的运算意义，幼儿不断体验把两天合并起来，可以加深其对加法运算的理解。

案　例

采购物品(大班减法运算)①

◇活动类型

区角活动。

◇活动准备

ATM机、面值1元的纸钱若干。

◇活动过程

让小朋友去ATM机取钱。(每个幼儿取到相应面值的钞票各一张)

1. 买两样东西的话，一共花了多少钱？
2. 若是用5张1元面值的钱买一样东西，这样东西多少钱？
3. 拿10元去买东西，买了几种东西，花了多少钱？

活动分析

案例中，让幼儿先体会合起来一共多少是加法运算，随后采用数的分解形式，让幼儿明白本来有多少钱，买东西花掉了(去掉了)多少，还剩下多少，这就是减法运算。让幼儿在生活中熟悉的事物里，体验加减运算，丰富其数运算的经验，不断促进其抽象逻辑思维的发展。

(二)通过口述应用题进行加减运算

口述应用题是促进幼儿逻辑思维发展的有力工具。在创设口述应用题的过程中，要

①周希冰，周利文.幼儿科学教育·数学[M].北京：北京师范大学出版社，2013.

结合幼儿的实物操作，让幼儿在实际的操作中体会数运算的过程，理解加减运算的意义。

教师可以创设一个主题场景，如森林场景，开运动会，准备好猴子、老虎、大象、兔子等各种动物头饰若干。老师口述应用题，让幼儿戴上自己喜欢的头饰，在老师的口述中进行展示。

（1）森林里要举行运动会了，这时候兔子一家人也来参加了，开始来了4位成员，后来又来了2位，请问兔子一家一共有多少位成员？

（2）老师口述有场景的应用题，让幼儿亲自操作和表演，体会加法运算。

……

小结：如上面这般，数量越来越多，变多就是“加法运算”，加法就是把两个数合并起来，一共有多少？当幼儿累积加法经验后，教师可以让幼儿逆向体验减法的过程和结果，最终理解加减运算的内涵。

（三）自编应用题的教育

让幼儿自己根据生活中的场景，自编应用题，通过具体的情境，来理解其中的数量关系。自编应用题的结构与口述应用题的结构一样，由2个已知条件和1个问题组成。

（1）看图编应用题。开始的时候，可以创设情境，提供相应的图片，让幼儿看着图片，描述图片中的情境，然后把图片中的情境数量关系联系起来，编成应用题。

例如：老师拿来有动物或者花草的图片，一张图上开了2朵小花，另一张图片上又开了1朵，让幼儿试着看图编故事，让幼儿把图片上的内容描述出来并合并起来，看着图片的变化，感知数量关系。

（2）在活动中编应用题。如教师给了小明2个橘子，给了小宝1个橘子，让幼儿在这个活动中编应用题。

（3）实物编题。根据现实中实物的特点，编写应用题。

（4）根据数字符号，算式、数的分解，编应用题。

（5）改编。

（6）幼儿自由编写。

……

注意，在自编应用题的过程中，要遵循一定的原则。在自编应用题之前，幼儿要先积累一定的口述应用题的经验。在自编的阶段，幼儿已经知道了一共多少、还剩多少、比较多少等，理解了应用题的简单结构，2个数，1个问题，变多就是用“+”来表示，变少就用“－”来表示。幼儿的数运算是在情境中借助操作材料进行的，在理解了基本应用题的结构的基础上进行的。

三、列式运算

数的组成是概念水平加减运算的基础，反映的是整体与部分的关系。在幼儿数运算的过程中，幼儿是不会主动去进行运算的，需要教师在这其中进行适宜的指导。在加减运算中，利用数的分合式与加减运算之间进行有效转换，即让幼儿知道数的分合可以表示加减运算，同样加减运算也可以用数的分合来表述。这样可以让幼儿进一步理解数运算。

例如在4的加减运算中，可以先把4分解成2与2、1和3。

在加法运算中，可以引导幼儿知道2和2合并就是4，列出算式是2+2=4；1和3合起来就是4，列出算式是1+3=4。

在此基础上，还可以让幼儿知道4是由1和3、2和2合并起来的，那么从4中去掉1还剩下3，列算式就是4-1=3，从4中去掉2就是2，列算式就是4-2=2。

教师小结：在分合式的教学过程中，让幼儿明白一个分合式可以改写成4个算式，即2个加法、2个减法的运算。

注意：幼儿的数运算是遵循年龄特点和一定的规律的。比如在5以内的运算中，一般加法、减法运算是分开来进行教学的，在幼儿累积了一定的数运算经验之后，可以把两者混合教学，一般从6开始运算。幼儿的数运算经历了动作、表象、概念的发展水平。在数运算的启蒙过程中，幼儿可以先进行口头、实物操作，等积攒一定的经验之后，再进行抽象的运算和算术运算。

【案例分析】

姜饼人（大班）①

◇活动类型

集体活动。

◇活动目标

1.尝试用多种方式理解故事情节。

2.理解用算式表示姜饼人逃跑过程中的数量变化。

3.体验故事表演的乐趣。

◇活动准备

1.故事背景图、人物图片：姜饼人、老奶奶、老爷爷、老黄牛、小松鼠、小熊等。

①周希冰，周利文.幼儿科学教育·数学[M].北京：北京师范大学出版社，2013.

2. 装扮道具：围裙、牛角、头箍、自制松鼠尾巴、拐杖、自制熊掌等。

3. 算式卡片等。

◇活动过程

（一）欣赏故事

教师：今天我来和你们说一个姜饼人的故事。仔细听一听，故事里的姜饼人会发生什么事情呢？

1. 教师边讲故事《姜饼人》边演示角色图片，讲述故事时对"又来了一头老黄牛""小松鼠也来了""小熊也来帮忙了""人越来越多，队伍也越来越长了"等角色对话和旁白做重音强调。演示角色图片时要通过图片之间的距离变化来显示人物一个一个加入的过程。

2. 教师提问：发生了什么事情？哪些人来追姜饼人了？

小结：老奶奶、老爷爷、老黄牛、小松鼠和小熊，一个接着一个来追姜饼人了，人越来越多，队伍也越来越大了。

（二）故事表演

教师：姜饼人的故事真有趣，我们大家一起来表演一下吧！哪个小朋友想演谁就用动作来告诉大家，大家猜出来了就请他来表演。你们确定好之后可以用道具装扮一下自己。不表演的小朋友当观众，一边观看表演一边讲故事。

1. 第一次表演。重点在熟悉故事内容。

2. 第二次表演。重点在故事表演的同时，教师和幼儿进行问答："又来了一个谁？现在一共有几个人在追姜饼人了？""队伍里一共有几个人？"……

3. 第三次表演。重点是在故事表演的同时，教师引导幼儿用算式归纳出故事情节的发展变化，如"1+1=2""2+1=3""3+1=4"等，并以"2+1=3"为例，引导幼儿说出算式中每个数字所表示的意义，如"2"表示姜饼人和老奶奶，"1"表示老爷爷，"3"表示队伍里有3个人。

◇延伸活动

1. 教师可根据本班幼儿的数运算水平和实际教学情况，灵活地展开相应的故事情节。如兔子双胞胎姐妹也来帮忙了，加入了大伙的队伍……老奶奶跑不动了，停下来歇歇……老爷爷也跑不动了，也停下来歇歇……引导幼儿列出相应的算式，理解"+2""−1"等数运算概念。

2. 教师提供各种道具，在区角活动中开辟一处用于表演《姜饼人》剧目的小舞台，小观众可用算式卡片点戏，小演员需根据算式卡片编戏、演戏。

活动评析

教师设计数运算的活动时，可基于多元表征的理念，以多种形式促进幼儿对数运算概念的理解，提供多种材料以融合实物加减教学，让幼儿在实物情境表征、口语表征和动作表征中初步感知故事情节中的数运算问题。

运用恰当的语言进行师幼互动，以澄清故事中数运算问题，加深幼儿对数运算概念的理解。让幼儿模拟或者“表演”的问题情境必须是一个相对简单的结构。如教师在本次活动中，经常会问“现在有多少”，不断提醒幼儿什么是“未知的”。

在任何数学问题情境中，知道运算背后的故事会有助于幼儿理解，即在“数学化”一个经典故事之前，要确保幼儿喜爱并熟悉这个故事。教师可多次带孩子分角色朗读或反复阅读这个故事，之后幼儿将其进行“数学化”的表演便没有太大的困难。另外，教师可给幼儿提供可粘贴的角色或实物教具，让他们自己讲故事、模拟问题情境，促进他们一次又一次地去重温或探索情境。

思考与练习

幼儿在区域一起游戏的时候，有很多创建结合、进行集合比较、计数和加减运算的机会。教师对材料的选择、组织，以及适时的意向性教学策略有助于幼儿对加减法的建构。分小组设计角色区、表演区的数学游戏，并分享展示。

【考查要点】

学前儿童加减运算的教育活动设计与指导的内容是幼儿数学教育中的重要内容，是发展幼儿数运算策略和能力的重要内容，在历年的考试中经常出现，题型多为选择题、材料分析题、简答题、活动设计题，考试内容围绕幼儿数运算发展的特点和规律、数运算教育的途径与方法等，对考生的综合分析问题与解决问题能力进行测试。因此作为一名幼儿教师，需要在理解幼儿学习数学的心理特点的基础上掌握幼儿10以内数运算教育活动的特点与方法。

【真题解析】

一、选择题

1.（2015年下半年）按照皮亚杰的观点，2~7岁儿童的思维处于（　　）。

A. 具体运算阶段　　　　　　　B. 形式运算阶段

C. 感知运动阶段　　　　　　　D. 前运算阶段

【解析】D。皮亚杰通过大量的研究，认为儿童的认知发展主要经历四个阶段，分别是：感知运动阶段（0~2岁）、前运算阶段（2~7岁）、具体运算阶段（7~12岁）和形式运算阶段（12~15岁）。故本题选D。

2.（2017年上半年）桌面上一边摆了3块积木，另一边摆了4块积木，教师问："一共有几块积木？"从幼儿的下列表现来看，数学能力发展水平最高的是（　　）。

A. 把前3块积木和后4块积木放在一起，然后一个一个点数

B. 看了一眼3块积木，说出"3"，暂停一下，接着数"4，5，6，7"

C. 左手伸出3根手指，右手伸出4根手指，暂停一下，说出7块

D. 幼儿先看了3块积木，后看了4块积木，暂停一下，说出7块

【解析】D。幼儿数概念的形成过程从感知动作开始，幼儿计数，不但要用眼睛看，而且还要动手去数，ABC选项中都体现了幼儿动手数数的过程。只有D选项进入了数的概念，通过感知直接进行口头计算，故D选项正确。

二、问答题

（2018年下半年）请依据皮亚杰的理论，简述2~4岁儿童思维逻辑特点。皮亚杰提出了认知发展理论，他把幼儿的认知发展分为感知运动阶段、前运算阶段、具体运算阶段和形式运算阶段。

【解析】根据皮亚杰的理论，2~4岁儿童思维具有如下主要特点：

（1）开始运用象征性符号进行思维，出现表征功能，或称象征性功能。

（2）幼儿的思维在此阶段还没有真正普遍化，没有形成一般化的概念。

（3）此阶段幼儿不掌握部分与整体的关系，常常运用"转导推理"。

（4）象征思维是"中心化"的思维，或称为"自我中心思维"。此阶段儿童在一个时间只能考虑到事物的一种特征，不能同时照顾两种特征。不能依据事物的客观联系来解决问题，只凭自己的个别经验、个体意义的象征或所谓"信号物"进行思考。

【真题模拟】

1. 对幼儿学习品质的理解正确的是（　　）。

A. 活动过程中的态度和行为倾向　　　　B. 活动过程中的学习速度

C. 活动过程中的知识积累　　　　　　　D. 活动过程中的道德品质

2. 青青的妈妈说："那孩子小嘴真甜！"青青问："妈妈，您舔过她的嘴吗？"这主要反映了青青（　　）。

A.思维的片面性　　　　　　　　　　　B.思维的拟人性

C.思维的生动性　　　　　　　　　　　D.思维的表面性

【思考实训】

1.从文学作品、绘本、学具等中挖掘数学元素,设计符合幼儿年龄特点的10以内加减运算的活动方案,并试着在实践中去实施。

2.去到一线幼儿园,观察数运算教学活动,根据你的观察和反思,提出适宜的教育建议。

【推荐阅读】

[1]徐晶晶.学习品质对5~6岁儿童早期数学能力的影响研究[D].上海:华东师范大学,2014.

[2]刘红.教师数学领域教学知识(MPCK)与幼儿数学学习关系的研究[D].上海:华东师范大学,2016.

第 7 章

学前儿童量与模式概念的发展与教育

皮亚杰把一团橡皮泥先搓成圆球形，然后在儿童的面前将圆球形搓成“香肠”，问儿童圆球和香肠哪一个橡皮泥多。一部分儿童认为圆球的多，因为圆球大，而另一部分儿童认为香肠的多，因为它长。为什么儿童会出现这样的认识？

幼儿受年龄和思维抽象性发展所限制，在量的比较中容易受外在形式、视觉判断等方面的干扰而不能正确地意识到物体的量，也就是说，儿童还没有掌握量的守恒，所以才会出现这种现象。那么，什么是物体的量和模式？量和模式包括哪些？幼儿园量与模式的教育内容是什么？怎样开展学前儿童量与模式的教育呢？让我们带着这个问题开启本章内容的学习。

【学习目标】

1. 知识目标：掌握学前儿童量与模式的概念、教育内容与要求，了解学前儿童量概念发展水平及其特点。

2. 技能目标：学习学前儿童量与模式教育活动设计方案的撰写，掌握量与模式教育活动组织与指导的要点。

3. 情感态度目标：喜欢设计与组织量与模式的教育活动。

【学习重难点】

1. 了解学前儿童量与模式概念的基本知识、学前儿童量与模式概念的发展特点；掌握学前儿童量与模式的教育内容与要求。

2. 能根据学前儿童量与模式的教育目标与内容，灵活选择适宜的教育途径和方法进行教育活动的设计与指导。

【知识结构图】

- 学前儿童量与模式概念的发展与教育
  - 学前儿童量与模式概念的发展与教育要求
    - 学前儿童量与模式概念的基本知识
    - 学前儿童量与模式概念的发展及其特点
    - 学前儿童量与模式概念的教育内容与要求
  - 学前儿童量与模式概念教育活动设计与指导
    - 学前儿童量概念教育活动的设计与指导
    - 学前儿童模式概念教育活动的设计与指导

第一节 学前儿童量与模式概念的发展与教育要求

一、学前儿童量与模式概念的基本知识

(一)量概念基本知识

1. 量

量是指在客观世界中,事物或者现象具有可以定性区别或测量的属性,如面积、体积、大小、温度、距离等。

量可以分为连续量和不连续量两种。连续量是表示物体属性的量,需要借助测量工具得出结果的量,也叫作相关量,如长度、面积、质量等;不连续量是表示集合中元素多少的量,不需要借助专门的测量工具,又叫作分离量,如多少。学前儿童需要认识生活中一些基本的量,像大小、多少、长短、高矮、宽窄、远近、轻重、粗细等。

2. 量的比较

量的比较是指找出不同物体的大小、长短、粗细、厚薄、高矮等量的差异。常见量的比较是两两比较,多个量的比较会涉及量的排序。学前儿童比较量的基本方法有目测法、重叠法、连线法、数数法等。

3. 量的守恒

量的守恒是指一个事物的知觉特征无论发生什么变化,它的量始终保持不变。知觉特征包括形状、颜色、排列方式等。

4. 量的排序

量的排序是指在比较的基础上，将两个以上的物体的量按照某种特征或一定的规则进行排序。例如，按照物体的大小排序、按物体的轻重排序等。

5. 量的测量

测量是指把待测定的量同一个作为标准的同类量进行比较的过程。用来作为计量标准的量，叫作计量单位，如米(m)是一种长度计量单位，克(g)是一种重量计量单位等。量的测量就是用一个计量单位去测量某一个量，可以分为标准测量和自然测量。标准测量是指用公用的计量单位(如米、厘米、千克、克等)去测量；自然测量是指利用各种自然物(如脚步、绳子、小棒等)为量具对物体进行测量。

思考与练习

1. 如何引导幼儿认识量的守恒？有哪些方法，试举例说明，并用实践展示。
2. 何谓正式的数学活动，非正式的数学活动？请结合实际，谈谈你对两类活动价值定位和实际运用的理解。

(二)模式概念基本知识

1. 模式

模式指客观事物和现象之间本质、稳定、反复出现的关系，对事物和现象的隐蔽性、抽象性的规律特征的认识。学前儿童数学教育中的“模式”指一组物体有规律地排列，如军训口号1—2—1，1—2—1……；自然现象“上午—下午—晚上，上午—下午—晚上……”等，在儿童的日常生活中随处可见各种模式。作为一个抽象的概念，模式不存在于任何一种或一个实际客体之中，而是从许多具体事物中抽象出来的一种关系，这种关系存在于主体的头脑之中。

2. 模式单元

模式单元指模式中有规律地重复出现的部分。在“1—2—1，1—2—1，1—2—1……”模式中，单元是“1—2—1”；模式“上午—下午—晚上，上午—下午—晚上，上午—下午—晚上……”，其基本单元是“上午—下午—晚上”；模式“举手—叉腰—举手—叉腰—叉腰—举手—叉腰—叉腰—叉腰……”，其基本单元按一定规律不断变化，是“1举手—1叉腰，1举手—2叉腰，1举手—3叉腰……”。

3. 模式的类型

按模式组成的基本单元对模式进行划分，共有两种分法。一种分为重复性模式和发展性模式。重复性模式是由n个相同的、保持不变的单元构成,如“红—黄—蓝,红—黄—蓝,红—黄—蓝……”。发展性模式是指模式的单元按同一规律发展变化,如“ab,abb,abbb、abbbb……”。

还有一种按模式组成的基本单元的划分方法,将模式划分为重复模式、循环模式、滋长模式和变异模式。重复模式如“A—B—C,A—B—C”等构成元素是不断向前的线性排列;循环模式如“日出—日落,春—夏—秋—冬,生—老—病—死”等交替循环变换的自然现象;滋长模式如“A—B—A—B—B—A—B—B—B”;变异模式如“1—2—3,1—2—4,1—2—5……”。①

按照组成模式的载体进行划分,将模式分为实物模式和符号模式。实物模式指以实物、动作等实体的形式呈现的模式,如“走—跑—跳,走—跑—跳,走—跑—跳……”的动作模式;符号模式是指通过字母、数字、文字等抽象的符号系统来表达的模式,如数列“1,2,3,4,5……”。可以指导幼儿做一些有关这方面的练习(如图7-1所示)。

图7-1　按模式规律填空

二、学前儿童量与模式概念的发展及其特点

(一)学前儿童量概念的发展及其特点

1. 学前儿童量概念发展的一般特点

(1)从明显差异到不明显差异。

3~4岁的幼儿只能够对量的明显差异进行感知和区分,能在差异明显的变量中辨别出最大的(最重的)和最小的(最轻的)。随着年龄的增长,他们才能逐步对差异不明显的量进行认识和区分,能够根据物体的量的差异(如大小、长短、高矮、宽窄、厚薄等)进行数量在10以内物体的正、逆排序,其认识、区别量的精确性相应提高了。

(2)从绝对到相对。

幼儿对量的认识最初是一种绝对化的认识,他们把所掌握的具体物体的量的特征看

① 林泳海,周葱葱.3.5~6.5岁儿童式样认知发展的实验研究[J].心理学探新,2003(1):33—36.

成是绝对化的，如幼儿经常会争论“我的苹果最大”“我跑得最快”，他们把自己的苹果最大或自己跑得最快看成不变的绝对量。只有当幼儿从两个物体的选择、比较过渡到三个或者更多物体时，他们才可能逐渐放弃绝对性，认识量的相对性。

（3）从模糊、不精确到逐渐精确。

由于幼儿认知发展上的限制和语言上的限制，幼儿开始对量的认识是模糊的、不精确的。他们经常描述一个物体“很高很高”，但是不知道到底有多高，只是一个模糊的高的概念而已；他们在描述大的、长的、粗的、厚的物体时，常常都说成“大的”，如一本厚书说成一本大书，一棵很粗的树说成一棵大树等，这些都是由幼儿的年龄特点所决定的。

2. 学前儿童量概念发展的年龄特点①

（1）3~4岁幼儿量概念发展的特点。

3~4岁幼儿能较为正确地区分物体的大小和长短，在一组大小差异不太明显的物体中，他们能找出最大的或最小的物体，能正确辨别远处物体的大小和不同位置物体的大小。但他们往往把物体的大小、长短等特征看成是绝对的，理解物体量的相对性有一定的困难，如幼儿会说：“我的皮球最大。”

这个年龄阶段的幼儿对物体的粗细、厚薄、宽窄等属性的感知是比较笼统的，表现在不能严格区分物体的粗细、厚薄、宽窄等，对量的认识还不具有相对性。

这一时期的幼儿在感知和判别两个有明显重量差异的物体方面有了很大的发展，表现如下：

3岁的幼儿已经能感知和判别两个重量具有明显差异的物体。幼儿用手拎起两个重量分别为140 g和15 g的瓶子时，能正确回答“它们是一样重还是不一样重”这个问题的人数比例达80%，而当瓶子重量为140 g和70 g时，能正确回答的人数比例只有37%。

4岁的幼儿基本上能用正确的词汇表达对物体轻重的感知。4岁幼儿能用“轻”“重”词汇表示不同瓶子重量的人数比例可达53%，而且这一时期的幼儿对轻重的感觉有了明显的提高，能从若干对象中找出同样重量的物体。其中两个为140 g，两个为70 g，两个为15 g，从中拿出一个重量为70 g的瓶子，要求幼儿从其余的瓶子里找出与范例一样重的瓶子。3岁幼儿能完成的人数比例只有13%，而4岁幼儿能完成的人数比例可达43%。

（2）4~5岁幼儿量概念发展的特点。

4~5岁的幼儿对物体量的特征有了一定的感知经验，能较为熟练地区分大小、长短。在此基础上，能区分物体的粗细、厚薄、高矮、宽窄、轻重等，并能用相应的词汇表示。

5岁的幼儿判别轻重差异的精确性有较大的提高，能理解和运用“轻”“重”词汇。5岁幼儿能正确完成各项任务的人数比例已达73%~100%。同时，5岁的幼儿感知轻重相对

① 周梅林.幼儿数学教育活动设计与指导（第二版）[M].北京：中国劳动社会保障出版社，2014.

性的能力发展显著。例如，对任意并放着的重量为140 g、70 g、15 g的瓶子(形状、颜色、体积均相同)，让他们判别和说出其中哪个最重、哪个比较重、哪个最轻，回答正确的人数比例达67%。因此，可以认为5岁的幼儿已经具备了感知轻重相对性的能力。

此时，幼儿对量的感知虽然有了提高，但他们还缺乏对物体守恒的认识。例如，他们很难判断出改变了放置形式的等长的两个物体的长度，对错开放置的两根等长小棍(见图7-2)，往往判断下面一根长。他们说："你看这根都到这了(用手指下面一根的终端)"，却没注意到小棍的起始点。同样，他们也难以判断等量的水倒入又高又细和又矮又粗的瓶子里还是一样多的容量守恒现象。

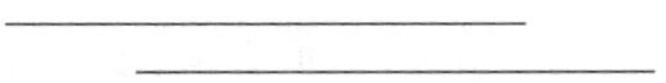

图7-2 错开放置的等长小棍

(3)5~6岁幼儿量概念发展的特点。

5~6岁的幼儿在正确认识物体大小、长短的基础上，能做到理解大小和长短的相对性质。物体的大小、长短、宽窄、粗细、高矮等都是相对的、有条件的。一根小棍和比它短的比是长的，如果和另一根比它长的小棍相比，那么它就是短的，这就是长短的相对性。例如，对绿(最短)、红(较长)、黄(最长)3支不同的铅笔进行比较，在幼儿对绿与红、红与黄做出比较的基础上，提问："请小朋友想一想，到底这只红铅笔是长还是短呢？"有的幼儿回答"它是长的"，有的回答"它是短的"，还有的回答"红铅笔和黄铅笔比，红铅笔是短的，要是和绿铅笔比，它就是长的了。所以，这要看它和谁比"。这些回答反映了幼儿对红铅笔长度的相对性的不同理解，知道不能绝对地说红铅笔是长的还是短的，有时可以是长的，有时也可以是短的，问题在于和谁比。

这一年龄阶段的幼儿能理解物体在长度、面积、容积(体积)等方面的守恒现象，可以指导他们做一些有关这方面的练习(如图7-3)。当物体的外形、位置等发生变化时，幼儿仍可正确判断量的不变性。这说明5岁幼儿已经具备初步的推理能力，能理解一些量的守恒。

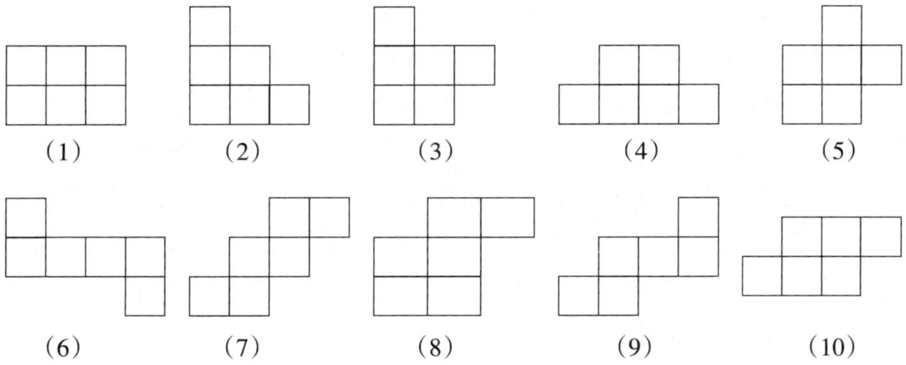

图7-3 面积的守恒

6岁幼儿已经具备了认识物体重量和体积之间关系的能力。随着重量感觉的发展，5~6岁幼儿能够认识到大的物体可以比小的物体轻，如大气球比小玻璃球轻，而大小一样的物体，由于制作材料的不同，重量也可以不同，如乒乓球、皮球能浮在水面上，而玻璃球和铁球却都沉到了水底。

（二）学前儿童模式概念的发展及其特点

1. 学前儿童模式概念发展的阶段

儿童进入小学前，已从生活中获得了大量感性的数学知识和经验，并且已经发展起了有关模式、函数、代数的最初概念。比如他们学唱重复的歌曲，热衷于重复性的游戏动作，满足于听情节中蕴含着重复性或发展性模式规律的童话故事等。正如皮亚杰的研究所证实的，儿童在婴儿时期就已经开始感知模式，最初往往是感知空间上的模式，如房间里有规律摆放的家具、摇篮上方有规律悬挂的铃铛等，也可以感知一些习惯性的动作，如推开门，妈妈走进来——喂宝宝等。

皮亚杰将儿童模式概念发展划分为六个阶段①：(1)描述顺序，指儿童按照事物之间的联结关系来理解和辨识事物之间的顺序；(2)描述和构建线形式样，意指儿童对线形式样的理解、辨识和创建；(3)复制一个次序，意指按事物之间已存的顺序规则来进行复制，使事物之间的联结关系继续保持下去；(4)创建一个次序，即创建一个顺序规则，并按这种顺序规则将多种事物联结组合；(5)构建一个式样，即在创建一个次序的基础上反复地按一定规律复制该次序，形成一个式样；(6)认识循环式样，循环式样是一种封闭型的式样，其特点是式样中的顺序规则是不间断的可以永远地循环往复下去。皮亚杰认为前一阶段是后一阶段的基础，后一阶段是前一阶段的发展，但在一次式样活动中，各阶段的内容可以同时或交叉出现。

2. 学前儿童模式发展的一般特点

(1)模式认知随年龄增长呈上升趋势。

儿童早期的模式认知是一个逐步发展的渐进过程，虽然儿童早期就已经在生活经验中表现出对模式规律的粗浅认知，但这只是儿童模式概念的萌芽，还不是一种对模式概念的清晰而稳定的认知。一般3岁左右的儿童已经具备了初步的模式认知，随着儿童年龄的增长，尤其是4岁以后，随着儿童数认知能力的不断发展以及抽象逻辑思维能力的发展，儿童的模式认知能力有了更明显、快速的发展，体现出随年龄增长的上升趋势，可以归纳为模式的识别—模式的复制—模式的扩展—模式的创造—模式的比较—模式的转换—模式的交流，即在能力结构上的渐进发展趋势。

---

① 林泳海，周葱葱.3.5～6.5岁儿童式样认知发展的实验研究[J].心理学探新，2003(1)：33—36.

(2)对不同类型的模式认知有差异。

在儿童早期模式认知能力的发展过程中，儿童对不同类型的模式规律的认知具有明显的差异。一般来说，儿童往往更容易判断和认识重复性模式，对于发展性模式的认知具有一定的困难，这是因为儿童早期在生活中最初接触较多的是具有重复性特征规律的模式，加之发展性模式扩展任务涉及分类、推理、抽象概括及辨识数量的递增等多个方面的认知能力，儿童早期的抽象逻辑思维发展并不充分，他们还不能从本质上认识到一组事物的规律性特征并进行推断和预测。同样，儿童对于以实物为材料的模式和以符号为材料的模式的认知在早期也具有明显的差异。一般来说，儿童的模式判别和推断易受材料的影响，他们对于具体的实物或以动作、声音为材料载体组成的模式往往容易认知，而对于以抽象的符号和数字、字母等为材料载体的模式的认识则比较困难。

思考与练习

请查阅相关资料，试着总结学前儿童模式概念发展的年龄特点。

三、学前儿童量与模式概念的教育内容与要求

(一)学前儿童量概念的教育内容与要求

通过有目的、有计划的教育使学前儿童认识和掌握量的概念，量的概念对幼儿数概念和思维能力的发展有着重要的作用。对各年龄阶段儿童量概念的教育要求是不同的：

1. 小班

(1)能用比较、观察的方法，区别大小、长短不同的物体，并能正确运用“大小”“长短”等词汇。

(2)能在4个大小或长短不相等的物体中找出并用语言说出4个物体中，哪个最大(最长)，哪个最小(最短)。

(3)能按物体的颜色、形状等外部特征或按长短、大小等量的差异进行4个以内的物体排序。

2. 中班

(1)能区别并用语言说出物体的粗细、厚薄、高矮等。

(2)能在教师的指导下从五六个大小(长短、高矮、粗细、厚薄)不同的物体中找出两个等量的物体。

(3)能按物体量的差异，进行7个物体以内的正逆排序。

3. 大班

（1）能用目测和自然测量的方法，比较物体的长短、高矮、宽窄、轻重和厚薄，能用语言正确表达测量结果。

（2）了解量的守恒，知道物体的量不随物体外形、摆放位置的变化而改变。

（3）能按物体量的差异进行10个物体以内的正逆排序，能按一定的规律排列物体，初步感知序列之间的传递性、双重性和可逆性关系。

（二）学前儿童模式概念的教育内容与要求

在学前儿童数学启蒙教育中，模式的识别和运用能力的培养是促进儿童数学认知发展和逻辑思维能力发展的重要方面，其具体的教学内容主要包括对重复性模式的识别、复制、扩展、创造、比较、描述和交流等。

1. 小班

能识别模式，并按简单的模式排序（序列在3以内）。

2. 中班

（1）能按简单模式（序列在5以内）排序。

（2）能复制和扩展模式，并能对物体和图案进行排序。

3. 大班

（1）学习按模式排序。

（2）能根据物体和图案创造出某种模式并进行排序。

第二节 学前儿童量与模式概念教育活动设计与指导

一、学前儿童量概念教育活动的设计与指导

(一)量的比较教育活动的设计与指导

1.多感官比较物体的量

幼儿对物体量的认识主要是通过各种感官感知物体量的特征。幼儿在视觉、触摸觉、运动觉等多种分析器官的作用下,通过看、摸、摆弄等活动感知物体在大小、长度、重量等方面的特征,比较出物体间量的差异。根据幼儿的认知特点,教师应提供有利于幼儿进行比较的材料,材料特点应单一,便于幼儿把注意力集中到被比较量的特征上。例如,比较物体粗细时,教师应选择长短一样,粗细差别明显的物体。随着幼儿年龄的增长,被比较物体之间的差别可以缩小,增加幼儿判别难度。

在设计量的比较教育活动时,教师应注意:先让幼儿进行实物比较,如两本书比厚薄,两个球比大小;活动设计应有层次性。如比较高矮,可先请两人比较,此时从量的层面说,高和矮是不变的,高就是高,矮就是矮。接着再增加1个人与前面2个人进行比较,3个人比较高矮,这时结果发生了变化,如原来高的和更高的站在一起,他就成了矮的,原来矮的就更矮了,这使幼儿感受到高矮比较具有相对性。

2.多种方法比较物体的量(目测法、重叠法、并放法)

目测法就是引导幼儿用眼睛观察比较,来断定物体的大小、长短等。最初教幼儿用重叠法和并放法来对物体进行比较。重叠法就是把两个以上物体重叠在一起进行比较。并放法就是把两个以上物体并排放着进行比较。选用重叠或并放的方法进行比较

时，要根据物体材料和比较内容的不同选择合适的方法。幼儿动手操作比较时，要提醒幼儿注意物体重叠或并放时应该对齐，例如，比较长短、高矮，被比较的物体应放在同一水平面上。在实际生活中，随着幼儿年龄的增长，可多鼓励幼儿用目测的方式进行比较，用重叠法和并放法进行验证。先引导幼儿目测差别较大的两个或两个以上物体，然后再逐渐缩小其物体间量的差异，在不断运用目测的过程中，发展幼儿的目测能力，提高幼儿比较量差异的准确性。

3. 运用寻找法描述物体的量

在幼儿初步认识量的基础上，教师可以有意识地引导幼儿在周边环境中寻找哪些物体是大的（长的、粗的等），哪些物体是小的（短的、细的等）。可以先在教师预先准备好的环境中寻找，然后在自然环境中寻找，最后可以让幼儿通过记忆表象寻找，并用正确的词汇描述出来，以巩固幼儿对物体的量的特征的认识。例如，在引导过程中，教师可以使用语句“什么高，什么矮”来提问，幼儿用“桌子高，凳子矮”等进行回答。

4. 运用游戏法区别物体的量

可以设计各种形式的游戏，让幼儿区别物体的量，加深对物体大小、长短、粗细、高矮等的认识。例如，“反动作游戏”。教师做一个动作，并按动作说出一个词，要求儿童做与教师相反的动作并说出相反的词。教师用手做大的动作并说“大大”，儿童用手做小的动作并说“小小”。教师用手做拉长的动作并说“长长”，儿童用手做缩短的动作并说“短短”。这样可以训练儿童对大小、长短等掌握的熟练程度，加深幼儿对相应词汇实际意义的理解。再如一些竞赛性游戏“看谁找得又快又对”，让幼儿在一些物品中按教师要求找出大的或小的、粗的或细的等，看谁找得又快又对。

【案例分析】

搭高比赛（中班）

◇活动目标

1. 动手操作比较高矮，感受“高与矮”是相对的。
2. 能和同伴共同游戏，学会合作。
3. 对数学活动感兴趣，乐于参加活动。

◇活动准备

桌子与椅子若干，红、黄、蓝、绿、橙等彩色小方块积木若干（每个幼儿10块）。

◇活动过程

一、比一比,瞧一瞧

将幼儿两两一组分别在同一平面和不同平面进行比较,感知积木在同一平面和不同平面的高度有何区别。

1.在同一平面上比

两个幼儿在同一块桌面上进行小方块积木搭高比赛,在规定时间内,看谁搭得比较高,谁搭的比较矮。

2.在不同平面上比

两个幼儿同时开始搭小方块积木(一个幼儿在椅子上搭,一个幼儿在桌子上搭),时间到后,比谁搭的高。

讨论:桌上搭的积木比在椅子上搭的积木高吗?为什么?想一想我们应该怎样进行高矮的比较呢?(两样或两样以上的物体比较高矮时,要在同一平面上进行比较。)

二、搭高比赛

各组幼儿在规定时间内用小方块积木在桌子上进行搭高比赛,比赛停止时,先两两结伴比较高矮,再在同一小组6个幼儿间比出搭的最高的和最矮的。

活动评析

在"搭高比赛"中,教师通过比赛的形式激发了幼儿参与活动的积极性;通过在同一平面、不同平面的比较让幼儿明白了"两样或两样以上的物体比较高矮时,要在同一平面上进行";通过分组比赛的形式,让幼儿在认识高矮的同时,感知到高矮的相对性。教师除了可以让幼儿通过搭建小方块积木比较高矮外,还可以通过用大型积木在教室地面上搭建物体比较高矮;同伴之间比较高矮,比出班级中谁最高,谁最矮;引导幼儿比较教室中物体的高矮,例如组合柜最高,小椅子最矮。

(二)量的守恒教育活动的设计与指导

量的守恒是指物体的大小、长短等不受物体的外形和摆放位置的变化而改变。量的守恒包括长度守恒、面积守恒、容积守恒、体积守恒等。量的守恒的教学应在幼儿认识了相应的量的基础上进行。

1.运用量的变式感知、认识量的守恒

变式指利用量的多变化形式,使幼儿逐步做到不受物体外部因素变化的影响,感受到量的不变性,即量的守恒性。在长度守恒教育中,可用绳子、小木棍、火柴棒等,摆出长

度不变的各种变式，让幼儿判断其长度是否一样；在面积守恒教育过程中，用几何图形做出各种面积的变式；在容积守恒教育中，可用装有水或沙子的各种杯子、瓶子或其他容器，做出容量的各种变式，让幼儿体会水的多少没有变化；在体积守恒教育中，用橡皮泥、积木等摆出体积的不同变式，让幼儿用数的方法确定体积没有变化。

2. 提供两份同等量物体做量的守恒判断

为幼儿提供两份同等量的物体，便于幼儿观察到当其中一份物体的形态发生变化后，可以从另一份物体中直观地看到原来的表现形式仍存在于另一份物体中。幼儿可以在这一过程中，直观地感知和比较变化了的量只是外部形式有了改变，其量与原来是一样的，并没有发生变化，利于幼儿对量的守恒做出判断，使幼儿逐步获得量的守恒观念。

在幼儿观察、比较两份同等量的物体时，应注意：

(1)引导幼儿确认这两份物体的量(面积、体积、长度等)是相同的。

(2)改变其中一份物体量的形式，并向幼儿提出问题(如，你们认为它们现在还是一样大吗?)

(3)幼儿确认它们的量是相同的以后，将其中一个量进行变形，再次向幼儿提问。如果幼儿有不同的反应，可以启发幼儿说出理由，并引导幼儿将物体变回原来的状态，以证实它们的量是相等的。

量的守恒教育要以量的认识和比较做基础，先用两份等量的量学习守恒，再用一些变式学习守恒，最后通过抽象理解，学习量的守恒。“一个量，只要没有增没有减，无论怎样变化形态，量不变。”值得注意的是，在一些变式教育活动中，许多量的变式是整体和部分的问题，一大杯水倒入2个或4个小杯中，所有的水的总和与大杯子的水是一样的。一张纸，无论分割成多少部分，这些部分合起来还会和原来一样大小。在量的守恒教育中，教师应注意整体与部分思想的渗透和运用，让幼儿在理解整体和部分的关系中体会量的守恒性质。

【案例分析】

容积守恒(大班)

◇活动目标

1. 初步感知容积守恒，对量的守恒感兴趣。
2. 能运用多种感官，动手动脑，探究容积守恒问题。
3. 乐意参加讨论和交流，能大胆发表不同意见。

◇活动准备

1. 大小、形状不同的透明瓶子、杯子若干，大小相同的杯子若干。

2. 小动物头像卡片（兔子、猴子、鸭子、小狗、小鸡等），自编《小熊饮料店》故事。

◇活动过程

一、活动导入

以小熊饮料店的故事导入活动主题。小熊要请小伙伴们喝饮料。小熊给小动物们制作了各式各样的饮料，有高脚杯、茶杯、果汁杯、咖啡杯等。

二、幼儿操作探索活动

1. 引导小朋友讨论这些杯子里的饮料是否一样多，想一想用什么最好的方法来比较到底哪个小动物杯子里的饮料最多呢？（幼儿自由讨论）。

2. 幼儿探索思考，感受容积的守恒

（1）教师提供相同大小的杯子，请不同的小动物将自己的饮料倒入这个大小相同的杯子中，进行比较，看看到底哪个杯子的饮料多。

（2）讨论：将饮料倒入大小相同的杯子中，你发现了什么？小动物的饮料一样多吗？为什么大家刚才说小动物的饮料不一样多呢？（帮助幼儿理解瓶子水位的高低与瓶子的粗细、大小有关）。

3. 幼儿动手操作，进一步理解容积的守恒

（1）每位幼儿在大小、形状不一的瓶子中选一个瓶子，观察瓶子的不同。

（2）教师为每位幼儿提供一个大小相同的杯子，并在杯子中注入相等的饮料。比较讨论：杯子中的饮料一样多吗？

（3）请幼儿将杯子中的饮料倒入各自的瓶子中，观察讨论：瓶子中的饮料一样多吗？

4. 小结

杯中饮料无论倒入什么容器中、水位高低如何，饮料的总量都没有变，所以小熊给小动物们准备的饮料是一样多的。

◇活动延伸

请小动物们拿着各自的饮料与小熊一起快乐地玩耍。

活动评析

本活动以故事《小熊饮料店》导入，让幼儿扮演不同的小动物，调动幼儿参加活动的兴趣和积极性，发散幼儿思维，鼓励幼儿大胆提出自己的想法并进行验证。如，提供相同大小的杯子，请幼儿将自己的饮料倒入杯中，进行观察，让幼儿初步地感知容积守恒。为帮助幼儿进一步理解容积的守恒，教师为幼儿提供大小、形状不一的瓶子，让其进行进一步的猜想与观察。经过不断实验与探索，最终总结出无论倒入什么样的容器中，水位的高低如何，水的总量是没变的，饮料是守恒的。本活动寓教于乐，让幼儿在动手操作中享受游戏与学习的乐趣。

(三)量的排序教育活动的设计与指导

排序就是把物体按照一定的顺序排列起来。幼儿通过量的排序比较物体之间量的差别，以及通过学习给系列物体排序，可以为建构序运算的心理结构打下基础。幼儿排序实际上包含3种：按照物体量的差异排序(如按照高矮排队)；按照物体数量多少排序(如按数量逐一增加或减少，按数字由小到大或由大到小)；按照特定规律排序(如男女间隔排列)。在排序教学中，应注意以下几个方面：①

1. 从小数量的排序到大数量的排序

排序是以比较为基础的，而最简单的比较就是两两比较，排序最小的数量是3，对于小班幼儿来说，可以从数量为3、4或5的物品排序开始，让幼儿首先找出最大(长)的和最小(短)的，然后再分别找出其他的，与最大(长)的和最小(短)的比，最后确定它们的序列。随着幼儿年龄的增大及排序经验的积累，序列的数量可以逐渐增加到7，甚至增加到10。对于大数量的排序，也同样是按照先找两端再逐一比较，最后确定序列的步骤来进行。

2. 从按次序规则排序到按特定规则排序

在每个年龄阶段，也可以相应安排幼儿学习按次序规则和按特定规则排序，但从数学的一般经验来看，次序规则在前，特定规则在后。这是因为在量的比较教学中，幼儿已经积累了一定的对物体大小、长短、粗细、高矮等量的特征进行区分的相关经验，按量的次序规则排序实际上就是幼儿理解量的差异的一种操作表现。

3. 从参照排序到独立排序

幼儿通过不同形式的操作活动可以获得对不同形式排序的理解和掌握。在排序的相关操作活动中，开始时，教师应把教学的重点放在“让幼儿找出并理解排序的规律”上，因此，教师可以先出示已经排好的序列，让幼儿去发现其中的规律，并让幼儿尝试着模仿

① 黄瑾.学前儿童数学教育与活动指导[M].上海：华东师范大学出版社，2014.

教师的排序接着往下排。当幼儿积累了较多的排序经验以后，教师可以启发幼儿自己去寻找排序材料中的不同，按照自己的理解独立思考，并尽量用不同于他人的方式来排序。

【案例分析】

排队游戏（大班）①

◇设计思路

能按物体量的差异进行10以内的正逆排序是大班幼儿数学教育的目标之一，也是幼儿在日常生活中需要经常运用的一种能力。例如，整理玩具、摆放图书、帮助父母收拾餐具等。在以往的教学中，我们已经进行了按物体大小、长短、粗细的不同排列各种物体的学习，按物体轻重、颜色深浅、水位高低的不同进行排列却从未尝试。而实验证明，大班幼儿对物体轻重、颜色深浅具有较为精确的感知能力，因而完全可以进行这种教学活动。为此，我们设计了这节排队游戏，将幼儿已有的学习经验与水位高低、颜色深浅、物体轻重等这些仅限于认识而未运用的知识结合进行分类、排队训练，以提高幼儿的观察能力和比较能力。

◇活动目标

1. 学习按物体特征进行分类、排序。
2. 尝试用符号记录排序的方法。
3. 能积极愉快地投入排序游戏中。

◇活动准备

1. 知识准备：有过按大小、粗细排列的经验，比较过颜色的深浅。

2. 物质准备：按大小排列的书、套盒、碗、汽车、套蛋、套勺、玩具若干；按粗细排列的5根绳子和一张贴有双面胶的纸条（人手1套）；按宽窄、厚薄排列的纸片和一张贴双面胶的纸条（人手1套）；按颜色深浅排列的装有颜料水的6个瓶子（共6套）；按轻重排列的4个同样的盒子里放入不同的东西，共6套；按水位排列的7个同样的瓶子、颜料水、勺子、挂瓶子的架子、小木槌共两套；盘子、铅笔、纸若干。

以上物品除按大小、水位排列的材料单独摆放以外，其余的材料均两组混放在一起。

① 李玲．学前儿童数学教育[M]．成都：西南交通大学出版社，2013.

◇活动过程

一、以游戏情境引出分类、排序的要求

1. 教师手指四周散放的操作材料:“小熊的超市要开业了,可是东西还没有整理好,请小朋友们帮小熊把同样的东西放在一起。”幼儿操作后教师提问并检查:“超市里有哪些东西? 同样的东西都放在一起了吗?”

2. 引导幼儿比较同类物品的差异并提出排序的要求。

“这些碗、勺、汽车哪里不一样?”(有大有小)以此类推逐个引导幼儿比较每组物品的差别,并要求幼儿将所有物品再排列得既整齐又美观。

二、幼儿操作

1. 1~3组(大小、深浅、轻重)。

“这3组排完后要记录。想一想怎么让别人一看就知道你排的是什么? 并说一说你是怎么排列的?”

2. 4~5组(粗细、宽窄)。

“这两组排好后贴在纸条上,想一想怎样贴又整齐又美观?”

3. 6~7组(水位排序)

“这两组是请小朋友制作乐器,等开业时要演奏的。先给瓶子装水,每一瓶装的水不一样多。然后排队,排好后再挂在架子上,用锤子敲一敲,听听声音有什么不同。”

三、评价

1. 展示有特色的记录单,引导幼儿观察他们是用什么样的符号来记录的,别人是否能看懂。

2. 在展示记录单的基础上,引导幼儿讨论排序的方法是否正确。

3. 引导幼儿讨论哪些东西可以排得既有序又不占地方。

活动评析

以游戏活动的形式引入,能很好地激发幼儿对活动的兴趣和积极性。为了巩固幼儿排序的相关知识,教师还可以设计以下延伸活动:

1. 在区角活动中提供适合幼儿感知宽窄、厚薄的物体与活动材料,例如,纸、书、本子、木板、纸板、皮带,让幼儿练习按不同的标准进行排列。也可以提供各种颜色、大小、形状不同的珠子,让幼儿自己设计项链,练习有规律地间隔排序。

2. 提供空瓶、空盒、水、沙、勺、一些较重的颗粒玩具、颜料,让幼儿自己制作出轻重不同、深浅不同、水位不同的游戏材料。引导幼儿体会材料的多少、轻重、深浅、水位的关系。

(四)自然测量教育活动的设计与指导

自然测量是用自然物进行测量的一种方法，是一种认识量的手段，可加深幼儿对物体量的认识。常用的测量工具有筷子、绳子、脚步、小棍、纸条等。在幼儿学习自然测量时，要有意识地引导幼儿理解测量要领，主动学习，掌握测量的方法，教育过程中需注意以下几点：

1. 引导幼儿理解测量要领，掌握测量方法

测量是件比较复杂的操作活动，测量之初需要教师进行示范讲解，帮助幼儿掌握测量方法及动作要领。此外通过不同层次的活动，引导幼儿主动学习。例如，测量物体的长度，开始时可让幼儿在被测量物体上摆放量具，即将量具一个接着一个地摆放在被测量的物体上。摆放好后，把所有量具数一数，记录量具的总数，这个总数就是该测量物体的长度。以后，可让幼儿学习在每一次测量的终点做一个记号，并让幼儿了解，第1次测量的终点是第2次测量的起点。量完后，数一数，一共有几个记号，这个数量就是被测量物体的长度。引导过程中，教师需强调，第1次测量的终点是第2次测量的起点，并注意中间不能留有空隙。还应引导幼儿讨论怎样做记号，以及怎样从记号处开始量第二次、第三次……测量时要从一端开始，并应按直线进行测量等。

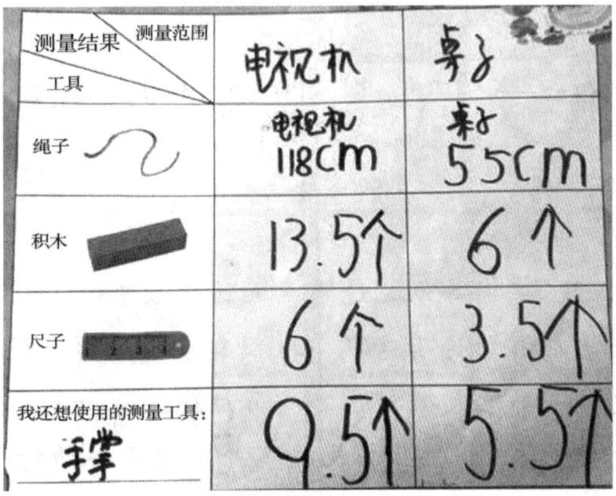

测量结果 / 测量范围 / 工具	电视机	桌子
绳子	电视机 118cm	桌子 55cm
积木	13.5个	6个
尺子	6个	3.5个
我还想使用的测量工具：手掌	9.5个	5.5个

图7-4 测量远近

2. 引导幼儿初步理解测量单位和测量结果之间的关系

在幼儿掌握了自然测量的方法后，可提供给幼儿不同的测量工具测量同一个物体。例如，让幼儿用一根绳子和一只筷子测量一张桌子的长度，幼儿测量后，教师提问：“你们发现了什么，为什么测量结果不一样呢？”经过讨论，使幼儿了解：“测量工具大，测量的结果小；测量工具小，测量的结果大。”使幼儿感受到测量单位对测量结果的影响，这对幼儿后续学习标准测量和换算具有重要意义。教师可以多开展此类活动，像游戏“你量我猜”“跨步量远”等来加深幼儿的这种认识。

思考与练习

教师带领幼儿到操场，请小朋友用脚步测量从攀登架到滑梯的距离，请幼儿说说自己走了几步，讨论：同样的距离，为什么有的小朋友步数多，有的小朋友步数少？

【案例分析】

很大很大的蛋(小班)

◇活动目标

1.学习简单的测量方法，积累测量经验。

2.能想出多种测量方法，并大胆用语言进行描述。

3.感受数学测量的趣味，积极参加数学活动。

活动准备：

电视机、实物投影仪；《很大很大的蛋》图书1册；人手一个蛋；小、中、大号不同的杯子若干。

◇活动过程

一、利用投影仪导入故事，引导幼儿边看画面边听故事。

二、讨论：请小朋友思考并讨论小老鼠、猴子、大象所看到的蛋一样大吗？

1.为什么小老鼠说是一个很大很大的蛋？而大象说是一个很小很小的蛋？

2.出示小老鼠和大象的图片，引导幼儿观察并比较两个动物的大小，帮助幼儿理解：小老鼠个子小，所以对它来说，蛋看上去是大的；而大象个子大，蛋就显得小；猴子个子比老鼠大，比大象小，所以它看到的蛋就是不大也不小。

三、动手操作，感受蛋在不同杯子中的大小

1.教师出示3个小、中、大不同的杯子，请幼儿将自己手中的鸡蛋分别放入不同的杯子中进行观察。

2.讨论：鸡蛋放入小、中、大不同的杯子，显得鸡蛋怎么样？

小结：同一个鸡蛋，放在大的杯子里，鸡蛋就显得小；放在小的杯子里，鸡蛋就显得大。

◇活动延伸

选择一个要测量的物体，看看幼儿能想出多少种测量方法对物体进行测量，并用语言进行描述。

活动评析

通过有趣的故事，引入“一个蛋不同大小”的认识。由于动物本身的大小不同，因此，对同一个蛋的大小的判断也会不同。对大小判断是带有主观性和相对性的。通过用不同大小的杯子来装同一个鸡蛋这样一个测量，使幼儿对大小有了客观的认识。通过情境故事引入数学相关知识，能有效调动小班幼儿学习的积极性，促进数学教学的发展。

二、学前儿童模式概念教育活动的设计与指导

模式是一组物体有规律地排列。在学前儿童数学启蒙教育中，培养儿童对模式的识别和运用能力是促进儿童数学认知发展和逻辑思维能力发展的重要方面。学前儿童模式的教学内容主要是对重复性模式的识别、复制、扩展、创造、比较、转换、描述和交流等。其学习模式的顺序一般是：发现模式—辨别模式—复制模式—扩展模式—创造模式。模式教育活动应该注意以下几点：

(一)提供丰富的模式实例

模式的概念涉及对物体对象的隐蔽性和抽象性规律特征的认识，是反映儿童思维抽象性发展水平的重要指标之一。在对幼儿模式能力的培养过程中，应以幼儿的年龄特点、身心发展特点为依据，将模式的内容贯穿于幼儿一日生活的各个环节之中。教师可以选择丰富的、具有代表性的模式，像声音模式、量的模式、图形模式、动作模式等，给幼儿提供摸一摸、看一看、练一练、说一说的机会，让幼儿通过多种感官感受模式及其多样性。

图7-5　图形模式

(二)有序地体现模式能力的发展过程

幼儿模式能力的发展是一个渐进的、有序的过程，它包括了识别、复制、扩展、创造、比较、转换、描述和交流等一系列发展的过程。教师对模式相关活动进行设计时，特别要遵循的就是按照模式能力结构的有序发展来编排活动进度，体现渐进有序性。首先，教

师在活动设计中要考虑到一个模式单元中构成元素的个数及其构成的复杂性，对初次进行模式相关活动或者模式相关经验并不多的小年龄幼儿来说，单元个数可以从2个开始，慢慢发展到3~4个；同样，构成每个单元元素之间的复杂程度也要有序进行递增，一般可以从没有变化的模式（拍手、拍手……）到有一个变化的模式（AB AB AB……），到重复一个构成元素的模式（AAB AAB AAB……或ABB ABB ABB……），再到包含一个以上特征的模式（大且白 小且黑 小且黑；大且白 小且黑 小且黑……）。在这种有序的渐进序列中，儿童的年龄阶段是一个重要的参照点，但相对于模式能力本身的发展序列而言，年龄阶段不是绝对的，而发展的线索却是教师在活动设计中要把握好并加以设计的。

（三）关注多样化的模式表征①

在有关模式的教学活动设计中，教师较多考虑和安排的活动形式与任务大多是排序活动。确实，排序活动可以通过不同的材料和操作帮助幼儿建构和丰富模式的相关经验，但模式并不等同于排序，也不应局限于排序。在活动设计中，教师要关注引导幼儿以多种形式和手段来理解模式，并运用一定的方式加以表征。如在集体活动中，教师最后设计一个环节来启发幼儿用身体动作和声音的方式来再现ABABAB两两间隔的模式，这样的设计其价值就是启发幼儿体验到模式的多种表征形式，它可以为儿童模式比较和转换能力的发展奠定一定的基础。总之，多种形式的模式表征是极有必要的，它一方面可以拓展儿童对模式本质规律的认识，另一方面也可以培养和发展幼儿思维的发散性、变通性。

【案例分析】

马路花儿美（大班）

◇活动目标

1. 尝试运用已有的模式排序经验，为马路边排列盆花。
2. 能创造性地进行模式排序。
3. 在美化自建马路过程中，萌发热爱周围环境的情感。

活动准备：

幼儿园挂图一份；幼儿排序用的花架人手一份；红黄两色、大中小不同的花朵人手一份。

① 黄瑾．学前儿童数学教育与活动指导［M］．上海：华东师范大学出版社，2014.

◇活动过程

一、情境导入：激发幼儿装扮马路的情感

出示幼儿园马路边的图片，以及红色和黄色的花朵，请小朋友们思考：怎样装饰幼儿园的马路边，让我们的幼儿园变得更加美丽呢?

二、幼儿动手操作，排放花朵

1. 幼儿认真观察花卉的特点，思考怎样将所有的盆花有规律地排放。教师引导幼儿根据花朵的特点来进行模式排序。

2. 幼儿将红黄两色花朵有序摆放在路边的花架上，教师进行巡回指导。

三、讨论

花朵除了ABAB模式摆放，还有没有其他的摆放方法？观察不同的模式排序方法，并请幼儿来介绍自己的盆花是怎么排放的，感知运用多种模式排序方法排放盆花。

◇活动延伸

将小朋友们制作的花架放在幼儿园的表演区，供小朋友们进行表演。

活动评析

教师将模式排序的重点定位在多种模式排序的经验交流上。以美化幼儿园马路边为目的，激发幼儿的积极性与创造性。教师通过一个让幼儿运用相同的材料建构不同的模式序列的任务，引导幼儿根据已有的模式经验进行花朵的摆放，设计合理可行，有利于幼儿模式创造能力的培养。故教师在模式相关活动的设计中，应依据幼儿的已有经验水平及幼儿的身心发展特点进行设计与组织，在活动设计中找到恰当的认知突破点，有效发挥集体教学活动的价值。

拓展阅读

利用艺术创造来激励和吸引幼儿学习数学①

创造力被认为是21世纪教学和学习的一个重要组成部分，但美国现行的教育体系使得美国学生在创造能力方面的表现与其他国家相比越来越差。在“当前国家教育有效性”

① Hunter-Doniger, Tracey. The eugenics movement and its impact on art education in the United States[J]. *Arts Education Policy Review*, 2017:83—92.

的论述中谈到我们现在缺失的就是创造力的教学，而我们可以利用艺术的力量来培养创造力，把它作为对传统非艺术学科的补充。因此，该文向大家展示了一门“艺术课程”。

所谓艺术课程，是指综合学习艺术（视觉艺术、舞蹈、戏剧、音乐）和非艺术（英语、数学、科学、社会研究）的知识体系，并要求学生拥有反思和解决问题的能力。在课堂上进行艺术创造，会产生互补性的效果：一方面它为学生实践创造力和解决问题提供了机会，另一方面它能保持学生在传统学科（如科学、英语和数学）中的活跃性与兴奋感。

我们一起通过两个具体的例子了解一下：幼儿园老师史密斯女士正在设计一个数学课程——比较数字大小。美术老师林恩女士提供了一个与该数学课有关的艺术活动。在数学课堂上，很多幼儿都觉得数字大小比较符号（<、>）较为抽象，为了让他们理解并使用大小比较符号，史密斯老师通过讲述“一只非常饥饿的鳄鱼”的故事吸引他们。这个符号就像一条鳄鱼，它张大嘴巴准备要吃东西，由于它很饿，所以它吃的东西非常多，因此符号中，嘴巴张大的这边数字永远比较大。

听了这个解释后，孩子们会用手代表鳄鱼的嘴，模拟成大小比较符号的样子，然后用手拍了一下“CHOMP!”代表吃掉了更多的鱼，即更大的数字。史密斯老师利用戏剧，让幼儿通过角色扮演理解了抽象的数字大小比较符号。艺术的创造力与传统的数学教学完美地融合在了一起。

从这一课中得到启发，林恩老师建议将视觉艺术和日本文化注入这个数学课程中。林恩老师让幼儿做了一个跟鳄鱼类似的折纸手工品，叫作草鱼。金草鱼的嘴会像木偶的嘴巴一样开合，可以模拟“吃”数字，从而让幼儿理解数字大小比较。金草鱼并不仅仅是一个道具，因为在幼儿学习了日本折纸艺术后（折叠金草鱼），可以进一步拓展他们对几何图形的认识。

但值得注意的是，为了维持幼儿的注意力，两位老师都会提前激活幼儿先前的经验。林恩老师会谈论日本的折纸传统，金草鱼折叠规则等，并激活幼儿之前有关形状和角度的数学知识，而史密斯老师会告诉他们大小比较的数学概念。看似两个无关的课程——数学和艺术，通过艺术灌输，不仅教给了幼儿重要的数学概念，还让他们了解了日本文化和折纸，并为他们提供了练习精细运动技能和仔细倾听的机会，让幼儿利用创造力学习，为他们日后的生活、学习做好准备。

【考查要点】

学前儿童量与模式的概念在历年的考试中经常出现，题型有选择题、材料分析题和活动设计题。量的比较、量的守恒、模式等概念经常出现在幼儿的生活中，幼儿教师需要依据幼儿的年龄和心理发展特点，结合生活案例对幼儿进行教育，使幼儿更容易理解量和模式的概念。

【真题解析】

1.(2014年上半年)“度重衡”是中国历史上对“计重”的称谓,其中“衡”计重的是(　　)。

A.长度　　B.重量　　C.容重　　D.面积

【解析】B。度量衡度是指在日常生活中用于计量物体长短、容积、轻重的物体的统称。其中,计量长短用的器具称为度,计量容积的器皿称为量,测量物体轻重的工具称为衡。

2.(2018年上半年)皮亚杰的“三山实验”考查的是(　　)。

A.儿童的深度知觉　　B.儿童的计数能力

C.儿童的自我中心性　　D.儿童的守恒能力

【解析】C。本题考查儿童认知发展理论。皮亚杰“三山实验”表达观点为幼儿的自我中心主义。D项守恒能力对应的是守恒实验。儿童深度知觉的实验对应的是“视崖实验”。

【真题模拟】

1.不采用通用的量具,而是运用一些自然物,对物体进行直接测量的方法是(　　)。

A.自然测量　　B.正式测量　　C.观察测量　　D.普通测量

2.“学习使用准确量具进行测量”,是哪一个年龄阶段的教育目标(　　)。

A.2~3岁　　B.3~4岁　　C.4~5岁　　D.5~6岁

3.下列不属于学前儿童可以进行测量的内容是(　　)。

A.目测感知物体的大小、长短、粗细等

B.在地图上测量两个城市的距离

C.测量动植物生长过程中的各个主要阶段

D.用天平秤物体的重量

4.请简答学前儿童排序能力发展的年龄特点。

5.请设计一个关于图形守恒的教学活动。

【思考实训】

通过学习学前儿童量与模式概念的发展与教育，我学到了什么？我还有哪些疑惑？如何有效地组织量与模式概念教育活动？

【推荐阅读】

林泳海，周葱葱.3.5~6.5岁儿童式样认知发展的实验研究[J].心理学探新，2003(1)：33-36.

第8章
学前儿童时间与货币概念的发展与教育

刘老师开展了以“认识时间”为主题的教学课。她先和小朋友一起讨论昨天发生了什么，今天发生了什么，明天打算做什么。让小朋友们体会昨天已经过去，明天还没到来，在这过程中使用昨天、今天、明天等表示时间概念的词。然后带小朋友一起观察和讨论绿豆芽生长过程中各阶段的图片。最后，在一首名为《小豆芽》的歌曲中，结束了这节课。学前儿童抽象思维水平较低，对于时间概念的认知有一定的难度，须借助现实情境和具体事物，促进儿童对时间概念的掌握。学前儿童认识时间概念和货币概念的特点是什么？除了借用现实情境和具体事物帮助幼儿认识时间概念，还有哪些途径？幼儿园认识时间和货币的教育内容是什么？带着这些问题开启本章内容的学习。

【学习目标】

1. 知识目标：掌握学前儿童时间概念的教育内容与要求，了解学前儿童时间概念发展水平及其特点；掌握学前儿童货币概念的教育内容与要求。

2. 技能目标：学习学前儿童时间与货币概念教育活动设计方案的撰写，掌握时间与货币概念教育活动的指导要点。

3. 情感态度目标：喜欢设计与组织幼儿认识时间与货币的教育活动。

【学习重难点】

1. 了解学前儿童时间与货币概念的基本知识、学前儿童时间与货币概念的发展特点；掌握学前儿童时间与货币概念的教育内容与要求。

2. 能根据学前儿童时间与货币概念的目标与内容，灵活选择适宜的教育途径和方法进行相关教育活动的设计与指导。

【知识结构图】

- 学前儿童时间与货币概念的发展与教育
  - 学前儿童时间与货币概念的发展与教育要求
    - 学前儿童时间与货币概念的基本知识
    - 学前儿童时间与货币概念的发展及其特点
    - 学前儿童时间与货币概念的教育内容与要求
  - 学前儿童时间与货币概念教育活动设计与指导
    - 学前儿童时间概念教育活动的设计与指导
    - 学前儿童货币概念教育活动的设计与指导

第一节 学前儿童时间与货币概念的发展与教育要求

一、学前儿童时间与货币概念的基本知识

(一)时间的基本知识

1. 什么是时间

时间是物质运动变化过程的持续性和顺序性。例如,花开花落,人的生死,早上、中午、晚上等都需要时间来表示。此外,时间还意味着两个时刻间的距离或指某一时刻。时间与我们生活息息相关,对于幼儿来说,认识时间主要是让其感知时间的存在,发展时间知觉,帮助幼儿树立时间概念,养成良好的生活习惯。而幼儿对时间顺序性、周期性等的理解,也加深了幼儿对次序关系、整体与部分之间关系的认识,提高了其抽象思维水平。

时间概念贯穿于我们的日常生活中,可以用不同的词语表示不同的含义。有的表示时间的长短,如一年、一个月、一小时等;有的表示时刻的先后,如早晨、晚上等;有些表示速度,如快、慢等。

2. 时间的特点

(1)流动性。

时间与物质的运动相联系,在永不停息地流逝着,不以任何人的意志而转移。

(2)不可逆性。

时间的流逝是无法倒回的,即"时光不可倒流",今天过去便过去了,不可能再回来。

(3)周期性(连续性)。

时间是不会间断的,它具有周期性,日复一日,年复一年,春夏秋冬四季轮回,周而复

始。时间在这样的周期性的流动中走向它无尽的历程。

(4)抽象性。

时间看不见摸不着，我们需要通过某种媒介来认识时间。这种媒介可以是自然现象，如太阳的升落、季节的变化等；可以是机体内部的一些有节奏的生理活动，如脉搏的跳动、饥饿等；还可以是测量时间的工具，如钟表、日历等。通过这些媒介，时间成为可被人们认识和测量的对象。

(二)货币的基本知识

人民币是我国法定的货币，形式有纸币和硬币两种。纸币有100元、50元、20元、10元、5元、1元等，硬币有1元、5角、1角等。幼儿主要学习10以内的人民币。货币单位：元、角、分。现在主要使用元和角两个单位。

二、学前儿童时间与货币概念的发展及其特点

(一)学前儿童时间概念的发展及其特点

随着年龄的增长，语言能力的发展，幼儿会开始使用一些简单的时间词语，但低龄幼儿对于这些词语的含义不大理解(如昨天、明天等)。幼儿对时间的理解往往来源于生活，越是与他们生活有联系的，幼儿越容易掌握，像早上、中午、晚上等。

1. 学前儿童认识时间概念的一般特点

(1)与生活经验息息相关。

幼儿的思维具有具体性，在理解一些抽象思维概念时，往往需要与具体的活动相联系。幼儿起初对时间的感知是在感性经验基础上形成的，对时间的理解是从和生活紧密联系的“一天”开始的，然后逐步向更长或者更短的时间延伸。例如，幼儿对“晚上”的理解，就会与“洗脸、刷牙、睡前故事、睡觉”等生活事件相联系，而不是以抽象的、标准时间的单位来确切感知时间。

(2)易受知觉影响，把时间和空间等同起来理解。

幼儿理解时间概念易受知觉影响，是指幼儿在对时间的认知上易受物体运动速度或空间等的影响而产生错误的判断。对于此，皮亚杰曾做过一个这样的实验：他把两个娃娃放在同一起跑线上，发出一个信号后，两个娃娃同时出发开始比赛，其中一个跑得慢些，另一个跑得快些。再发出一个信号后，两个娃娃同时停下。然后问幼儿“这两个娃娃是否在相同的时间起跑，是否在相同的时间停下”。结果，幼儿的回答明显表现出将时间和空间混淆的特点。他们会认为跑得快的娃娃要比跑得慢的娃娃晚停下，因为他跑得更远。

(3)易理解短的周期时间顺序。

在对时间顺序和周期的理解上，幼儿往往更容易理解短的周期。例如，一天是白天、夜晚；白天、夜晚不断重复；一个星期是7天一个往复。再逐步发展到理解更长的时间周期，如月和年。在1天这个短的周期中，幼儿比较容易找到明显的时间参照物和具体的事件，而星期、月、年没有明确的时间参照物，幼儿很难发现自然现象规律变化的周期。由于缺乏对这些时间概念变化顺序的认知，幼儿对认识较长时间周期感到比较困难。

(4)不易掌握表达时间的词语。

在时间词语的使用方面，幼儿往往表现出含糊、不精确的特点。这些时间词语，往往也不是表示确定时间的词语，更多表示时间顺序和不确定的时间词语。例如，“先……然后……”“后来”“有一天”“我小时候”等。幼儿在使用这些词语时，往往也不理解它们的意义。一名4岁的幼儿会用“明天”泛指将来，会用“昨天”泛指过去，会说“我妈妈昨天带我去动物园玩了”，其实这是好几天之前的事情。

2. 学前儿童认识时间概念的年龄特点

(1)3~4岁幼儿认识时间概念的特点。

对时间的理解和生活中的事件相联系，能帮助幼儿掌握一些初步的时间概念，如早上、晚上、白天、黑夜等。但对于相对意义的时间观念，像昨天、今天、明天还不能掌握。

(2)4~5岁幼儿认识时间概念的特点。

这一年龄段的幼儿已经能够比较准确地确定不太长的时间间隔，借助个人经验，能初步理解今天、昨天和明天，知道一天由白天和夜晚组成，白天又分为早上、中午、下午和晚上。

(3)5~6岁幼儿认识时间概念的特点。

幼儿对时间的认识逐渐向更长、更短的时间段扩展。他们能认识前天、后天，并且知道了星期、年、月、日、小时、几点钟等时间概念。这时，你让幼儿“等一会儿”，他就不会哭闹。此外，幼儿对时间分化的精确性得到了发展，能区分较小的时间单位，如认识钟表上的整点和半点等。

思考与练习

儿童对时间概念的认知具有怎样的特点？举例说说生活中如何让幼儿感知抽象的时间概念。

拓展阅读

学前儿童关于年龄的认知

根据林泳海等[1]的研究，年龄认知是时间认知的重要方面。实验者向学前儿童提问：

第一组 年龄比较

(1)"你几岁了？""你和你弟弟谁大？为什么？"

(2)"你和你妈妈谁大？为什么？"

(3)"你的奶奶比你妈妈大吗？为什么？"

第二组 出生先后标准

(4)"你出生时几岁？"

(5)"你和妈妈谁先生出来？"

(6)"你奶奶出生时是几岁？"

第三组 时间变化标准

(7)"你上学时，你和妈妈谁大？"

(8)"你长大时，你和妈妈谁大？"

(9)"你妈妈的年纪每年还会增加吗？"

儿童针对以上三组问题，有三个水平的回答。

水平1：没有时间连续性观念，其回答具有原始直觉的性质。例如，"我比妈妈大，因为我出生时第一次看到妈妈""我奶奶出生时已很老了。"

水平2：能根据现时年龄推断出谁先出生的。但这是儿童把年龄（时间）和大小（空间）等同起来。例如，"我比弟弟大，因为我先出生的。弟弟长大时，他比我年龄大了，因为他长得比我高。"另一些儿童，不能根据现时年龄推断出谁先出生，但是他们认识到当他长大时，他和弟弟的年龄差异将保持不变。

水平3：时间认知是基于逻辑的而不是知觉的。儿童能够理解两种观念：一是各种事件在时间上具有先后顺序的观念（借助时间或出生的次序），如"如果我的年龄大，那我必定先生出来"。二是具有了时间绵延的观念，如"如果我大5岁，我将永远大5岁"。

(二)学前儿童货币概念的发展及其特点[2]

幼儿对生活中常用的货币，如100元、10元、1元，会比较早认识。而那些幼儿生活中不常接触的面值，幼儿相对较难区分。幼儿对货币的认识是从具体的购物活动开始，并逐渐了解简单的货币换算。

---

① 林泳海，马丽莉.3.5～5.5岁学前儿童年龄认知发展的研究[J].心理学探新，2001(4)：29—34.

② 姚敏.幼儿园数学教育活动设计与指导[M].北京：北京师范大学出版社，2016.

1. 学前儿童认识货币概念的一般特点

(1)逐步了解货币的意义。

2~3岁的幼儿还不了解货币的意义。随着日常生活经验的积累,到4~5岁时,幼儿便会认识到要想在商店买东西,需要使用货币,没有货币就不能购物。幼儿逐渐关注货币,对货币的价值和意义开始形成初步的认识。

(2)逐步认识不同种类的货币。

幼儿刚认识货币时,认识比较局限,只认一种钱币,如只认为100元的、10元的或50元的纸币是钱,其他面值或材质的货币都不是钱。随着认识的不断丰富,他们才逐步了解货币的多样性,了解到货币既有纸币,也有硬币,不同面值的钱币外观不同。

图8-1 铜钱币

图8-2 5角硬币

图8-3 1美元

图8-4 1元人民币

(3)从模糊认识到逐步精确。

虽然幼儿在生活中积累了一些关于货币的经验,但还不能准确了解它的面值及它们之间的换算关系。例如,3~4岁的幼儿常常拿着钱就去买东西,并不关心钱币面值的大小,在具体购物活动中,幼儿才逐步了解到钱币面值分大小,不同面值的钱币买到的东西不一样。他们逐步认识1角、1元、5元等人民币,能说出它们的单位名称,知道它们的值是不相同的。

(4)逐步学会简单的货币换算。

5~6岁的幼儿在认识货币面值的基础上,结合10以内数的加减运算经验,逐步掌握一些简单的货币换算,能进行小数额的商品买卖。

2. 学前儿童认识货币概念的年龄特点

(1)3~4岁幼儿认识货币概念的特点。

幼儿一般能认识自己熟悉的1~2种货币,知道货币可以买东西,但并不能真正了解货币的面值,不知道面值的大小。例如,让他用1元硬币换别人的2个或3个1角硬币是可以的，因为他认为2个或3个比1个多；而让他用1元硬币换1角硬币时，他不愿意，因为1元硬币比1角硬币大些。此年龄段幼儿没有等价交换的概念。

（2）4~5岁幼儿认识货币概念的特点。

这一年龄段的幼儿已经了解了货币的价值，知道购物需要等价交换。能区分几种面值的货币，但有时会混淆。在购物游戏中，知道要用货币购物。

（3）5~6岁幼儿认识货币概念的特点。

幼儿对货币的认识更加精确。他们知道硬币与纸币都是货币，能区分基本面值的各种货币，并能进行简单的货币换算，能利用货币进行小数额的购物。

三、学前儿童时间与货币概念的教育内容与要求

（一）学前儿童时间概念的教育内容与要求

1. 小班

（1）初步理解与运用早上、中午、晚上、白天、夜晚等时间词语。

（2）初步感知表示时态的“以前、以后、后来”和表示时间长短或先后的“很久很久、一会儿……”等比较笼统的时间词语。

2. 中班

（1）能较好地理解早上、晚上、白天、以前、以后、一会儿等时间词语，并能正确进行运用。

（2）理解昨天、今天、明天的含义，知道它们之间的关系，并能正确地运用这些时间词语。

3. 大班

（1）认识钟表，学会看整点和半点。

（2）学会看日历，知道年、月、日、星期的名称与顺序，能说出今天是星期几，昨天是星期几，明天是星期几。

（3）初步理解一些更长或更短的时间段，如前天、后天、几分钟等。

（二）学前儿童货币概念的教育内容与要求

1. 中班

（1）初步了解货币的价值和作用。

（2）初步了解货币的种类和货币的面值。

2. 大班

（1）知道人民币有纸币和硬币。

（2）认识10以内的人民币，如5角、1元、5元、10元，能说出它们的单位名称，理解它们的价值是不同的。

（3）能进行简单的人民币的兑换，能进行1元与1角（或5角）的换算活动，以及10元与1元（或5元）的换算活动。

（4）能参与简单的购物活动。

（5）养成爱护人民币，节约用钱的好习惯。

思考与练习

常见的幼儿货币概念的教学方法有哪些？请举例说明。

第二节
学前儿童时间与货币概念教育活动设计与指导

一、学前儿童时间概念教育活动的设计与指导

(一)认识“早、中、晚”“白天与黑夜”①

认识“早、中、晚”“白天与黑夜”这一有关时间的教学内容一般可安排在小班进行。小班幼儿年龄比较小，他们对相对抽象的时间概念的理解具有一定的难度。

1. 密切联系生活，借助情境谈话

在教学活动的设计中，教师可以借助于对日常生活经验的回忆与认识帮助幼儿理解抽象的时间概念，如通过情境谈话，帮助幼儿回忆一天生活中包括哪些时间事件。借助谈话、讨论和交流，帮助幼儿在生活经验的回忆和梳理过程中形成“早、中、晚”和“白天、黑夜”的正确时间概念。如认识“早、中、晚”的教学，教师可以和孩子们一起讨论“早晨你做了哪些事情”，让幼儿回忆在家里、在幼儿园的情节，“中午吃了什么菜?”“中午吃饭后做什么?”“晚上在家都做些什么?”等，还可以让幼儿观察幼儿园食谱表(如图8-5)，让幼儿体验到一天的“早、中、晚”的区别。

---

① 黄瑾.幼儿园数学教育与活动设计[M].北京:高等教育出版社,2010.

图8-5　幼儿园食谱表

2. 唤起形象感知,体验时间顺序

为了丰富幼儿的生活经验,利用幼儿已有表象来加强其对“白天与黑夜”和“早、中、晚”的认识,教师在教学活动设计中还可以使用丰富的教学手段和途径,利用形象化的视觉图片,在视听同步的感知和体验过程中,加深幼儿对时间概念的理解。由于小班幼儿年龄小,思维比较形象、直观,因此形象化的图片以及教师生动的语言故事的演绎,可以较好地帮助他们感知与认识时间。如“白天与黑夜”的教学,教师可以出示相应的图片,画面上是不同的小动物在白天与黑夜的活动,配上一定的故事情节“小猫与猫头鹰”,让幼儿在理解图片的基础上初步获得“白天与黑夜”的时间认识;也可以通过对比性的图片,让幼儿找出“哪张是白天,哪张是黑夜”。当然,教师对图片的内容选择应既符合客观实际,与时间内容相吻合,同时也应联系幼儿的生活经验。

【案例分析】

太阳和月亮(小班)

◇活动目标

1. 了解早上、晚上与白天、黑夜的时间概念。
2. 能积极参与游戏活动,并大胆表现自己。

◇活动准备

自制拟人化“太阳”和“月亮”活动教具各一个,小猫、老鼠头饰若干。

◇活动过程

1.带领幼儿到公园或操场中去欣赏蓝天、白云等。

出示活动教具“太阳”和“月亮”，让幼儿在欣赏中引起兴趣，“小朋友，你们知道太阳和月亮是在什么时候出来的吗?”

早晨(白天)——太阳出来了，晚上(黑夜)——月亮出来了。

出示小猫、老鼠头饰，请一位幼儿扮演小猫，其余幼儿扮演老鼠。根据教师手里举的“太阳”或“月亮”活动教具的变换，幼儿做出相应的动作：白天(太阳出来)——小猫舒服地晒太阳、睡大觉，老鼠躲起来；晚上(黑夜)月亮出来，老鼠出来偷东西，小猫去抓老鼠。

2.幼儿模拟自己在白天和黑夜的不同活动，如白天——做操、游戏、上幼儿园，夜晚——刷牙、洗脸、关灯、睡觉。

活动评析

此活动可选择在操场或者空间较大的活动室进行，在幼儿的动作模拟游戏中，也可以结合小班年龄的特点，鼓励幼儿用简单的语言加以表达，如“我白天在做操，晚上在看电视”。在幼儿的游戏和动作表现活动中，可以适当配上一些表现白天和黑夜情境的音乐做衬托。

(二)认识区分“昨天、今天、明天”

一般认识“昨天、今天、明天”属于中班教育内容，这一教学内容比较抽象难理解，它不像对一天中的时间认识，可以有对应性的具体事件帮助他们去感知，“昨天、今天、明天”时间间隔较长，与生活事件对应联系比较难。因此，教师在教育教学过程中要把握好以下几点：

1. 尽量与幼儿生活事件相联系

在对幼儿进行“昨天、今天、明天”时间概念的教学中，应围绕幼儿生活中的事件，以幼儿自身为中心，回忆“昨天、今天、明天”发生了哪些令自己印象深刻的事情。在帮助幼儿整理生活事件顺序的过程中，使幼儿获得对“昨天、今天、明天”时间顺序的认识。教师要有意识地培养幼儿识记重要活动事件的习惯，可以在幼儿离园回家之前开展自由谈话活动，根据气象日志表，让幼儿说一说昨天的天气怎么样，昨天自己穿了什么衣服；今天是什么天气，今天穿了什么衣服；预测一下明天的天气，说一说自己明天想要穿什么衣服。还可以让幼儿说一说自己和家人白天的计划，并引导幼儿对明天即将到来的日子有个大致的概念，或者直接引导幼儿识记一些特殊的节日或特别活动的日期等。

日期	月　日	月　日	月　日	月　日	月　日
天气情况 					
温度 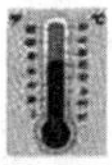					
穿衣指数 					

图8-6　气象日志表

2. 引导幼儿认识时间的相对性

通过对生活事件的回忆和整理，幼儿基本上获得了“昨天、今天、明天”的时间顺序概念，了解到“昨天的事是已经过去的，今天的事是正在做的，明天的事是还没有做的”，同时，幼儿也已经知道了“早、晚”的顺序概念。在教学过程中，教师可以进一步启发幼儿思考：“早上是不是一定在晚上之前？”根据幼儿的疑问，进一步追问：“昨天晚上和今天早上相比，哪个时间在前呢？为什么？”在幼儿的讨论与思考基础上，还可以鼓励幼儿自己出题，比一比不同时间段的前后顺序，从而获得对时间的相对性认识。

3. 借助多种手段帮助幼儿巩固概念

当幼儿初步获得了有关“昨天、今天、明天”的时间概念后，教师可以采用多种教学手段帮助幼儿巩固概念。如采用操作、排序的形式，请幼儿将讨论中出现的反映“昨天、今天、明天”的生活事件（是幼儿熟悉的）用画笔画下来，将画的一张张小卡打乱后，以小组为单位进行“卡片排序比赛”，看看哪个小组排得又对又快。

【案例分析】

认识昨天、今天、明天（中班）

◇活动目标

1. 理解昨天、今天、明天的含义并能区分它们之间的顺序。
2. 能正确运用“昨天”“今天”“明天”等词语来表述生活中事件发生的时间。
3. 建立初步的时间概念，知道要珍惜时间。

◇活动准备

1. 物质准备：本周的周历、图画纸、水彩笔。

2. 经验准备：幼儿已经初步认识星期。

◇活动过程

一、情境导入，感知今天

1. 引导语：今天天气怎么样？今天是谁送你来幼儿园的？今天你准备玩什么游戏？（引导幼儿使用“今天”这个词语来描述）

2. 出示本周周历，询问：“今天星期几，哪个小朋友知道今天在周历的哪个位置上呢？”（请幼儿上来用红笔在周历上圈出来）

二、师幼互动，了解昨天

1. 教师对幼儿进行提问，昨天的天气怎么样？昨天下午是谁接你回家的？昨天你在幼儿园吃了什么？（引导幼儿使用“昨天”这个词语来描述）

2. 出示本周周历，询问：“昨天是星期几，哪个小朋友上来帮老师在周历本上圈一下？”（请小朋友用蓝色的笔在周历上圈出来）

3. 小结：昨天就是今天的前一天，已经过去的那一天。

三、分享交流，了解明天

1. 对小朋友进行提问：“明天你准备玩什么游戏？明天轮到哪些小朋友做值日生？明天你想吃什么？”（引导幼儿使用“明天”这个词语来描述）

2. 出示本周周历，询问：“明天是星期几，哪个小朋友上来帮老师在周历本上圈一下？”（请小朋友用黄色的笔在周历上圈出来）

3. 小结：明天就是今天的后一天，是将要到来的那一天。

四、分组操作

1. 分组活动：教师组织几组不同的和时间有关的活动，请小朋友们自由选择自己感兴趣的活动，参加完活动后，请小朋友和大家分享一下自己的活动结果。

第一组：小小报餐员——用自己的符号画出昨天、今天的点心，并画出自己明天想要吃的点心。

第二组：小小气象员——根据今天、昨天的天气，画上相应的气象符号，并预测明天的天气。

第三组：活动报告员——将自己昨天、今天做的事情画下来，并画出自己明天想要做的事情。

2. 小结：昨天和明天是今天的好朋友，是离今天最近的日子，昨天已经过去了，今天正在进行，明天还未到来，所以我们小朋友要珍惜今天，今天的事情今天做，不要拖到明天。

五、活动延伸

将周历本、记录"昨天、今天、明天"的记录表放在活动区，供幼儿自由活动时互相讨论，也可以请幼儿回家问问自己的爸爸妈妈昨天做了什么？今天做了什么？明天打算做什么？

活动评析

"昨天、今天、明天"时间概念对幼儿来说比较抽象，需要借助具体的事件帮助其更好地理解这三个概念。教师也可以提前用相机记录下幼儿昨天、今天发生的事情，如天气情况、幼儿的食谱等，对于明天即将发生的事情，教师也可以准备一些图片，最后，请幼儿按照昨天、今天、明天对这些图片进行排序。

（三）认识"年、月、四季、星期"

到了大班，幼儿已经积累了一定的生活经验以及在生活中体验了"年、月、四季和星期"的经历。故这部分内容的教学应充分与幼儿生活相联系，与主题相结合。幼儿园课程的整合已经打破了原来的学科分界，在整合课程中，从幼儿的生活出发，围绕生活展开课程。将数学领域中涉及时间的内容很自然地融入幼儿的生活中，例如，在"认识四季（季节）""我的家"等主题中，可以很自然地渗透相关的内容，帮助幼儿获得时间概念的认知。与幼儿的日常生活相融合，如观察春夏秋冬四季的变化，能根据图片分辨四季；再如教室里的环境布置——一张统计每星期天气、值日生的表，让幼儿进行简单的记录，由值日生负责填画，每周总结一次，在总结中帮助幼儿进一步巩固"星期"等相关概念。

【案例分析】

看日历（大班）

◇活动目标

1. 通过看一看、讲一讲活动，了解一年有几个月、几个季节，一个月有几天，一个星期有几天。

2. 锻炼幼儿看图认数能力和判断能力。

3. 在看日历过程中，让幼儿体验数字的有趣性，使其喜欢参与数学活动。

◇活动准备

日历本1本，年历卡1份，日历卡片若干，黑白围棋子若干，红蓝两色正误卡人手一份。

◇活动过程

一、猜谜——猜日历

谜语："小小一本书，一天看一页，看完这本书，大家过新年。"

二、观察——看日历

教师出示日历，问幼儿："今天是几月几日？"教师翻到相应的页，向幼儿做介绍。

幼儿拿出两人合用的日历卡，教师引导幼儿观察：

1.认识年、月

一年有几个月？（12个月）几个季节？（四季）按顺序说一说，对吗？现在是4月份，4月份的前一个月是几月份？（3月份）后一个月是几月份？（5月份）你的生日是在几月份？

2.认识月、日

在日历卡上找出4月份在哪里，数一数4月份有几天（30天），5月份有几天（31天）。

教师进行介绍：一个月中有30天、28天、29天的叫小月，有31天的叫大月。数一数，看一看，一年中有几个大月？几个小月？

3.认识星期、日

一个星期有几天（7天）？哪7天？（星期一、星期二、星期三、星期四、星期五、星期六、星期日）今天是星期几？明天呢？后天呢？一个星期中，哪几天要上幼儿园？上幼儿园的第一天是星期几？（星期一）最后一天呢？（星期五）你最喜欢星期几？为什么？

三、操作——玩日历

1.两人合作用黑棋将一个月中的单号遮住或用白棋将双号遮住，数出这个月中单数有几天，双数有几天，再按照顺序说一说。

2.一位幼儿用3粒围棋子任意遮住3个日期，然后请朋友猜一猜，是哪几个日期，互相交换后再猜。

四、游戏——用日历

1.方法：幼儿人手一份红、蓝正误卡。

游戏开始，请一位幼儿任意抽一张题目交给老师，由老师当主持人进行提问。如"7月份的前一个月份是6月份"。请幼儿举出正、误卡，判断对不对。主持人也可请判断者讲理由，并给予记分。

2. 规则：听清话后才可举正误卡，举出后不可更换。

3. 题目

①一个星期小朋友有7天要上幼儿园？ （ ）

②18号的前一天是17号，后一天是19号？ （ ）

③一年有10个月？ （ ）

④5月1日是儿童节？ （ ）

⑤一年有365天？ （ ）

⑥一个星期有7天？ （ ）

⑦10月1日是国庆节？ （ ）

……

◇**活动延伸**

在活动室挂一本日历或年历卡，供幼儿自由翻阅，进一步巩固幼儿已有经验。

活动评析

在认识日历活动中，教师先通过猜谜语形式吸引幼儿注意力，然后引导幼儿通过看一看、数一数等方式来认识日历，最后结合游戏，调动幼儿参与的积极性，一方面帮助幼儿复习巩固所学内容，另一方面也锻炼了幼儿的反应能力和判断能力。

（四）认识时钟（整点、半点）

时钟的认识是大班年龄段时间概念教学中的重难点，教师在教育教学过程中可以参照以下步骤：

1. 介绍时钟讲解用途

教师可以创设一定的情境引出时钟，如猜谜语，“会走没有眼，会说没有嘴，它能告诉我们什么时候起来，什么时候睡”。幼儿猜对后出示时钟。也可以通过时钟的闹铃声响，让幼儿猜是什么，再出示时钟。出示挂钟、闹钟、电话钟等不同形状的钟给幼儿看，让幼儿了解钟的种类。通过幼儿讨论，教师讲解，幼儿可以进一步了解钟的作用，可以告诉爸爸妈妈什么时候该上班，告诉小朋友们什么时候要去上幼儿园等。

2. 引导幼儿观察，认识钟面的结构

引导幼儿观察钟面上有什么，让幼儿知道钟面上有1~12的数字，这些数字是按1，2，3…12的顺序排列的。由于幼儿没有认识过数字11和12，教师应重点解释这两个数字，

加深幼儿对这两个数字的认识与理解，并让幼儿学会读这些数字，还应让幼儿知道钟面上有两根针，长的叫分针，短的叫时针。

3. 演示讲解整点与半点

首先，教师演示讲解时针、分针转动的方向及规律。把时针、分针都拨到12上，演示时针、分针是顺着1，2，3…12的方向走动，并提醒幼儿看清楚分针走得快，时针走得慢，分针走一圈，时针才走一个数字，表示过了1个小时。演示整点，分针从12开始，沿着1，2，3…的方向行走，又到12上，这时，时针走到数字几就表示几点整。多次演示讲解整点，如3点整、6点整、12点整等。由于12点整时，时针整整循环了一圈，时针和分针重叠在一起了，教师应对12点整进行着重讲解。

讲解半点时，要强调分针从12点开始，沿着1，2…的方向行走，走到6上，如果时针处在数字1过去一点儿时，表示一点半。多次演示几点半，如2点半，8点半等，着重讲解6点半。

4. 总结整点、半点规律

教师在多次演示讲解整点的基础上，可告诉幼儿，"分针在12上，时针在几，就是几点整"，从而让幼儿掌握规律，认识整点。教师在多次演示讲解半点的基础上，可告诉幼儿"分针在数字6上时，时针在几过去一点儿，就是几点半"，让幼儿掌握认识半点的规律。

5. 设计练习，巩固对钟表、整点和半点的认识

教师可以设计一些有趣的活动，像做钟表活动、画钟表。帮助幼儿了解钟表的结构，正确认识时间。注意观察幼儿做的钟表和画的钟表上时针和分针的关系。教师也可以分给幼儿每人一只小钟模型，教师报时间，幼儿拨钟点，通过操作活动巩固对整点和半点的认识。

在教学过程中，教学形式可以结合"演示讲解"，而不一定是以"演示讲解"为主，也可以先让幼儿自己操作，教师再加以归纳、纠正，通过进一步的演示与讲解，帮助幼儿掌握正确的概念。也可以借助其他教学形式，提高幼儿认识时钟的兴趣。

思考与练习

1. 围绕大班幼儿的"时间概念"，自选主题设计一个活动方案。
2. 分小组试讲该活动，全班观摩研讨。

【案例分析】

认识时钟(大班)

◇活动目标

1.了解时钟的结构及不同种类的钟表。

2.通过操作和游戏,理解时针、分针的运行规律,学会看整点。

3.感受时间的宝贵,知道要珍惜时间。

◇活动准备

实物时钟1个、种类不同的钟表图片若干、每人一个自制小时钟、1~12的数字头饰。

◇活动过程

一、谜语导入,认识时钟

1.谜语:“会说没有嘴,会走没有腿,它会告诉你什么时候起,什么时候睡。”(谜底:钟表)

2.简单认识钟面

通过观察活动认识时针、分针以及它们之间的不同,认识钟面上12个数字以及数字的排列位置。提问:

(1)每只钟面上都有什么?(出示1只钟,幼儿找出钟面上都有两根针和1~12的数字)

(2)比比看,两根针什么地方不一样? 它们的名称叫什么?(有两根指针,黑色长针是分针、短针是时针。)

(3)分针跑一圈,时针走几个数字? 指针是顺时针还逆时针运转?(分针跑一圈,时针走一个数字,指针是顺时针运转。)

(4)钟面上的数字排列位置是怎样的?(认识典型的几个数字位置12、3、6、9)

3.认识不同种类的钟表

教师带着幼儿一起认识已准备的不同种类的钟表图。

二、时针、分针赛跑,引导幼儿感知时针、分针的运转规律

教师:今天呀,时针和分针要进行跑步比赛,现在它们都在数字12的起跑线上了。请你们猜猜谁会赢? 好,比赛就要开始了。(教师操作钟表)

提问:(1)谁跑得快?(分针)议论:分针和时针跑的时候,它们之间有什么秘密呢? 教师反复操作。

总结：分钟走一圈，时钟走一格，这就是一小时。

三、自主探究，学认整点

依次展示表示1点、2点、3点的钟面问："这是几点？为什么？你是怎么知道的？"别急，老师来告诉你。看钟的时候，先看时针，再看分针。引导幼儿通过观察、推理找规律，知道表示整点时，分针指12，时针指着几就是几点整。

在认识1时、2时、3时后，带着幼儿继续学习6时、7时、8时、12时。在认识这些时间后，让孩子自己动手拨一拨这些时间，在动手拨时间中，进一步认识时间。以游戏方式引导幼儿操作练习，如教师说出时间2:00，幼儿快速拨出时间2:00。

四、操作练习

出示自制小时钟，让幼儿自己拨出下列作息时间，并比一比谁拨得又对又快。

早上7:00起床；8:00去学校；中午11:00吃饭；晚上8:00睡觉。

教师小结：钟表和手表都是计时工具，它们可以告诉人们，现在是什么时间了，应该干什么事情了；它们可以帮助人们形成良好的生活习惯，钟表是人类的好朋友。小朋友认识了钟表，可以按时起床，按时上幼儿园。老师可以根据钟表上的时间按时上课，按时陪小朋友做游戏，按时让小朋友吃午饭，钟表的用处可大啦。

五、表演游戏，巩固认识

游戏玩法：12名幼儿自由选择1~12的数字头饰，按顺序手拉手站成圆圈，表示一个大表盘，再请两名幼儿分别扮演时针和分针，在圈内随着音乐转圈，音乐停止时，两针要指向老师事先要求的时间，其他幼儿当裁判看看是否正确。游戏反复进行，结束活动。

活动评析

以游戏做引导，以掌握时间概念为目标，以幼儿操作为手段，让幼儿从感知入手，在动手和观察过程中认识时钟的结构、运行规律和整点，同时又渗透了时间观念教育，将原本枯燥的教学活动变为趣味盎然的活动。幼儿在感性经验的支撑下建立起钟表面的直观模型，符合孩子的思维特点，提高了孩子独立获取知识的能力。以比赛的形式进行，激发了幼儿学习看时钟及关注时间的兴趣。

拓展阅读

自然情境下的时间学习①

从呱呱坠地的那一刻，儿童就开始接触到时间和时间顺序。在一个组织有序的成长环境中，儿童很快意识到，每天一醒来，就会被抱起、换尿布、喂奶。蹒跚学步的儿童对于时间的理解体现在他会对一些表达时间的词语做出行为反应。当他听到“该吃午饭了”时，就会跑到自己的餐椅旁；听到“该睡觉了”时，就会跑到卧室。他还会观察某些时间的线索，如不想玩了就把玩具收起来；给他一张纸，他就把纸放在桌子上；看到爸爸出现在门口，就跑过去帮助拿拖鞋；等等。他们学着寻找类似的线索以开始做下一件事。

由于口头语言的发展，儿童会学着使用一些时间词语。他会努力把自身和活动置于某一特定的时间框架中去。重要的是，成人应该聆听并且对儿童的所做所言做出回应。下面是一些自然情境下的学习活动。

18个月大的妞妞拉着妈妈的腿，“饼干、饼干”。妈妈说：“不行，我们先吃午饭，吃完午饭才能吃饼干”。

20个月大的琳琳吃完午饭后说：“不睡，要娃娃。”老师说：“不可以，先睡觉，然后才能和布娃娃玩游戏。”

老师说：“奇奇，把玩具收起来。”奇奇(2岁半)说：“不，我过一大会儿再收。”

3岁的思思对老师说：“昨天晚上，我们待在海边的房子里。”“是呀，你去年夏天去的，忘了吗？”

老师正在给孩子们看动物园的图片，4岁的帅帅跑过去说：“明天我要去那儿。”老师说：“我们星期五再去吧。”

二、学前儿童货币概念教育活动的设计与指导

货币是幼儿生活中的物品，是以后生活的需要。认识货币一般是在中班和大班进行，主要是要幼儿认识人民币。人民币上的数字、汉字、图案等是幼儿学习人民币的基本元素。幼儿学习认识人民币，进行小数额的换算，使用人民币，这不仅是数学教育的需要，也为幼儿生活教育奠定基础。

①Rosalind Charlesworth，Karen K. Lind. 幼儿数学与科学教育(第4版)[M]. 李雅静等，译. 北京：北京师范大学出版社，2011.

(一)认识人民币[①]

1. 认识纸币和硬币

教育活动应从幼儿的生活中找材料和经验,应将教育贯穿于幼儿的生活活动。教师事先和家长进行协商,请幼儿回家和家长沟通,说因教育活动需要,让家长允许并帮助幼儿带一些钱币(10元以下)到幼儿园。然后在班内组织展示与交流。请幼儿说一说自己的钱币是纸币还是硬币,面值是多少。教师针对幼儿没有说到的进行补充。

2. 认识人民币的面值

把幼儿带来的钱币按照面值大小进行排列,让幼儿先说一说自己认识哪些钱币,然后引导幼儿看人民币上的数字,了解面值大小。幼儿通过数字、颜色、图案、大小等来比较认识纸币,如100元是红色的,大小排第一;50元是绿色的,大小排第二;20元是黄色的,大小排第三;再认识10元、5元、1元等。硬币则通过大小、颜色、数字来区分。1元最大最厚,5角是金色的,1角是银色的。教师可以通过引导幼儿用手摸、捏、折、叠、抛、掷等方式感知硬币与纸币的不同。

3. 模拟生活情境,帮助幼儿认识人民币

幼儿对钱币的认识主要来源于其生活经验,教师在教学过程中可以创设与生活类似的买卖、存取情境等来让幼儿模拟使用人民币、认识人民币。例如,模拟超市或商场,结合商场购物、商店游戏活动渗透进行,让幼儿扮演购物者、收银员等角色,通过角色扮演体验钱币的作用,并巩固对钱币面值的认识。因幼儿对钱币面值的判断主要是依靠对钱币上数字的认识,所以其教育活动应在10以内数的认知基础上进行。

(二)人民币的换算

结合10以内加减运算的基础,可以引导幼儿进行10元以内人民币的换算活动。其中一类是同单位面值间的换算,如5元与1元的换算;一类是不同单位面值间的换算,如1元和5角。一般通过购物游戏或真实的超市购物活动进行,可以是幼儿园组织的集体活动,也可以指导家长在家庭中进行日常人民币换算的练习。

思考与练习

1. 如何对学前儿童的货币认知进行教育指导?有哪些方法?选用适宜的教学方法,设计一个中班幼儿货币认知活动方案。

2. 试拟定一个年龄段幼儿园数学教育活动方案,选用适宜的教学方法。

① 史月杰.幼儿园数学教育与活动指导[M].北京:北京师范大学出版社,2017.

【案例分析】

认识人民币(大班)

◇活动目标

1.初步认识不同面值的人民币(角与元面值的人民币),学习简单的人民币兑换。

2.会用货币购买等同币值的商品。

3.爱惜人民币,体验自主购物的快乐。

◇活动准备

各种面值的人民币若干;小篮子若干。

◇活动过程

一、回忆超市购物的生活经验,引发幼儿学习的兴趣

1.提问:你在超市买过东西吗?

2.请幼儿分享自己在超市购物的情节。

3.结合幼儿生活经验,引导幼儿知道人民币在我们生活中的作用。

二、认识人民币

1.教师分别出示角、元两种单位的人民币,请幼儿观察。

2.引导幼儿比较面值不同人民币的异同。

3.教师出示纸币和硬币,再次请幼儿比较异同。

4.教师进行总结:人民币上有图案和数字,以及我们国家的国徽,是我们国家产的钱币。人民币上的数字表示钱币的多少。人民币的国徽代表我们国家,所以我们要学会爱护人民币。

三、学习人民币的兑换

创设情境,教师帮助幼儿学习人民币之间的兑换(角与角之间、元与元之间、角与元之间的兑换)。

四、游戏"逛超市"

学习用货币购买相应等同币值的商品,提高幼儿进行简单的人民币兑换的能力。

1.教师介绍游戏玩法和游戏要求:在超市进行购物,用货币买到相应等同币值的商品。

2.请幼儿自主购物,并核对商品和价钱(教师进行观察与指导)。

3.请幼儿与同伴分享自己的购物感受(交流人民币兑换的情况)。

五、拓展幼儿的经验

请幼儿说一说,人民币在生活中的其他用途,激发幼儿爱护、珍惜人民币的情感。

六、活动延伸

请家长带领幼儿去附近的超市,给幼儿独自购物的机会,进一步积累用人民币购物,进行人民币兑换的经验。

活动评析

活动从幼儿的生活实际出发,一定程度上调动了幼儿参与活动的积极性。在引导幼儿认识人民币过程中,一方面帮助幼儿认识了人民币的特点和面值,另一方面让幼儿学会兑换人民币,通过鼓励、引导幼儿用不同的方法进行兑换,培养了幼儿的发散性思维。最后一部分,通过“超市购物”情境游戏,帮助幼儿学习用钱购买相应等同币值的商品,提高了幼儿人民币兑换的意识,锻炼了幼儿人民币实际兑换的能力。延伸活动建议家长带幼儿去超市进行购物,使活动得到了很好的延伸。

【考查要点】

学前儿童时间与货币概念的内容在历年的考试中的题型多为选择题、材料分析题和活动设计题。时间和货币概念在幼儿实际生活中,是非常重要的一部分。作为一名幼儿教师,应理解学前儿童时间和货币概念发展特点,掌握学前儿童时间和货币概念教育活动的途径与方法。

【真题模拟】

1.一位新入园的孩子问老师:“妈妈什么时候来接我?”下列回答中最合适的是(　　)。

A.妈妈放学后来接你

B.你想妈妈的时候妈妈就来接你

C.你现在想妈妈了吗?妈妈一下班就来接你的

D.妈妈下午5点来接你

2.北京时间2008年1月5日20:00点,小强在广州给在古巴哈瓦那(哈瓦那在北美洲,与北京时差为13小时)出差的父亲打电话,语言表达准确的一项是(　　)。

A.爸爸,晚上好。注意防寒　　B.爸爸,早上好。注意防暑

C.爸爸,晚上好。注意防暑　　D.爸爸,早上好。注意防寒

3.4~5岁幼儿连续看电视时间不超过(　　)分钟。

A.15　　B.20　　C.25　　D.30

【思考实训】

思考:

通过学习学前儿童时间与货币概念的发展与教育,我学到了什么?我还有哪些疑惑?在进行时间与货币概念教育时,如何更好地组织相关教育活动?

实训:

一、观摩活动课并评析

实践目标:

1.培养学生的观察能力及分析能力。

2.培养学生对所学知识的综合运用能力。

内容与要求:

到幼儿园或利用多媒体、录像资料观摩时间教育、货币教育活动课。要求学生对活动目标的达成、活动材料及环境创设、幼儿参与活动程度、教学环节设计等几个方面做出评析。

二、基本教学活动课的设计

实践目标:

(1)培养学生运用理论知识指导实践的能力。

(2)培养、训练学生的思维能力和创新意识。

(3)掌握幼儿时间概念与货币概念教学活动的组织形式和环节的衔接。

内容与要求:

1.按照下列要求设计一则幼儿园时间教育活动

(1)请按"四季"这一活动主题,分小组设计一系列教育活动。

(2)设计任务完成后,分小组相互学习、评价教案。

2.试教幼儿时间概念与货币概念教育活动

(1)试教时间概念与货币概念教育活动学习任务。

试讲同学——自选、优化时间概念或者货币概念活动方案,认真备课,写出详案,做好活动教具和课件准备等。

辅教同学——用心揣摩方案所定试教对象的年龄特点,全力配合试教同学完成教学活动。

听课同学——认真记录每位试教同学的教学活动名称、目标、组织步骤、教学方法、教学手段、教学基本功等;对每位试教同学的教学活动做出评价,包括打分和文字评价。

(2)试讲过程中,每位同学按照学习任务执行。试讲完毕后,执教者做自我评价,每个小组推选代表汇总评价、意见、建议,并当场讲述,汇总的书面评价、意见、建议交给试教者做参考。教师做评价与总结。

【推荐阅读】

林泳海,马丽莉.3.5~5.5岁学前儿童年龄认知发展的研究[J].心理学探新,2001(4):29-34.

第 9 章

学前儿童几何形体概念的发展与教育

幼儿已经初步认识了三角形，陈老师为巩固幼儿对三角形的认识，更好地掌握三角形的特征，组织设计了一次数学活动：寻找三角形。她精心准备了颜色、大小、形态不同的等腰三角形、等边三角形、直角三角形、钝角三角形。陈老师对幼儿说：“请小朋友们找出你们认为是三角形的图形来。”陈老师话音刚落，小朋友们就开始摆弄桌上的图形了。不同颜色、大小的等腰三角形、等边三角形很轻易地被孩子们找了出来。只见天天小朋友手里拿着一个红色的钝角三角形，疑惑地问：“陈老师，这个是三角形吗？怎么跟之前的三角形不一样呢？”陈老师没有马上回答天天的问题，而是鼓励他自己动脑筋想一想，看看他手里拿的到底是不是三角形。[1]这个案例表明幼儿在认识几何图形时，常常会发生像案例中天天那样的情况，即不能对所学的知识进行迁移，从而更好地掌握所学的内容。那么幼儿认识几何形体有什么特点呢？大、中、小各年龄班的教育要求又有哪些呢？教师该如何用恰当的方法引导幼儿认识平面几何形体？让我们带着这个问题开启本章内容的学习。

① 周燕.学前儿童数学教育与活动指导[M].长沙:湖南大学出版社,2015.

【学习目标】

1. 知识目标：学习和理解学前儿童几何形体认知的发展特点，掌握学前儿童几何形体活动的教育要求和内容。

2. 技能目标：能根据学前儿童认识几何形体的教育目标与内容，选择适宜的教育途径和方法，设计学前儿童认识几何形体的活动方案。

3. 情感态度目标：喜欢设计与组织学前儿童认识几何形体活动。

【学习重难点】

1. 掌握幼儿认识几何形体概念的基本知识。

2. 会根据幼儿认识几何形体的教育目标与内容，选择适宜的教育途径和方法，设计幼儿认识几何形体的活动方案。

【知识结构图】

- 学前儿童几何形体概念的发展与教育
  - 学前儿童几何形体概念的发展
    - 学前儿童几何形体认知的发展特点
    - 学前儿童几何形体概念发展的年龄特点
  - 学前儿童几何形体概念的教育
    - 学前儿童几何形体概念的教育要求
    - 学前儿童几何形体概念的教育指导要点

第一节
学前儿童几何形体概念的发展

形体是事物最基本的外部特征，几何形体是对客观物体形状的抽象和概括，具有普遍性和典型性。整个数学由两个概念构成，一个是数，一个是形，这两者相辅相成，且都是现实生活中的一部分。幼儿初步认识一些几何形体是学前儿童数学教育的重要内容之一，也是幼儿空间知觉的重要组成部分，它不仅有助于幼儿辨别日常生活中的客观物体，而且也有助于儿童理解和掌握数概念，从而促进幼儿思维的发展。

几何形体包括平面图形和立体图形（几何体）两类，平面图形如圆形、三角形、正方形、长方形等，立体图形如球体、正方体、圆柱体、长方体等。

一、学前儿童几何形体认知的发展特点

学前儿童的思维主要是具体形象思维，对于事物的认知大多源于幼儿的生活经验。同样，对于几何形体的认知也需要借助具体形象的物体，比如，认识圆形，我们可以为幼儿提供一些幼儿生活中常见的圆形物体（如光盘、大饼、铁环等），让幼儿通过视觉、触觉和运动觉的参与，并结合语言的描述，加深对几何形体的认识。

（一）学前儿童几何形体概念的发展

学前儿童几何形体概念是如何发展起来的呢？瑞士著名儿童心理学家皮亚杰曾对幼儿的几何形体概念的发展做过深入研究，他从两个层次研究了儿童几何形体概念的发展：知觉的层次和概念的层次。

1. 学前儿童知觉的发展

对于知觉层次的研究，皮亚杰让幼儿接触隐藏的实物，然后在一堆实物中指认出相同者或者画出实物的外形，根据结果他提出了学前儿童图形知觉的3个阶段：

第一阶段（2~4岁）：能分辨开放图形和封闭图形，但不能分辨欧氏图形。儿童的典型

行为就是用手顺着实物的四周轮廓描摹，用手指穿入洞中分离它。这些对于物体外围界限的知觉可以帮助幼儿注意其是否开放、封闭或分离。

第二阶段(4~6岁)：是过渡期，能辨认欧式图形，即能区分直线图形(正方形、长方形、三角形等)和曲线图形(圆形、椭圆形等)。儿童用眼和手跟随图形的边围，并辨识角。

第三阶段(7岁左右)：具有逆向思维能力，能辨识直线形成的封闭图形。辨识图形时，由某一个固定参考点开始，较有计划性和系统性。

2. 学前儿童几何图形概念的发展阶段

对于概念层次的研究，皮亚杰让幼儿仿画几何图形，结果发现了同样的规律：

第一阶段(3岁前)：涂鸦阶段，这一阶段幼儿开始在纸上乱画。其涂鸦的作品大致可以分为两类：一类是螺旋形、环形和圆圈；另一类是画在一起的密密麻麻的平行线。由此可见，在涂鸦阶段，幼儿已经能够在无意中画出一些开放或封闭的图形。

第二阶段(3~4岁)：在涂鸦阶段的基础上，幼儿能够分别画出封闭图形、开放图形以及两圆的内外关系、相交关系，但不能分辨不同的封闭图形。

第三阶段(4~6岁)：分辨直线和曲线图形等能力开始发展。

第四阶段(6~7岁)：能正确画出所有图形，具备了欧氏几何的形状概念。

(二)学前儿童几何形体认知的一般过程

幼儿认识几何形体的特点[①]如下：

(1)幼儿认识几何形体要经历一个由粗略到精细的过程。

(2)幼儿认识几何形体容易受他们生活经验的影响。

(3)平面图形和立体图形容易混淆。幼儿开始只能认识具体的事物，没有抽象的图形概念，分不清几何图形和具体的物体。

(4)认识几何图形容易受到摆放位置的影响。

(三)幼儿几何图形组合能力的发展

几何图形组合能力是指将两个及其以上的几何图形组合起来，形成一个图形或者一个几何图案的能力。它体现了儿童对几何形体之间关系的认知、理解和应用能力。克莱门茨等人通过研究发现儿童在平面几何图形组合能力的发展上，可以划分为7个阶段。学前儿童主要处于前4个阶段：(1)前组合阶段，不能够进行图形组合，甚至不能完成简单的拼图任务；(2)零散组合阶段，使用尝试错误法完成简单的图案框架，将图形简单连接起来形成图案，从整体上看待图形；(3)图像组合阶段，使用尝试错误法将几个图形连接起来形成一个图案，通过图案的轮廓线或者轮廓线的长度来匹配图形。开始用尝试错误

① 周燕.学前儿童数学教育与活动指导[M].长沙：湖南大学出版社，2015：73.

法旋转和翻转形状;(4)形状组合阶段,有意识地将图形组合起来形成新的图形或图案。既可以通过边又可以通过角来判断要选择的图形,并逐渐能根据已经拼好的部分的角来考虑多个备选的形状。能够形成图形的图示,有目的地旋转和翻转形状。我国有研究也进一步证实了克莱门茨等人的阶段理论。小班幼儿在几何图形组合能力测查中,以阶段2和阶段3的行为特征为主,其几何图形组合能力主要处于阶段2、阶段2~3过渡期、阶段3几个水平;中班幼儿以阶段3的行为特征为主,图形组合能力主要处于阶段2~3过渡期、阶段3、阶段3~4过渡期几个水平;大班幼儿以阶段4和阶段3的行为特征为主,主要处于阶段3~4过渡期和阶段4两个水平。

总体来说,幼儿的几何图形组合能力的发展是由尝试错误的方式走向利用图形的心理表征来预期图形的组合。儿童可能是在中班(4~5岁)开始出现图形组合的心理表征能力,并在大班阶段(4~6岁)得到显著的发展。

研究表明:3~6岁儿童的几何图形组合能力存在显著的年龄差异。小班幼儿以零散组合阶段到图像组合阶段过渡期为主,中、大班幼儿以图像组合阶段到形状组合阶段过渡期为主,更多的大班幼儿达到了形状组合阶段。①

(四)幼儿认识几何形体由易到难的顺序

幼儿认识几何形体首先是受幼儿本身的生活经验的影响,对生活中比较常见的形体认识得较早。另外根据形体本身的复杂程度,可以得出以下幼儿认识形体由易到难的顺序。

(1)先认识平面图形后认识立体图形。

(2)认识平面图形由易到难的顺序是:圆形→正方形→三角形→长方形→椭圆形→梯形等。

(3)认识立体图形由易到难的顺序是:球体→正方体→长方体→圆柱体→圆锥体等。

(五)幼儿几何图形的组合与分解②

1. 几何图形的组合

几何图形组合能力是几何能力的一个重要方面,它是指把多个图形组合起来,形成一个更大的图形或者形成一个几何图案的能力,主要表现为:使用几何图形进行自由组合创造,用几何图形填充图案拼图,以及图形组合的心理表征等方面。几何图形组合活动能够帮助儿童感知和理解图形的特征,发现图形之间的关系,形成图形以及图形组合过程的心理表征等。

---

① 常宏.3~6岁儿童平面几何图形组合能力的发展研究[D].上海:华东师范大学,2009.

② 赵振国.学前儿童数学教育[M].郑州:郑州大学出版社,2014.

2. 几何图形的等分

等分几何图形就是把某些几何图形分成相等的几份。等分的份数越多,每一份就越小。其中,分成相等的两份叫二等分;分成相等的四份叫四等分。学前儿童主要学习二等分和四等分。儿童在日常生活过程中经常会有等分的经验,如切分蛋糕的经验,折纸的经验(将一张正方形的纸折成两个一样的长方形或三角形,或将一张正方形的纸折成四个一样的正方形或三角形)等。等分经验不仅可以帮助儿童获取等分的知识和技能,了解整体与部分的关系,而且也是儿童建立初步的除法和分数概念的感性经验基础。

思考与练习

1. 自然环境中随处可见对称,教师可引导幼儿从贝壳、树叶、螃蟹和其他自然物中发现对称。

2. 鼓励幼儿把物品的这边折叠到另一边,让幼儿可以看到两边是一样的。

3. 引导幼儿体验翻转,在纸上描一下形状,翻转这个图形,再次描下形状,一个对称图形就形成了。

二、学前儿童几何形体概念发展的年龄特点

研究表明:第一,学前儿童的几何形体的概念发展随着年龄的增长而提高,呈现出明显的差异性,图形认知数量及立体图形认知随着年龄的增长有了进一步的发展。第二,幼儿对平面几何图形和立体图形的认知都经历了从感知几何体的外部特征到能说出图形的名称,即配对—指认—命名的过程,幼儿对几何形体的理解水平显著高于对图形的正确命名,并且幼儿对图形的表征会受到语言表达能力的影响而表现出认知与表达不一致。幼儿的平面几何图形的认知对立体图形的认知存在顺向迁移。第三,家庭教育对于幼儿几何形体的学习也很重要,幼儿通过家长指导,操作几何益智类玩具,观看相关的电视节目可以增进对几何形体相关知识的了解,并在一定程度上促进幼儿几何形体认知的发展。[①]

(一)小班幼儿几何形体概念发展的年龄特点

小班幼儿已对学前期认知的大多数平面图形有较好的匹配能力,能正确认识圆形、正方形和三角形,能正确匹配、指认和命名这三种图形,并能按照这些图形找出周围环境中的相应物体。但他们不是从这些图形的特征来认识几何形体的,而是将其和自己日常生活中熟悉的物体相对照。例如,将大小不同的圆形就说是大饼或者太阳,将长方形就

①王明英.大连市3~6岁幼儿几何形体认知发展特点研究[D].大连:辽宁师范大学,2014.

说成桌子或者是电视，将三角形说成三明治或者小旗，将椭圆形说成鸡蛋等。

(二)中班幼儿几何形体概念发展的年龄特点

中班幼儿相比于小班幼儿，能够正确认识的平面图形增多，如长方形、半圆形、椭圆形、梯形、菱形等，而且还能理解平面图形的基本特征(角和边的特征)，并能根据图形的基本特征比较出不同的图形，如正方形和长方形，正方形有4条边、4个角，且4条边一样长、4个角一样大；长方形也有4条边、4个角，但是四条边不一样长，有2条边长、2条边短，且长的2条边平行相等、短的2条边平行相等。中班幼儿不再把认识的物体与他们熟悉的物体等同起来，开始把平面图形与他们熟悉的物体进行比较，找到与之形体相似的几种物体来比喻它。例如，不再将圆形说成大饼，而会说圆形像大饼等。

中班幼儿对平面图形能做到图形守恒，不受图形大小、颜色和摆放位置所影响，对图形做出正确的辨认和命名。如图9-1图形守恒(三角形)，中班幼儿能从不同颜色、不同的角度将三角形挑选出来，并说明它们有3条边和3个角。

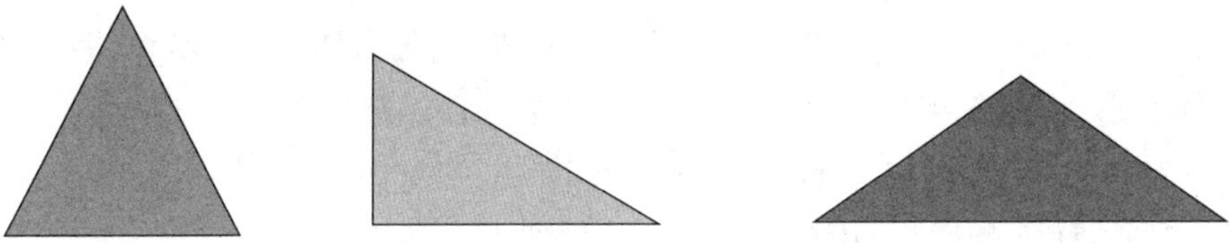

图9-1　图形守恒(三角形)

中班幼儿能理解平面几何图形之间的简单关系，表现为他们能对他们所认识的图形进行分、合、拆、拼的不同转换，如1个正方形可以分为2个相等的三角形，1个大的正方形还可以由2个长方形合成，1个正方形可以拆为4个三角形，1个正方形可以由4个小的正方形拼成。(如图9-2)

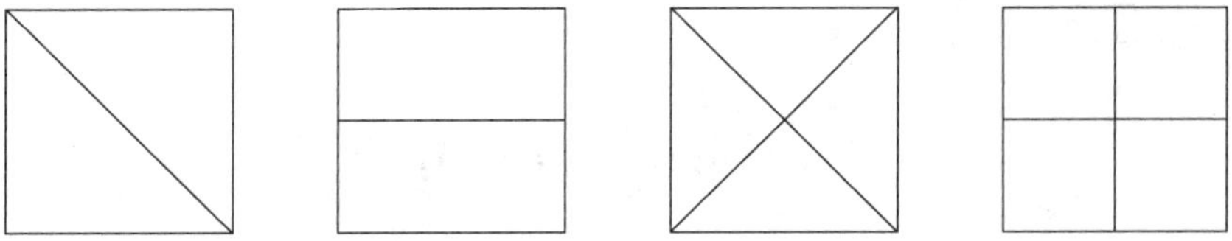

图9-2　图形之间的转换

中班幼儿对图形的拼搭也表现出极大的积极性和一定的创造性。(如图9-3)

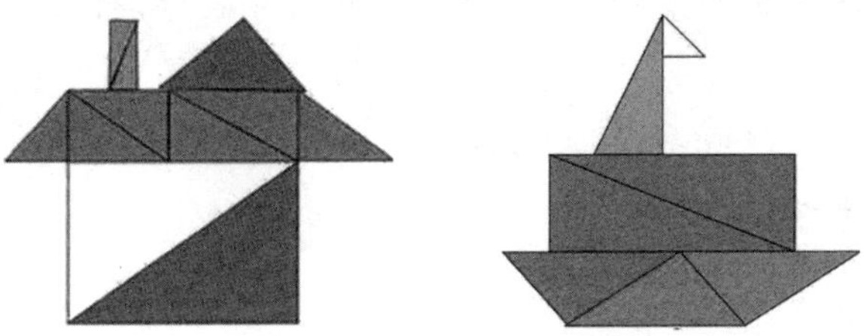

图9-3　图形拼搭

(三)大班幼儿几何形体概念发展的年龄特点

大班幼儿已能够理解图形的典型特征,并在头脑中形成某种图形的"标准样式",从而能够根据图形的特征进行正确判断。大班幼儿能够理解图形之间较复杂的组合关系,如一个图形不仅可以由几个相同样式的其他图形组成,也可以由几个不同的图形组合而成。如长方形可以由4个小长方形组成,也可以由1个梯形和2个三角形组成,还可以由1个正方形和4个三角形组成(如图9-4)。

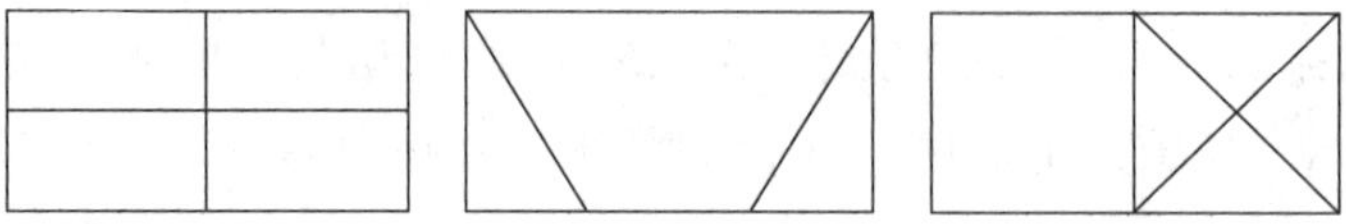

图9-4　图形的组合

研究表明:幼儿对平面几何图形的认知与几何体的认知存在顺向迁移,而且大班幼儿的抽象思维在不断发展。因此,大班幼儿不仅能够从图形的基本特征出发(4条边、4个角),将正方形、长方形、梯形、平行四边形等概括为四边形,使幼儿对图形的知识形成系统化,而且还开始逐渐认识一些基本的几何体,如球体、正方体、长方体等,能够认识一些基本的立体图形,做到正确命名并知道它们的基本特征。如正方体有6个面(上下、前后、左右),6个面一样大,都是正方形,把它放在桌面上,不管怎么放,都不能滚动;圆柱体的上下两个面是一样大的圆形,中间上下一样粗,把它平放在一个平面上,能前后滚动,像一根柱子等。大班幼儿开始把几何形体作为物体形状的标准形式去描述,能够说出物体的某部分形状像哪种几何形体。例如,他们描述碗口是圆形的,蛋黄是球体的,日光灯的灯管是圆柱体的,画小白兔的身体像是椭圆形,画船身像是倒过来的梯形等。

【案例分析】

认识长方形和正方形(中班)①

◇活动目标

1.认识长方形、正方形,知道它们的名称和基本特征,能区分长方形、正方形,了解它们的异同点。

2.能在周围的环境中找出长方形、正方形的物体。

3.培养对图形进行比较的兴趣。

---

① 李玲.学前儿童数学教育[M].成都:西南交通大学出版社,2013.

◇活动准备

1. 颜色各异的长方形娃娃，正方形娃娃若干。

2. 长方形、正方形卡纸各一张；幼儿每人一套长方形和正方形的彩色小卡纸（长方形的宽与正方形的边一样长）。

3. 用卡纸做成的各种图形饼干若干。

◇活动过程

一、谜语导入

师：今天我们班来了两个可爱的宝宝，小朋友们想要认识它们就需要猜谜语，猜对了就知道这两个可爱的宝宝是谁了？小朋友们听好了，一个宝宝有四条一样长的腿，有四个一样大的角，是谁呢？另一个宝宝虽说是方块，却长四个角，四角一样大，对面一样大，相邻不一样，这位宝宝又是谁呢？

二、活动展开

1. 出示图形，加深幼儿对它们的认识。

2. 通过量一量，感知图形的特征。

3. 出示长方形宝宝和正方形宝宝，引导幼儿认识长方形和正方形。

4. 幼儿操作，加深认识。

5. 总结长方形和正方形的异同点（先让幼儿说，教师再归纳总结）

三、活动结束

通过游戏活动，巩固幼儿对长方形和正方形的认识。

活动评析

在这个活动案例中，活动的目标定位考虑了幼儿的身心发展特点和年龄特点，而且充分考虑到了幼儿的主体性。幼儿自己的测量等环节加深了其对长方形、正方形的认识。为了巩固幼儿对长方形、正方形的认识，教师设计了活动，除此之外，教师还可以启发幼儿找出教室里哪些物品是正方形、哪些物品是长方形。

第二节
学前儿童几何形体概念的教育

一、学前儿童几何形体概念的教育要求①

针对大、中、小班各个年龄段的幼儿，其教育要求有所不同，一来是因为各个年龄段的幼儿的身心发展特点不同，要因材施教，二来是因为《幼儿园教育指导纲要（试行）》和《3—6岁儿童学习与发展指南》等国家政策性文件对大、中、小各个年龄段的幼儿的教育要求不同。

（一）小班

（1）初步认识圆形、正方形、三角形，能正确辨认和说出它们的名称。

（2）能根据图形的名称（圆形、正方形、三角形等）取出相对应的图形，并从周围环境中找出和图形相似的物体。

（二）中班

（1）认识长方形、椭圆形、梯形，能正确说出它们的名称和认识图形的基本特征，如正方形有4条边、4个角；三角形有3条边、3个角；长方形有4条边、4个角，4个角一样大，2条边长，2条边短，相对的2条边一样长。能从周围环境中找出和图形相似的物体。

（2）能区分正方形和长方形，圆形和椭圆形，长方形和梯形。

（3）能不受图形的颜色、大小以及摆放位置的影响，正确辨认和命名图形。

（4）初步理解图形之间的简单关系，如1个正方形可以分成2个长方形和2个三角形等，能运用图形进行简单的拼合活动。

（三）大班

（1）初步认识球体、圆柱体、正方体、长方体，能正确说出这些形体的名称和基本特征

① 赵振国．学前儿童数学教育[M]．郑州：郑州大学出版社，2014．

(如球体,不管从哪个方向看都是圆的,将它放在平面上,可以朝任何方向滚动),能从周围环境中找出相似的物体。

(2)能区分平面图形和几何体,如正方形和正方体、长方形和长方体等,并能根据几何形体的特征进行分类和排列。

二、学前儿童几何形体概念的教育指导要点

几何形体概念的教育指导要点,主要分为平面图形教育活动的指导要点、立体图形教育活动的指导要点和几何形体等分教育活动的指导要点。

(一)平面图形教育活动的指导要点[①]

1. 让幼儿在通过视觉、触摸觉感知实物轮廓的基础上初步认识图形

儿童对图形的认识,实际上是对图形的知觉。儿童认识图形是在充分感知图形,获得有关图形的感性经验的基础上,再配合说出的言语,以达到认识图形的目的。因此,在活动中一定要让儿童看一看,摸一摸,体验一下有形物体,逐步抽象出平面图形,并用正确的语言表述。

2. 运用重叠比较法认识图形

这种方法是在幼儿已经认识了某些图形的基础上,再把要认识的新图形与已认识的相近图形重叠,找出相同点与不同点,从而掌握新图形的名称及特征的一种方法。这种方法一般适用于中班儿童,如认识长方形时,可以把长方形和已认识过的正方形重叠比较,通过类比的方法掌握长方形的特征;认识椭圆形时,可以将椭圆形与已认识过的圆形重叠比较,同样通过类比的方法掌握椭圆形的特征。

3. 通过对图形的分割和拼合活动,认识图形之间的关系

分割,就是把一个平面图形分成两个或两个以上的图形。拼合,就是把两个或两个以上的图形合成一个图形。儿童通过分割和拼合图形的操作活动,能感知图形之间的关系,从而加深对已知图形的认识,同时也能初步培养儿童思维的变通性和灵活性。图形的分割和拼合,在内容上应先易后难,如先等分,再不等分;先二等分,再四等分。在步骤上应先分再合,让幼儿通过分与合的操作活动,感知和理解一种图形与其他图形之间的关系,懂得整体可以分成部分,部分合起来还是原来的整体,整体大于部分,部分小于整体。

七巧板是我国一种传统的拼板玩具,利用它可以拼组图案,能够加深幼儿对已学的各种几何图形特征的认识,同时丰富其想象力,强化其思维概念,提高其学习兴趣。

---

① 周燕.学前儿童数学教育与活动指导[M].长沙:湖南大学出版社,2015.

4. 提供丰富多样的几何图形教具，运用多种操作活动，让幼儿达成对图形的认识

单一的教具会让幼儿形成思维定式，产生一成不变的视觉原型。教师应该为幼儿提供各种各样的图形教具，让幼儿感知各种不同变式的图形，例如不要只用底边在水平线上的三角形、等腰梯形等作为单一的教具，可以加入钝角三角形、扁长的长方形、直角梯形等。

在平面几何图形守恒教学活动中，动手操作十分重要。简单的配对、指认、命名并不能培养幼儿图形守恒能力。动手操作的过程，能让3~6岁儿童学会观察、比较、分析平面图形的本质特征，理解边、角关系，在此基础上幼儿能够内化、归纳得出平面图形的基本特征，从而逐渐提高其图形守恒能力。同时，现实生活也是几何图形感性经验的源泉，通过涂色、折叠、分类、寻找、点数、拼合、绘画、手工等操作活动，巩固幼儿对平面图形的认识。

【案例分析】

饼干的形状（小班）

◇活动目标

1. 使幼儿能准确区分圆形和正方形。
2. 使幼儿能正确匹配平面几何图形与实物。

◇活动准备

1. 圆形和正方形的实物饼干若干，圆形和正方形的纸质饼干若干，圆形和正方形的纸盘若干。
2. 小动物头饰若干，且小动物的“嘴部”有圆形和正方形之分。

◇活动过程

一、引导幼儿“说”饼干

教师：“这里有一些有趣的饼干，请小朋友们快来看一看，都有些什么形状的饼干（教师出示圆形实物饼干），这种饼干叫圆形饼干；（出示正方形实物饼干）这种饼干叫正方形饼干。”

教师给每个幼儿分发一块饼干后，说：“请小朋友们看一看自己拿到了什么形状的饼干，然后向身边的小朋友介绍自己拿到的饼干的形状，介绍完后就可以吃饼干了。”

待每个幼儿都介绍完后，再进入下一个环节。

二、引导幼儿"分"饼干

教师将圆形、正方形的纸质饼干和纸盘分发给幼儿:"今天将有许多的小动物来幼儿园做客,请小朋友们把手中的饼干按照形状分到纸盘中,以便招待小动物朋友。"

教师指导幼儿将圆形饼干放到圆形纸盘中,将正方形饼干放到正方形纸盘中,幼儿根据指导认真分放饼干。幼儿分放饼干后,教师依次向每个幼儿提问:"请说一说,你为什么要这样放?"

幼儿:"因为这种饼干是圆形的,所以把它放到圆形的盘子里;这种饼干是正方形的,所以把它放在正方形的盘子里。"

教师:"请小朋友们检查一下同伴的饼干是否分放正确。"

幼儿相互检查饼干和盘子的配对情况,并相互纠正。

三、引导幼儿"喂"饼干

教师将一些小动物头饰摆放在桌上,说:"小动物们来做客了,你们知道它们喜欢吃什么样的饼干吗?"(提醒幼儿观察小动物头饰的嘴巴,有的是圆形的,有的是正方形的)

幼儿观察小动物的头饰后,说:"圆形嘴巴的小动物喜欢吃圆形的小饼干;正方形嘴巴的小动物喜欢吃正方形的小饼干。"

教师:"嗯,很对,现在,请小朋友们把小动物喜欢的饼干喂进它们的嘴里。"

幼儿将圆形饼干和正方形饼干分别喂给圆形嘴巴的小动物和正方形嘴巴的小动物。

◇活动延伸

教师可让幼儿说一说生活中哪些物品的形状像圆形饼干,哪些物品的形状像正方形饼干。

活动评析

整个活动的设计体现了生活化的原则,根据幼儿的思维发展特点,教师选择了小班幼儿常见、常吃的食物——饼干作为幼儿认识圆形和正方形的媒介,并且通过"说"饼干、"分"饼干、"喂"饼干三个环节使得整个活动环环相扣,层层递进。活动激发了幼儿的极大兴趣,让幼儿在轻松愉快的氛围中进行操作、游戏,注重幼儿语言表达能力和动手操作能力的培养。同时给予了幼儿充分展示和交往合作的机会,使《指南》中提出的"生生互动"得到充分体现。

(二)立体图形教育活动的指导要点

1. 让幼儿通过观察、触摸几何体,认识几何体的特征

大班幼儿也是通过各种感知、分析、综合来认识几何体,所以应让幼儿充分地观察比

较、触摸感知几何体，并在这个过程中启发幼儿认识几何体的特征。例如可将认识球体融入幼儿园的一日生活活动，可以在幼儿晨间活动玩皮球的时候，请他们自由触摸和摆放，并思考皮球是什么样子的？摸上去有什么感觉？再放在操场上看看它会怎样？然后组织幼儿共同讨论，使幼儿认识到，球无论从哪一个方向看都是圆的，放在平面上能向任何方向滚动。

2. 比较平面图形和几何体以及几何体之间的不同

将平面图形与相应的几何体进行比较，如正方形与正方体的比较，长方形与长方体的比较，既可以加深幼儿对平面图形的认识，又能够在比较中突出几何体的特征，帮助幼儿克服将平面图形与几何体混淆的现象。将几何体与几何体进行比较，也是认识几何体的有效方法。如正方体与长方体的比较，可以让幼儿认识到正方体与长方体都有6个面，都有长、宽、高，但正方体的6个面都是一样大的正方形，长方体有4个面是长方形，另外2个面可以是长方形，也可以是正方形。又如球体和圆柱体的比较，不仅可以让幼儿认识球体的基本特征，还可以巩固幼儿对圆柱体的基本特征的认识。

3. 操作探索几何体的特征

操作探索几何体的特征就是要让幼儿自己亲手操作，在做中学、做中求进步。让幼儿在操作活动中具体形象地感知和探索几何体的特点，再用言语概括地表达出来，使幼儿获得形象而深刻的知识。如给幼儿提供长方体的物品，让幼儿自己拆，看看拆成的平面图形是什么样子的，让幼儿用语言表达这个过程，看看拆成的平面图形与立体图形时所对应的面是哪些？每个面有什么特点？哪些面是一样大的？哪些面不一样？通过这样的操作、探索，幼儿对几何体图形的理解才会更直观、更深刻。（如图9–5）

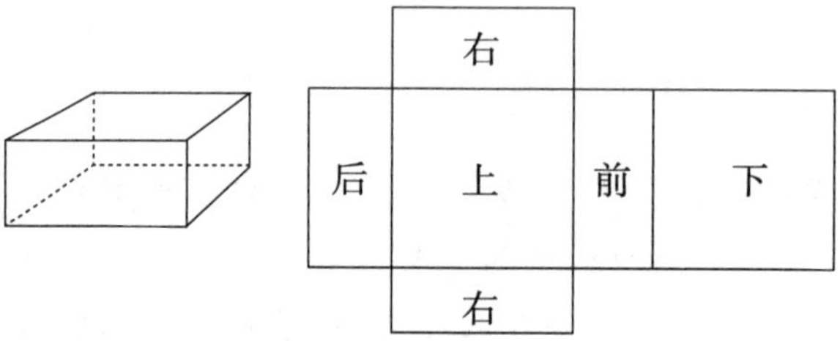

图 9–5 长方体及其平面图

【案例分析】

认识正方体和长方体（大班）

◇活动目标

1. 让幼儿认识正方体和长方体，知道正方体和正方形，长方体和长方形的关系与区别。

2. 让幼儿知道正方体和长方体都是由边、角、面组成的，知道其边、角、面的数量，知道两种立方体在边、角、面上的异同。

3. 发展幼儿动手操作、观察边角的能力，让幼儿学会用记录的方法整理经验。

4. 让幼儿能合作完成任务。

◇活动准备

1. 教具：正方形、长方形卡纸各一张（图形宝宝）；正方体、长方体各一个；由边、角、面做成的正方体和长方体各一个；记录总表一张。

2. 学具：

第一组：橙、蓝色的竹棍若干，长度一样；黄色的小接角若干；记录卡一张，记录笔一支。

第二组：颜色相同的两种长度的竹棍若干；红色的大接角若干；记录卡一张，记录笔一支。

第三组：卡纸做成的正方体，长方体成品各一个；剪刀人手一份；记录卡一张，记录笔一支。

◇活动过程

（一）通过图形宝宝的出现，引出立方体

1. 教师出示正方形、长方形的图形宝宝，引导幼儿说出其特征。（正方形有4个角、4条边，且每条边的长度相等。长方形有4个角、4条边，对边长度相等，邻边长度不等。）

2. 引出正方形、长方形的好朋友——正方体、长方体。

（二）分组操作，从边、角、面3方面切入，了解正方体、长方体的构成，通过观察、比较、记录，知道正方体与正方形，长方体与长方形之间的异同。

1. 教师引导孩子观察了解各组学具的具体操作及记录方法。

第一组：以边为切入点，材料上以颜色突出边，比较、观察、了解用了几条边，正方体和长方体的边长和数量的异同。

第二组：以角为切入点，材料上用大角为主，要突出立体图形的角，比较、观察、了解正方体和长方体角的数量。

第三组：以面为切入点，分解以及组拼立体图形，比较、观察、了解长方体、正方体面的数量及其与原立体图形的关系。

2. 幼儿自由分成3组进行操作。（要求操作时相互合作，并做好记录）

幼儿操作时，教师观察指导。

（三）分享、小结

分别请每组小朋友展示他们的作品、记录表，并介绍他们的操作方法和记录结果，教师引导孩子总结出立体图形和平面图形在边、线、面上的异同,以及两种立体图形之间的异同,从而掌握这两种平面图形和两种立体图形的基本特征。

◇**活动延伸**

在日常生活中寻找各种立体图形,并用今天所掌握的规律进行判断和验证。

活动评析

在本次活动中,孩子们通过对学具的操作、观察记录这一完整的过程,直观地、有层次地理解一些多维的、复杂的概念。为了让幼儿能从每一个切入点形象地感知平面图形和立体图形之间的关系,分别以角、边、面3方面作为切入点,也就是让幼儿分别从构成立体的基本因素——点、线、面3方面进行认知。在分组进行操作认知后又进行小结汇总,从发现个别规律向发现普遍存在的共同特征推进,通过操作、观察、比较认知物体的个性和共性及其关系,从而掌握平面图形、立体图形的基本特征。

在操作的过程中,从开始的分组到具体的分工、操作记录、最后的小结分析,孩子始终是自主安排、合作完成的,老师只是从旁指导协调,真正体现了孩子是学习的主体,老师是材料的提供者和学习的指导者。

案　例

区域活动:大布袋(大班)①

玩法:准备大布袋一只,里面放置圆形、正方形、长方形等几何图形图片,以及皮球、积木、卷糖、电池、魔方等球体、正方体、长方体和圆柱体物品,让幼儿用手伸进布袋,触摸口袋中的物品,并告知其他人摸到了什么。同时,教师也可以为幼儿另准备一套图片,图片上画有圆形、正方形、长方形或圆柱体、正方体、长方体,既可以让幼儿根据拿到的图片去摸相应形体的物品,也可以让幼儿把摸出的形体分别放到相应的图片下面进行匹配,巩固幼儿对平面图形和立体图形的特征的区分与认识。

(三)几何形体等分教育活动的指导要点②

等分是帮助幼儿获得整体与部分概念,以及进一步加强对形体特征认识与区分的重

① 黄瑾.学前儿童数学教育与活动指导[M].上海:华东师范大学出版社,2014.

② 黄瑾.学前儿童数学教育与活动指导[M].上海:华东师范大学出版社,2014.

要内容。这一内容一般安排在大班，主要目标是能区分二等分和四等分，了解其含义，感知整体与部分的关系。其指导教学要点及方法包括以下几点：

1. 讲解演示

儿童刚刚开始学习等分时，教师应选择同样的教具2份，例如2张长方形纸，重叠比较，第一步，让幼儿观察这2张长方形纸是一样大小的；第二步，教师把其中一张长方形纸进行等分，对折后用剪刀剪开，分成2份（或者4份）；第三步，教师把等分后的2份（或者4份）教具进行重叠比较，验证一下是否一样大小，让幼儿看到一样大小了，教师再告诉幼儿，把一张纸分成一样大小的2份，就叫二等分（或者分成四份一样大小的叫四等分）；第四步，教师把等分后的每一份与原来的一份（既与被等分的一样大的另一份）进行重叠比较，让幼儿知道等分后的每一份比原来的一份小，原来的一份比等分后的每一份大，当儿童理解了等分中整体与部分的关系之后，教师就不必演示这些方面的内容了。

2. 实践操作

幼儿学习等分，主要是通过等分几何形体的方式，但是也不必局限于几何形体，如等分平面图形，可以是正方形、长方形、圆形、三角形、梯形，也可以是鸡心形、五角星形，也可以用其他一些对称的图形或者画面。等分几何体可以适当选用幼儿熟悉的有规则的实物，如苹果、绳子、豆腐干、松糕等。数量上进行等分，要选用一样大小的、同类的、数量是成双的东西。

让幼儿学习等分，主要应通过儿童的动手操作来进行，而操作方式可以是多种多样的，如可以让幼儿用剪刀剪、小刀切等方式进行等分，可以让幼儿把纸对折撕开的方式进行等分，也可以通过分割进行等分练习。当幼儿有了初步认知后，教师还可以出示一些二等分、四等分以及不等分的图形，让幼儿判断哪些是二等分的，哪些是四等分的，哪些不是二等分也不是四等分的。（如图9-6，图9-7，图9-8）

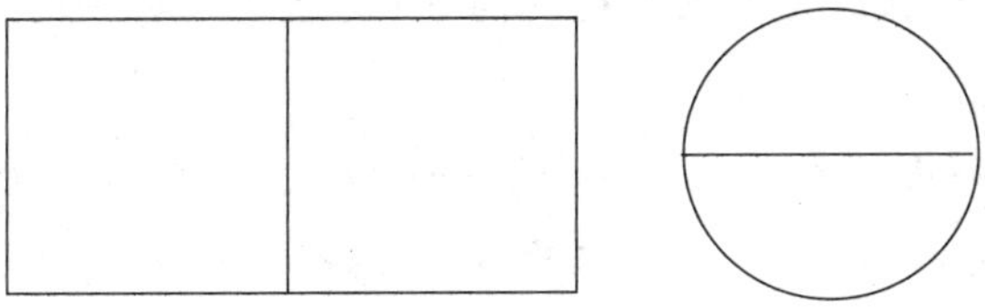

图9-6　二等分图形

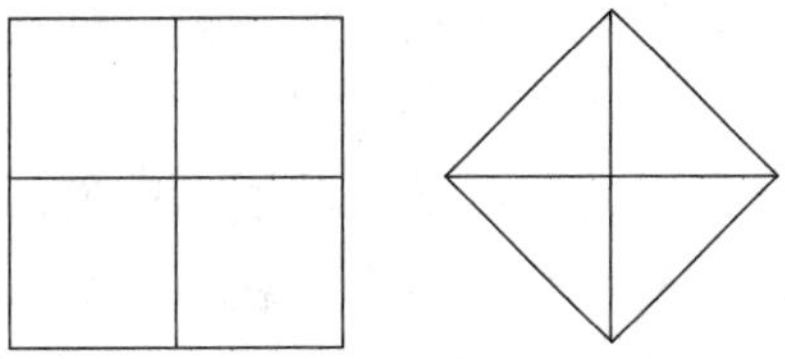

图9-7　四等分图形

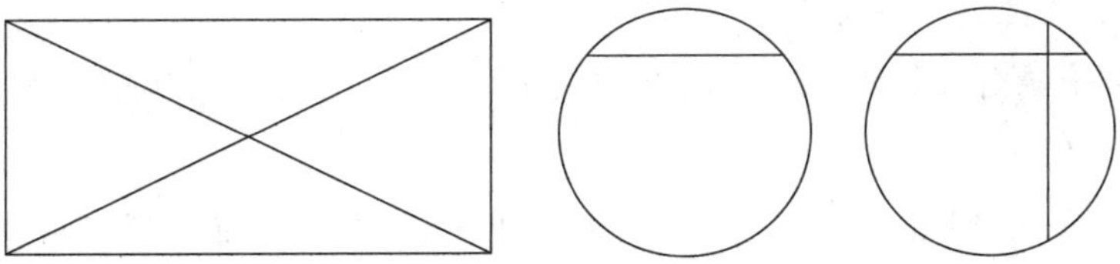

图9-8　既不是二等分图形也不是四等分图形

在操作学具进行等分学习的过程中，还应该强调注意节点，被等分的物体要匀称，不易碎裂，使用的等分工具（如小刀、剪刀等）要安全、卫生；等分教学中不介绍二分之一、四分之一的概念；等分过程中，要启发幼儿思考，鼓励幼儿想出新颖的分法。

【案例分析】

二等分（大班）

◇活动目标

1. 让幼儿尝试在操作过程中将一个物体分成两份，知道部分小于整体，整体大于部分。

2. 鼓励幼儿用目测、计量、数数、折叠等多种方法大胆去尝试、探索二等分的多种分法。

3. 引导幼儿大胆讲述操作过程和结果。

◇活动准备

1. 教具：天线宝宝两个、蛋糕一块、二等分图卡10张。

2. 学具：长方形纸、剪刀、尺、毛线、包装纸、彩带；吸管、圆片、三角形纸、正方形纸；硬币、蚕豆、雪花片、纽扣、小碗；量杯6个、天平、蛋糕、番茄、豆腐干、刀子、菜板、橡皮泥等。

◇活动过程

1. 幼儿将长方形纸进行二等分

（1）班上请来了两位小客人，看看是谁？他们还带来了好吃的蛋糕，可是只有一块蛋糕，两个人都想吃，怎么办？

（2）请一位幼儿动手试一试，有什么办法知道分好的两块蛋糕一样大呢？（重叠）

（3）教师小结：把蛋糕分成一样大的两份，这种方法叫二等分。想想蛋糕除了这样分，还有不一样的分法吗？每位小朋友面前都有一张像蛋糕一样的长方形纸，请你想出和别人不同的方法进行二等分。

（4）幼儿动手操作，展示分法。（边与边对折、对角折）请幼儿比较一下分出来的图形和原来的图形有什么变化？

（5）教师小结：小朋友们用了对边折、对角折对长方形纸进行了二等分，把它分成了两个一样大的图形。

2. 幼儿分组操作，尝试用多种方法进行二等分

(1)天线宝宝邀请你们到宝宝乐园去参观，愿意吗？参观时小朋友应不推不挤，有秩序地参观，看看乐园里有什么？教师介绍各种材料，请小朋友帮忙把里面的东西进行二等分。

(2)幼儿自由操作，教师重点指导天平称量、实物分析法等。

第一组：圆片、三角形纸、正方形纸、剪刀、吸管。

第二组：毛线、彩带、尺、剪刀。

第三组：硬币、蚕豆、雪花片等。

第四组：量杯、水。

第五组：天平、橡皮泥、蛋糕、番茄、豆腐干、刀子、菜板。

3. 幼儿讲述操作过程、方法

(1)小朋友分过很多东西，请你想一想你分了什么？怎么分的？

(2)幼儿讲述各种分法，教师引导幼儿联系生活回忆在什么时候用过目测、数数法。

(3)教师小结。

小朋友在乐园里用了目测法、折叠法、计量法、数数法等对乐园里的东西进行了二等分。

4. 游戏“看谁说得对”

天线宝宝想和你们做游戏，请你们看图说说它是不是二等分？比一比谁说得又对又快！

5. 延伸活动

生活中除了进行过二等分，还可以分成几份？以后我们还会继续学习四等分、五等分……

活动评析

教师事先应将天平调试好，在幼儿操作天平称量物体时，教师重点观察、指导幼儿称量物体，要使天平保持平衡。如果幼儿在操作中对乐园里的物品进行了四等分，教师可请该幼儿说说自己的分法，鼓励幼儿的创新，自然引入四等分。

【案例分析】

图形拼拼乐(小班)[①]

◇设计思路

我班幼儿对圆形、三角形、正方形以及长方形已有一定的认识,但用图形拼图这一创造性的活动,我们还从未尝试过,所以我想通过这次活动在巩固对圆形、三角形、正方形、长方形等认识的基础上,让幼儿尝试自由选择这些图形来拼出各种不同的图案,培养孩子们动手操作的能力和思维能力,同时体验图形组合变化的乐趣。

◇活动目标

1.培养幼儿动手操作能力和思维能力,体验图形组合变化的乐趣。

2.巩固幼儿对圆形、三角形、正方形以及长方形的认识,能让幼儿根据图形名称取出图形并能按一一对应的关系放置。

3.让幼儿能自由选择图形拼出各种不同的图案。

◇活动重点、难点

1.重点:巩固对圆形、三角形、正方形以及长方形的认识。

2.难点:能自由选择图形,拼出各种不同的图案并说出自己拼的是什么。

◇活动准备

1.场地布置:挖出圆形、三角形、正方形、长方形等图形的小路,填充小路的圆形、三角形、正方形、长方形共10个。

2.小兔头套一个,简单的图形拼贴画3张。

3.各种图形(圆形、三角形、正方形、长方形若干)每人一份,白纸每人一张。

◇活动过程

一、以情境式"小白兔在森林博物馆开画展"导入活动

教师戴上小兔头套扮演小白兔:小朋友们,你们看,我是谁?(小白兔)对,今天小白兔我要在森林博物馆开画展,你们想不想去看呀?

---

① 赵振国.学前儿童数学教育[M].郑州:郑州大学出版社,2014.

二、铺路

指导语:哎呀,小白兔忘记了,去森林博物馆的路还没铺好呢,你们愿意帮我先把路铺好吗?(愿意)小朋友们都愿意帮助我,真是太感谢你们了! 那我们先去看看吧! 哦,原来这条路是由各种图形拼成的。那小朋友们能告诉我,这里都有些什么图形呢?(圆形、三角形、正方形、长方形)

1. 介绍铺路规则:对了,我在这边也准备好了铺路的材料,它们是跟路上一样大的圆形、三角形、正方形、长方形宝宝。待会儿我会请每个小朋友帮我在路上铺上一块图形宝宝。假如,我请你拿一块三角形来铺路,那么你应该怎么办?(选出一个三角形放置在相应的图形里)———教师边说边示范。

2. 帮小白兔铺路:依次请每位小朋友根据图形名称选择图形,并按一一对应的关系放置。

教师:耶,好了,我们的路终于铺好了! 真是辛苦小朋友们了,小白兔请小朋友坐下来休息一下吧。

三、看画展

1. 说出都有什么画

教师:好了,现在我们可以来欣赏我的画展了。你们看,我都画了些什么画呀?(一张一张出示)

2. 依次问:这画的是什么? 它是由什么图形拼成的?(引导幼儿完整回答"这是由××和××拼成的")

四、幼儿操作:拼画

1. 指导语:小朋友们真能干! 可是小白兔现在又碰到了难题了。刚才来看我的画展的游客都说我的画太少了,我还有这么多的画板是空的呢。你们愿不愿意帮我再拼一些图画展示在这个画板上呢?

2. 图形拼画:幼儿自由创作拼图。(幼儿操作,教师从旁指导。)

3. 请先拼完的幼儿告诉老师"你拼的是什么? 它是由哪些图形拼成的?"

五、活动结束,交代活动延伸

"小朋友们今天可真能干,帮助小白兔用圆形、三角形、正方形、长方形铺好了路,还用它们拼出了那么多漂亮的图画。这些图形宝宝真有用,小白兔现在还想告诉你们一个小秘密:我们生活中其实有很多这样的图形,现在我们走小路回去找找哪些地方还可以找到圆形、三角形、正方形和长方形宝宝呢。走了!"

拓展阅读

“数学园地”中学具材料的投放——玩转图形片

一、几何图形片的功能

1.认识各种几何形状(正方形、长方形、圆形、椭圆形、梯形、半圆形、三角形共7种图形)。

2.根据图形片形状的不同,进行分类活动。

3.将图形片组合拼搭,理解物体的部分与整体的关系。

二、活动说明

游戏材料名称	材料投放	操作提示
分饼干	图形片一套(7种图形,每种图形片大小不一样),分类餐盘7个。	幼儿可以进行分类活动。
布置新家	图形片一套(7种图形,每种图形片大小不一样),提供一些实物的矢量图图片。	幼儿自由拼搭电器、家具、生活用品等。老师可以变换实物图片,让幼儿练习不同物体的拼搭。
数图形	用图形片拼搭好各种物体,拍成照片若干。记录纸若干,笔一支,夹子若干。	数一数每个物体用了哪些图形片,各几块?
找影子	图形片一套(7种图形,每种图形片大小不一样),图形影子板若干。	幼儿根据图形影子板寻找相应的图形片。
贴墙砖	房子底板若干,图形片若干(缺少圆形,大长方形等)	幼儿给房子的外墙拼贴墙砖,在拼搭中解决图形缺少的问题。

三、幼儿操作情况

1.生活经验积累

(1)对于正方形、长方形、圆形、椭圆形、梯形、半圆形、三角形7种图形的特征的基本了解。

(2)幼儿拼搭物体能力逐渐提高,拼搭的物体更为复杂,使用的图形片块数和种类增加了。

2.出现的问题

(1)对于图形的命名还不清楚,尤其是梯形、椭圆形的命名错误率较高。

(2)在拼搭物体时,对于图形的部分与整体的关系难以理解,例如缺少了大圆形,不会使用两个半圆形进行拼搭，而是用小圆形替代，或者干脆空着不拼搭。

（彭浦实验幼儿园　徐萍）

思考与练习

1. 制作一件认识几何形体的教玩具，设计该教玩具的游戏活动，并投放到区域活动中，观察、记录幼儿应用该教玩具的游戏，与幼儿一起改进不合适的构造或玩法。

2. 以绘本如《好饿的小蛇》《别跑，球》或一套几何形体玩具为例，设计一则幼儿认识几何形体的集体教学活动或区域游戏活动。

【考查要点】

学前儿童几何形体概念的发展与教育的内容在历年的考试中题型多以选择题为主，考试内容主要是几何形体概念的基本知识。测试考生综合分析问题与解决问题能力的题目常以材料分析题出现。因此，作为一名幼儿教师，需要在理解幼儿感知几何形体概念的心理特点的基础上，运用适当的教学策略，引导幼儿掌握几何形体的相关知识。

【真题解析】

1.（2016年上半年）下列选项中与“三角形—几何形体”逻辑关系相同的是（　　）。

A. 矩形—椭圆形　B. 菱形—六边形　C. 圆形—三角形　D. 梯形—四边形

【解析】D。题目中“三角形—几何形体”的逻辑关系是内包含的关系，矩形—椭圆形、菱形—六边形、圆形—三角形这三者都是平行关系，只有D选项的梯形—四边形是内包含关系，梯形是属于四边形的，因此D选项正确。

2.（2017年上半年）下列几何图形对幼儿来说最容易辨别的是（　　）。

A. 长方形　B. 三角形　C. 梯形　D. 半圆形

【解析】D。很小的婴儿已经能够辨别不同的形状。研究表明，幼儿对不同几何图形的辨别有程度上的差异，由易到难的顺序是：圆形—正方形—三角形—长方形—椭圆形-梯形等。

3.（2018年上半年）按照给出图形的逻辑特点，下列选项中，填入空白处最恰当的是（　　）。

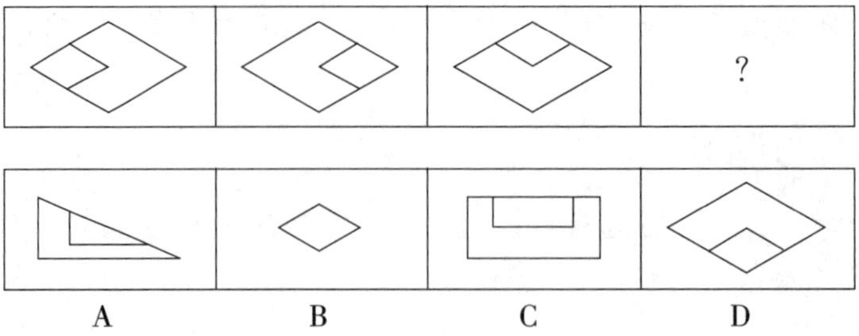

【解析】D。根据题目所给的图形逻辑特点，四边形里面的小正菱的位置顺序是左—右—上，那下一个小菱形的位置应该是对称关系，显而易见应该是下，根据选项只有D选项是符合的，因此答案为D。

【真题解析】

一、选择题

1. 按照皮亚杰的观点，2~4岁儿童几何形体的知觉发展处于(　　)。

A. 不能分辨开放图形和封闭图形阶段

B. 能分辨开放图形和封闭图形，但不能分辨欧式图形阶段

C. 能辨认欧式图形阶段

D. 能辨识直线形成的封闭图形阶段

2. 认识立体图形由易到难的顺序是(　　)。

A. 球体—正方体—圆柱体—长方体—圆锥体

B. 球体—正方体—长方体—圆柱体—圆锥体

C. 球体—正方体—长方体—圆锥体—圆柱体

D. 球体—圆柱体—正方体—长方体—圆锥体

3. 下列关于幼儿认识几何形体的特点说法不正确的是(　　)。

A. 幼儿认识几何形体要经历一个由粗略到精细的过程

B. 幼儿认识几何形体不容易受他们生活经验的影响

C. 平面图形和立体图形容易混淆。幼儿开始只能认识具体的事物，没有抽象的图形概念，分不清几何图形和具体的物体

D. 认识几何图形容易受到摆放位置的影响

4. 下列关于中班幼儿几何形体概念发展的年龄特点说法不正确的是(　　)。

A. 能做到图形守恒　　B. 能做到图形的转换

C. 能做到图形的拼搭活动　　D. 能做到图形的组合

5. 下列关于学前儿童平面图形的活动指导要点说法不正确的是(　　)。

A.让幼儿只通过视觉初步认识图形

B.运用重叠比较法认识图形

C.通过对图形的分割和拼合活动,认识图形之间的关系

D.提供丰富多样的几何图形教具,运用多种操作活动

二、活动设计题

大班教室里收集了纸板箱、鞋盒、牙膏盒、药品盒等数量众多的盒子,这些大大小小的盒子吸引了幼儿。请为该大班教师设计一个大班的数学活动,从而促进幼儿的发展。要求写出活动的名称、目标、准备以及主要的活动环节。

【思考实训】

1.从以下幼儿认识几何形体的学习内容中选择2个,设计教育活动方案,以小组为单位进行模拟实践。①认识圆形、三角形或正方形;②认识长方形、椭圆形或梯形;③平面图形的分类活动;④认识球体、正方体或长方体;⑤等分活动。

2.4~5人组成小组,从学校走到附近的一个幼儿园,在路上,注意观察经过的公交车站牌、建筑物、广告牌以及不同树木的形状,然后进入幼儿园观察记录小、中、大班有关几何形体的集中教学活动和区域材料投放等。返校后交流、讨论生活中蕴含的幼儿认识几何形体的教育元素及其运用。思考幼儿教师设计幼儿认识几何形体活动和材料的适宜性,并提出改进意见。

【推荐阅读】

[1]莎莉·穆莫,布伦达·耶柔米.数学不仅是数数——基于标准的幼儿数学教学活动[M].侯宇岚,陈芳,译.南京:南京师范大学出版社,2013.

[2]王明英.大连市3~6岁幼儿几何形体认知发展特点研究[D].大连:辽宁师范大学,2014.

第 10 章

学前儿童空间方位概念的发展与教育

小芳老师是刚刚参加工作的新老师，在某幼儿园小班做配班老师。这天早晨，她和班主任老师带着小二班的小朋友到操场做早操。班主任老师让她锻炼一下学习带操，小芳老师自己也想试一试。这时，音乐响起，小芳老师精神抖擞面对面地站在了孩子的前面。可是做着做着，她发现自己班的小朋友动作有些奇怪，跟其他班幼儿的动作都相反。她突然想起读幼师时老师讲的带操时要用“镜面法”，即要求幼儿出左手左脚时，站在幼儿对面的教师必须出右手右脚。意识到自己失误后，小芳老师赶快调整了自己的动作，小二班幼儿的动作也马上变得正常起来了。[①]这个案例中小芳老师带操为什么要用“镜面法”呢？这表明小班幼儿在认识空间方位时，不能从客体为中心的角度辨别空间方位，小班幼儿并不知道小芳老师的左边是他们的右边。那幼儿认识空间方位有什么特点呢？大、中、小各年龄班教育要求又是什么呢？教师如何用恰当的方法引导幼儿认识空间方位？让我们带着这个问题开启本章内容的学习。

① 周燕.学前儿童数学教育与活动指导[M].长沙：湖南大学出版社，2015.

【学习目标】

1. 知识目标：理解学前儿童空间方位认知的发展特点，掌握学前儿童的空间方位教育活动的要求、内容和设计要点。

2. 技能目标：能根据学前儿童学习空间方位的目标与内容，选择适宜的教育途径和方法，设计学前儿童空间方位教育活动。

3. 情感态度目标：喜欢设计与组织幼儿园空间方位的教育活动。

【学习重难点】

重点：掌握幼儿园空间方位概念的基本知识。

难点：会根据幼儿园数学教育的目标与内容，选择适宜的教育途径和方法设计幼儿园空间方位教育活动。

【知识结构图】

- 学前儿童空间方位概念的发展与教育
  - 学前儿童空间方位概念的发展
    - 空间方位的基本特征
    - 学前儿童空间方位概念发展的年龄特点
    - 学前儿童空间方位概念发展的一般过程
    - 学前儿童空间方位概念的发展规律
  - 学前儿童空间方位概念的教育
    - 学前儿童空间方位概念的教育要求
    - 学前儿童空间方位概念的教育指导要点

第一节
学前儿童空间方位概念的发展

空间是客观物质的存在形式,任何物质都存在于一定的空间之中,并且和周围的其他物体存在着空间上的相互位置关系,也就是空间方位关系,一般用上下、前后、左右等词语表示。可见,空间方位是一个关系概念,位置和方向是空间范畴中的重要概念,也是两个有密切联系的概念,位置是占有一定空间的点、线、面、体,而方向是面对的某一位置。空间关系,一般地讲,是指某一物体(或该物体的动作或特征)同另一物体即参照物在空间上的相互位置关系,要确定位置的这个物体是焦点物,也叫目的物或目标物,为了说明该物体位置而参照的那个物体是参照物。①

一、空间方位的基本特征

(一)相对性

我们生活的周围空间是向纵、横、深三个方向扩展的,空间坐标系按照纵、横、深三个扩展方向形成的三对相对应的基本方向,分别表示为前后、左右和上下三对方向的位置。它们都是相对的方向位置概念,上是对下而言,前是对后而言,左是对右而言。物体位置的空间方位是相对而言的,辨别物体的空间方位通常需要有参照物(基准),幼儿期认识空间方位是从以自身为中心逐步过渡到以其他物体为中心。因此,参照物的选择一般都是自己,然后逐渐过渡到以其他物体为参照物。如图10-1,男孩以自己为参照物,那女孩在男孩的左边。相对而言,则男孩在女孩的右边。以地面为参照物,那女孩则在地面的上面,相对而言,地面在女孩的下面。所以,选择不同的参照那物,其位置是不一样的,位置与选择的参照物密切相关,且具有相对性。

① 赵振国.学前儿童数学教育[M].郑州:郑州大学出版社,2014.

图 10-1　相对性

(二)可变性

“上下、前后、左右”都是相对位置,即它们会随观察者视角的变化而变化。物体的空间位置关系的可变性主要是由于物体位置辨别中的参照体系是可变的,参照物的变化就会造成所考察的目标物的位置关系的变化。如下图 10-2,小刚、小丽、小婷三人并排在草地上坐着。小刚在小丽的右边,小丽在小婷的右边;小婷在小丽的左边,小丽在小刚的左边。

图 10-2　以小刚为参照物

(三)连续性

空间方位的连续性指的是空间方位从上到下、从前到后、从左到右等的区域是连续的,不能截然分开。

可变性、相对性和连续性所反映的物体空间位置关系的基本特性是一致的。

思考与练习

给幼儿一张花园图片和一只小蝴蝶。花园里有草地、小河、树林、鲜花、蝴蝶、蜻蜓等,幼儿可以拿着小蝴蝶飞舞。

第一步,教师示范,我的小蝴蝶飞呀、飞呀,飞到远处的花丛里,飞到了黄蝴蝶的右边。

第二步,两个幼儿一组,轮流做动作和描述语言,看自己的小蝴蝶飞到了哪里。

第三步,教师观察幼儿的活动,注意总结幼儿用到的方位词。

二、学前儿童空间方位概念发展的年龄特点

3~6岁学前儿童认识空间方位概念的年龄特点具体体现如下：

（一）3~4岁

能辨别上下，开始学习辨别前后。当一个3~4岁的幼儿站在灯和桌子的中间时，如果问他（她）“灯在你的上面还是下面？”“桌子在你的上面还是下面？”通常会发现，3岁左右的幼儿对这些问题能够做出正确的回答，这表明3岁左右的幼儿能够较好地辨别上下方位，但这一年龄段的幼儿所理解的空间方位的区域十分有限，仅局限于直接感知的范围内，如自己的身体部位、紧挨自己且正对自己的物体。而对离得相对较远的，自身斜前方、斜后方或者左右方位的物体不能进行辨认。比如，问一个3岁多的幼儿，位于其右前方45度区域内的物体是在前面还是在后面时，往往幼儿会说在前面靠旁边一点。

（二）4~5岁

4~5儿童的空间概念快速发展，能够理解上下、前后，并且开始学习以自身为中心辨别左右。研究表明，4岁幼儿已经能够很好地辨别前后方位，主要体现在：这一阶段的幼儿不仅能够辨别在自身正前方或是正后方的物体，而且对于处在自身斜前方和斜后方的物体也能进行辨认。比如有一个物体在幼儿右前方50度的区域内，问幼儿“这一物体是在前方还是在后方”，4岁的幼儿基本都能正确地回答出在前方。随着年龄的增长，幼儿在空间方位区分的范围上有了较大进步，区分前后区域的面积有所扩大，沿着某一方向的距离有所增加，能够辨别离身体比较远的物体和稍微偏离上下、前后、左右方向的物体的方位。

（三）5~6岁

从具体方位知觉上升到方位概念需经历较长的时间，5岁幼儿开始以自身为中心辨别左右方位，6岁幼儿已经能够完全正确地辨别上下、前后四个方位，但以客体为中心的辨别左右的能力尚未完善。有学者认为，5岁左右幼儿概念发展要经历三个阶段：第一阶段，能比较固定地辨别自己的左右方位；第二阶段，初步、具体地掌握左右方位的相对性；第三阶段，能比较灵活地、概念地掌握左右概念。同时，他们能够把空间分为两个区域；还能把其中一个区域再分成两部分。例如，他们把一个区域分成左、右两个区域，则又可以把它们分成左前、左后和右前、右后。这个阶段的幼儿不但能够掌握上下、前后、左右空间方位，而且在教学的影响下，对空间位置定向的相对性、可变现、连续性也有了一定程度的理解。

思考与练习

1. 学前儿童空间方位概念发展的年龄特点是什么？

2. 根据大班幼儿空间方位概念发展的年龄特点，设计一则引导幼儿以客体为中心认识左右的教育活动方案。

三、学前儿童空间方位概念发展的一般过程①

儿童对空间方位的知觉是建立在对周围环境和物体的“客体永久性”意识的基础上的，儿童最早的空间意识离不开感觉运动的协调，随着动作的进一步发展，学前儿童对空间方位的辨别和认识也有了进一步的发展。幼儿认识空间方位的一般过程如下：

（一）先理解上下，再理解前后，最后理解左右

幼儿对空间基本方位的认识和判断由易到难的顺序是：上下→前后→左右，这是由方位本身的复杂程度所决定的。上下方位是以“天地”为基准，是永恒不变的，即不会因为位置或者方向的改变而发生改变，因此，幼儿比较容易辨认。而前后、左右方位具有方向性和相对性，会随着幼儿自身的位置的改变而发生变化。例如，某个物体本来在幼儿的前面，当幼儿转过身去，这个物体又会在幼儿的后面。相对于前后方位而言，幼儿对于左右方位的理解则更加困难，因为左右方位概念不仅包含着幼儿对自身左右方位的判定，还包括了幼儿对客体的左右方位概念的判定，即左右方位的相对性。皮亚杰和朱智贤都曾对幼儿左右方位概念的发展做过实验，虽然两位学者对于这种发展阶段的分析角度有所差别，但是他们都是从思维的角度出发得到了相同的结论，即思维的局限性是幼儿左右方位概念发展的重要影响因素。②研究者们一致认为，幼儿3岁能辨别上下，4岁能辨别前后，5岁以后是理解左右概念的发展期。

（二）从以自身为参照到以客体为参照逐渐过渡

人们平时在判断空间方位时，实际上会采用两种参照系：一是以主体（自身）为参照，判断客体相对于主体的空间位置关系；另一种是以客体为参照，判断客体相互之间的空间位置关系。幼儿在辨别空间方位的过程中要经历从以自身为中心逐步过渡到以客体（其他的人或事物）为中心的定向过程。幼儿辨别空间方位，首先是从自身开始并以自身为坐标来辨别周围客体的方位，离开了自身这个中心点，幼儿就难以辨别方位。在辨别空间方位的过程中，幼儿首先学会的是辨别自己身体部位的方位，如上面是头，下面是脚，前面是胸，后面是背等。儿童对“自己身体模式”的认识是他按基本空间方向掌握语

① 周燕. 学前儿童数学教育与活动指导[M]. 长沙：湖南大学出版社，2015.

② 魏晓虹. 幼儿空间方位概念的发展：从“自我中心”到“客体中心”的有效过渡[J]. 教育导刊，2013(11)：21-24.

言辨别体系的基础，这就决定了儿童在最初阶段确定物体的空间关系时要直接触摸物体，儿童把“自己身体模式”转移到他要识别的客体上去。幼儿将不同方位与自己身体的某些部位相联系，在此基础上，幼儿再以自身为中心确定相对于自己的客体所处的方位。比如“小明在我后面，红红在我前面”，在这里幼儿判别的是客体的方位，但它是以幼儿自身为出发点，确定的是自身与客体的位置关系。因此，这种差别实质上仍属于以自身为中心的位置定向。

以客体为中心的定向，是从客体出发，以空间中的某一客体为参照物，确定其他目标客体与之形成的位置关系。如桌子的前面是黑板，桌子的后面是椅子。但由于幼儿思维具有自我中心状态，他们很难站在别人的立场上思考问题，因此这种客体中心定向能力(尤其是以客体为中心判断左右)在学前期是很不完善的。比如儿童逐步能以客体为中心判断上下、前后的方位，但以客体为中心的左右概念较为困难。此外，儿童在获取和理解空间方位概念的过程中，伴随着由自我中心向客体中心的转化过程，儿童对空间方位概念的理解也是从绝对性走向相对性的。儿童最初是以自我为中心认识事物之间看似绝对性的关系。但随着儿童能开始以客体为中心定向空间方位关系，儿童参照体系发生不断的变化，儿童会认识到空间方位关系是随参照物的改变而变化的，任何空间方位关系均是依据参照体系的建立而存在的。没有绝对的上下、前后、左右的空间关系。

(三)从近的区域范围扩展到远的区域范围

当幼儿以自己的身体为中心去确定相对于自己的个体所处的空间方位时.一开始往往局限在离自身近的(比较狭窄的空间内)或者是面向自己的客体。随着年龄的增长，幼儿对于空间位置的相对性、连续性的理解逐渐加强，较大的幼儿开始意识到并且辨别出离自身较远的上下、前后或者左右的空间方位。幼儿辨别空间方位的区域是随着他们年龄的增长而不断扩展的。3~4岁幼儿所理解的上下、前后和左右的区域十分有限。仅限于能直接感知的范围内，如自己身体的部位，离自己身体不太远且正对着自己身体的物体。物体必须是处在正对着自己身体的上下、前后和左右的狭窄的空间范围之内。对于稍微有些偏离的物体，幼儿就不能正确地辨别其方位了。譬如，问一个3岁多的幼儿，位于其右前方30度至45度区域内的物体的位置时，幼儿往往会说:“它不在前面，是靠旁边一点的。”中班的幼儿在区分前后区域的面积上有所扩大，而且开始以自身为中心判定左右的空间方位。5岁幼儿区分前后、左右区域的范围有所扩大，可以辨别离自己身体比较远的偏离上下、前后、左右方向物体的方位。幼儿辨别的空间方位，不仅是沿着某一方向距离的延长，而且是沿着某一方向区域的扩大，开始逐渐地将方位理解为一个连续统一的整体。到了大班，大多数幼儿对于上下、前后空间方位的区分是能够掌握的。例如，问一个5岁多的幼儿，位于其右后方45度左右区域内的物体的位置时，他就能比较准确地指出:“它在我的右后面。”

(四)理解空间表征的发展水平显著高于使用空间表征的发展水平

庞丽娟等人在对3~5岁儿童理解和使用空间表征特点的研究中发现,除了3岁儿童理解图画空间表征和使用图画空间表征的能力差异不显著外,在其他所有的任务中,无论是4岁还是5岁的幼儿,他们理解空间表征能力的发展水平显著高于使用空间表征能力的发展水平。他们分析认为,在儿童早期,儿童对现实空间关系的心理表征和空间表征符号之间似乎是一种单向连接的状态,他们能够理解已有的部分表征符号的含义,却无法提取和组织表征符号与他人进行空间信息的交流。这是因为在使用空间表征的任务中,儿童面对的不再是现有的表征符号,而是需要他们自己寻找和选择合适的表征符号以完成任务,这无疑增大了任务的难度。①

四、学前儿童空间方位概念的发展规律

学前儿童空间概念的发展,既表现为他们认识空间方位时明显的顺序性,也表现为他们辨别空间方位区域的扩展。

(一)上下→前后→左右

幼儿对空间基本方位的认识顺序是:上下→前后→左右。我国有学者关于2~6岁儿童对空间词汇掌握情况的研究表明,儿童在4岁时能基本掌握"上、下、里"三个方位词;5岁时除能掌握上述3个词外,还能掌握"前、后、中、外"4个方位词;儿童对于"左右"的掌握比较困难,有一部分儿童直到6岁还不能正确理解这两个方位词。和其他方位词相比,"左右"方位词表示的空间方位具有明显的相对性和灵活性,人们要确定左右方位必须首先确定前后方位。这个要在三四岁之后,儿童凭借日常生活经验(写字,拿勺、筷子等)区分了自己的左右手,并知道把左右手和左右方位联系起来,而且对左右方位的理解还只局限于自身的左右部位。之后到了四五岁,有些孩子甚至更晚一些,在形成一定的推理能力的基础上,儿童才开始摆脱这种限制,知道用自己左右手作为推算的出发点来理解左右方位。由此可见,儿童是在区分自己的左右手并形成一定的推理能力的基础上习得"左右"方位词的,而这又总是以前后方位的确定为基础的。

(二)近的区域→远的区域

幼儿辨别空间方位的区域范围是随着他们年龄的增长而不断扩展的。幼儿以自身为中心去确定相对于自己的客体所处的位置时,起初常常局限于离自身不远的,自己能直接感知到的范围内的。随着年龄的增长,儿童对空间方位的相对性、连续性关系的认识不断深入和发展,儿童逐渐能意识到并能辨别出离其身体较远的物体的上下、前后或

① 庞丽娟,等.3~5岁儿童理解和使用空间表征的特点[J].心理发展与教育,2008(04):1-7.

左右的空间方位关系。儿童对前后、左右的方位区域的范围逐步扩大,且能把每一个空间位置理解为两个有连续性的区域,比如前面可以分为前左和前右两个连续性的区域,右面也可以分为右前方和右后方两个连续性区域。这样就逐渐把空间方位理解为一个连续的统一的整体。

【案例分析】

猜猜我的东西在哪里——空间方位(中、大班)①

◇活动目标

1.理解以客体为中心的方位词表现的物体之间的关系。

2.能根据所提供的条件线索细心观察并寻找到物体所在的地点。

3.体验空间方位游戏的乐趣。

◇活动准备

1.选择一处有各种物体的活动场所。

2.编制一套有关物体方位线索的材料。例如,“从我这里看,1号东西在滑滑梯的后面,但又在爬网的前面。”“2号物体有一个绿色的身体,它在花坛的左边,藏在草丛中”等。

3.准备若干材料,例如,皮球、沙袋、可乐瓶等,红绸带数量为幼儿人数的一半。

◇活动过程

1.带领幼儿到事先选择好的地点,教师按物体编号顺序一一描述物体的方位线索。幼儿根据教师提供的线索前往搜索,找到教师所描述的物体。

2.让幼儿两两一组自由结伴,每组取一份材料(如一个皮球)和一根红绸带。其中一人将东西藏起来,要挥舞绸带指挥另一个人前往寻找。向前挥动表示要向前走,向后挥动表示要向后退,向下挥动表示已到了藏物地点。然后两人交换角色。

活动评析

中、大班的幼儿基本已经很好地掌握上下、前后等方位,但对左右方位的掌握还存在一定的困难,因此,在活动中,教师可以将左右方位的掌握作为本次活动的重点。

① 李玲.学前儿童数学教育[M].成都:西南交通大学出版社,2013.

第二节 学前儿童空间方位概念的教育

一、学前儿童空间方位概念的教育要求

针对大、中、小班各个年龄段的幼儿,其教育要求有所不同,一来是因为各个年龄段的幼儿的身心发展特点不同,要因材施教。二来是因为《幼儿园教育指导纲要(试行)》和《3—6岁儿童学习与发展指南》等国家政策性文件对大、中、小各个年龄段的幼儿的教育要求不同。

(一)小班

(1)能区分并说出以自身为中心的上下方位,包括自己身体部位的上下位置,在自己上面的物体和在自己下面的物体等。

(2)认识并说出近处两个物体之间明显的上下关系,说出什么在什么的上面,什么在什么的下面等。

(3)能感知物体基本的空间位置与方位,理解上下、前后、里外等方位词。

(二)中班

(1)能区分并说出以自身为中心的前后方位,包括自己身体部位的前后位置,在自身身体前面和后面物体的位置。

(2)能区分并说出物体与物体之间的上下、前后位置关系。

(3)能按指定的上下、前后方向运动,如向上、向下、向前、向后等。

(4)能适应上下、前后、里外、中间、旁边等方位词描述物体的位置和运动方向。

(三)大班

(1)能区分并说出自己的左手和右手,根据自己的身体判断自己与物体的左右关系。

(2)学习辨别物体与物体之间的左右位置关系。

(3)学习向左或向右方向的运动。

二、学前儿童空间方位概念的教育指导要点

(一)充分利用儿童的身体和身体的动作,帮助儿童理解空间方位词的意义

正确地理解和运用方位词是认识空间方位关系的前提。而儿童认识空间方位是以自己的身体为出发点,并在实际的动作中试验、理解自己与物体之间、物体与物体之间的空间关系。儿童对自己身体有关部位的意识和直接的自我感知可以帮助儿童理解"上下""前后""左右"等方位词的意义。儿童将身体的部位与有关方位词联系起来,使词的获得及其意义的理解建立在直接感知的基础上。儿童通过移动物体或自身躯体的运动,可以在实际行动中探索空间关系。如先认识头在上,脚在下,脸在前,背在后等,然后让儿童对自身或物体施加向前、向后、向左、向右等趋向性的运动,从而进一步探索和理解空间方位词汇所表征的空间方位关系。

(二)利用儿童的实际生活情境和经验,让儿童在日常生活情境中体验和理解空间方位关系

儿童在日常生活中随时随处都可以接触到空间关系,如上下楼梯、排队、吃饭时左右手的使用、日常用具的摆放、搭积木等。儿童的空间经验是在其生活和游戏中不断丰富和发展的。教师在教学中应该利用儿童的实际生活情境,让儿童在日常生活中体验和理解空间方位关系。如让儿童观察生活情境中的事物之间的空间关系,也可以让儿童在生活情境中拿取和放置某些物品,从而体验和理解空间方位词汇。教师在教学中也要利用与空间关系有关的游戏来丰富和拓展儿童的经验。如组织儿童玩"给娃娃布置房间""捉迷藏""寻宝"等游戏活动,让儿童在游戏中体验空间方位关系。

(三)鼓励儿童观察、比较、预测、寻找和描述物体之间的空间关系,形成向客体中心的转移

儿童对空间概念的理解不是通过教师的讲解和传授形成的,而是通过对物体之间关系进行主动探索的结果,是他们在实际的观察、比较、预测、寻找和描述的过程中,不断解决认知冲突,克服"自我中心",从而学习从他人的角度去思考问题的结果。因此,在教学过程中,教师要尽可能为儿童提供观察、比较和描述物体之间空间关系的机会,并鼓励儿童大胆预测,通过具体的操作验证自己的预测。这样儿童可以在一系列具体的观察、比较等操作活动中不断形成认知冲突、解决认知冲突,逐渐形成向客体中心的转移。

【案例分析】

上、下的辨识(中班)

◇活动目标

1. 认识物体与物体之间的空间位置关系。
2. 能够说出什么在什么上面,什么在什么的下面。

◇活动准备

1. 球、苹果、玩具狗各一个。
2. 各种玩具若干。

◇活动过程

(一)导入:引导幼儿观察

"小朋友们,今天我带来了几位好朋友到我们班做客,想和小朋友们一起做游戏,你们看这是谁啊?(教师出示篮球一个)。还有一位好朋友和小朋友们捉迷藏呢! 我们一起来找找看它在哪啊? 到底是谁? 咦! 找到了,原来它藏在书的下面啊! 快出来跟我们的小朋友打个招呼吧!""小朋友们,你们好! 我是你们最喜欢吃的苹果,很高兴和小朋友们一起玩。"

(二)互动游戏,初步引导幼儿辨别山下

1. 教师:"哎哟! 是谁咬我呀?""原来是小狗啊! 你也想跟我们小朋友玩游戏么?"

出示玩具狗,以小狗的口吻说:"小朋友们好,我的名字叫汪汪,想跟你们玩一个游戏。"教师说:"汪汪狗你想跟我们小朋友玩什么游戏啊?"教师和汪汪狗说悄悄话:"我知道了,好的。"

2. 汪汪狗想请小朋友们闭上你们的小眼睛,然后汪汪狗会躲起来,当你们听到"汪、汪、汪"的时候就可以睁开眼睛把汪汪狗找出来,并说出你们是在哪儿找到的。

3. 游戏中教师要引导孩子说出"什么在什么的上面,什么在什么的下面"。

4. 游戏结束后及时对幼儿进行表扬。

(三)利用游戏巩固上下的空间位置关系

1. 小朋友们玩得开心么? 球宝宝、小苹果、汪汪狗还给你们带来了小礼物,有小汽车、花篮、洋娃娃、铅笔、灯笼等,它们也在和你们玩捉迷藏的游戏,那现在我们一起把它们找出来吧!

2. 用欢快的背景音乐激发幼儿的游戏兴趣。

3. 教师要适当引导幼儿：我们可以在桌子上找找，到椅子下面看看……幼儿找到后请幼儿说出是在哪里找到的，引导幼儿能够说出：小汽车在桌子的下面、铅笔在书的上面……

“小朋友们，你们真棒，将所有的礼物都找到了，而且还能说出它们藏在什么地方，我们为自己鼓鼓掌吧！”

活动评析

本次活动主要运用了发现、讨论、操作、对比等教学方法，引导幼儿在找一找、说一说、想一想、做一做中进行探索，通过游戏这一重要的学习形式让幼儿了解上下空间的方位，培养幼儿探索发现的兴趣；引导幼儿积极地与老师、同伴交流，探讨问题，并让幼儿体验成功的喜悦。幼儿能够很好地掌握物体与物体之间的位置关系，也能说出“什么在什么的上面或下面”，初步理解物体间的空间方位。但是有一小部分幼儿需要在教师的指导下才能说出“什么在什么的上面或下面”，需要课后加以辅助练习。

思考与练习

1. 运用学前儿童空间方位的知识，谈谈怎样组织和指导幼儿的建构区活动。

2. 以绘本如《母鸡萝丝去散步》为例，设计一则幼儿认识空间方位的集体教学活动或区域游戏活动。

拓展阅读

张晓霞(2013)针对4~5岁的幼儿，考察其积木建构水平以及几何空间能力发展的特点，并探讨两者之间的关系。结果表明，4~5岁幼儿的积木建构游戏发展水平从简单的二维结构逐渐过渡到三维初级结构，并且没有显著的性别差异；4~5岁幼儿的几何空间能力处于中等偏上水平，存在显著的性别差异。其中，在幼儿的空间图形及方位识别能力测试中，女孩的得分高于男孩；4~5岁幼儿积木构建水平等级不同，其几何空间能力得分存在显著差异，说明积木建构水平与几何空间能力存在一定关系；在提升积木构建水平后，所有的4~5岁幼儿几何空间能力后测得分显著高于前测得分。积木建构水平的提升与其几何空间能力的提升存在显著正相关,这说明通过提升积木建构水平可以促进幼儿几何空间能力的发展。研究者认为,根据这一实验结果,在幼儿的几何空间学习过程中,应当重视幼儿园的积木区,结合积木建构游戏,将绘本情境搭建方式融入教学中,以帮助幼儿更好地掌握空间方位的知识。①学前儿童“空间方位”核心经验表明,教师要帮助幼儿提高空间方位的认知能力,首先要让幼儿感知和了解生活中的空间方位,鼓励幼儿在生活中去发现和比较物体不同的位置、方向和距离;其次要引导幼儿学会用正确的语言描述和表征空间方位;再次要扩展对幼儿空间方位概念学习和发展的认识。对于幼儿来说,初步辨认一些空间方位,不仅有利于其空间知觉的发展,也有利于增进其处理日常生活问题的能力。

朱煜(2018)以“开往春天的小汽车”手工制作为例,设计了一个手工制作主题活动,活动中渗透空间方位辨识的知识点,重在考查小班幼儿对空间方位的认知能力。从不同颜色、不同大小的汽车轮子的选择到最终完成小汽车,探讨了小班幼儿空间方位的认知水平和认知特点,对提升幼儿空间方位认知能力也做出如下思考:(1)将幼儿对空间方位的感知“融合”于各领域学习中;(2)将幼儿对空间方位的辨别“渗透”于有趣的游戏中;(3)将幼儿对空间方位的体验“巩固”于生活的情境中。②

【考查要点】

学前儿童空间方位概念的发展与教育的内容在历年的考试中题型大多以选择题为主,考试内容涉及幼儿认识空间方位的教育方法等方面,因此作为一名幼儿教师,需要在理解幼儿学习空间方位的心理特点的基础上,运用适当的教学策略,让幼儿掌握空间方位的相关知识。

【真题解析】

1.(2013年下半年选择题)由于幼儿是以自我为中心辨别左右方向的,幼儿教师在动作示范时应该(　　)。

A.背对幼儿,采用镜面示范　　B.面对幼儿,采用镜面示范

C.面对幼儿,采用正常示范　　D.背对幼儿,采用正常示范

①张晓霞.4~5岁幼儿积木建构水平的提升及其对几何空间能力发展的影响[D].北京:首都师范大学,2013.

②朱煜.核心经验视角下提升幼儿空间方位认知能力的思考——以“开往春天的小汽车”手工制作为例[J].中国校外教育,2018(15):135-136.

【解析】B。“镜面示范”指幼儿教师指导幼儿学习舞蹈、体操等动作时，面对幼儿做示范动作，涉及左右方位的动作时需要和幼儿学做的动作正好相反，如同照镜子做出的动作一样。

【真题模拟】

1.下列关于学前儿童空间方位概念发展的一般过程的描述错误的是(　　)。

A.先理解上下，再理解前后，最后理解左右

B.从以自身为参照到以客体为参照逐渐过渡

C.理解空间表征的发展水平显著低于使用空间表征的发展水平

D.从近的区域范围扩展到远的区域范围

2.下列学前儿童空间方位概念的教育要求不属于中班的是(　　)。

A.能区分并说出自己的左手和右手，根据自己的身体判断自己与物体的左右关系

B.能区分并说出以自身为中心的前后方位，包括自己身体部位的前后位置，在自身身体前面和后面物体的位置

C.能区分并说出物体与物体之间的上下、前后位置关系

D.能按指定的上下、前后方向运动，如向上、向下、向前、向后等

3.下列不属于空间方位的基本特征的是(　　)。

A.可变性　　B.相对性　　C.连续性　　D.顺序性

4.下列哪个年龄段的幼儿能辨别上下，开始学习辨别前后，但不能辨别左右(　　)。

A.3~4岁　　B.4~5岁　　C.5~6岁　　D.6~7岁

5.“小明在小刚的左边，则小刚在小明的右边”这句话说明空间方位具有的特征是(　　)。

A.可变性　　B.相对性　　C.连续性　　D.相互性

【思考实训】

1.根据幼儿空间方位概念的教育内容和要求，结合幼儿空间方位概念的发展特点，设计如下教育活动，并进行模拟实践。①感知上、中、下(小班)；②学习前后关系(中班)；③学习左右关系(大班)。

2.到附近幼儿园见习，了解幼儿空间方位概念教育活动的计划与安排，并做整理和评析。

【推荐阅读】

[1]张晓霞.4~5岁幼儿积木建构水平的提升及其对几何空间能力发展的影响[D].北京:首都师范大学,2013.

[2]朱煜.核心经验视角下提升幼儿空间方位认知能力的思考——以“开往春天的小汽车”手工制作为例[J].中国校外教育,2018(15):135-136.

第 11 章

学前儿童数学教育活动评价

幼儿园放学的时候，颜颜告诉自己的妈妈，今天老师在教小朋友们有关时间内容的时候，提到了“一天”，颜颜就想到了今天早上吃了蛋糕。老师则认为她满脑子都想到了吃东西，没有花心思在学习上。可是颜颜坚持认为一天里是包含了她吃蛋糕的事情，受到老师和同学们的嘲笑，颜颜今天在学校过得很沮丧。

这个案例里颜颜的反应恰好说明了儿童对时间的认识离不开感知经验。尤其是对年龄小的儿童来说，对时间的感知离不开他们的生活。颜颜的老师忽视了学前儿童认识时间概念的一般规律，即儿童在感知时间的时候容易被实际生活经验所影响。那么，作为教师，在对学前儿童数学教育活动进行评价时，需要掌握哪些评价标准和评价内容呢？让我们带着这些问题开启本章内容的学习。

【学习目标】

1. 知识目标：理解学前儿童数学教育评价的基本理论；掌握学前儿童数学教育评价的内容和方法；了解学前儿童数学教育评价的研究趋势。

2. 技能目标：能根据学前儿童数学教育评价的相关理论对学前儿童数学教育活动进行评价，并能根据评价的内容对学前儿童数学教育活动进行反思。

3. 情感态度目标：对学习学前儿童数学教育活动评价理论知识感兴趣，并有信心评价学前儿童数学教育活动。

【学习重难点】

重点：掌握学前儿童数学教育活动评价的内容和方法。

难点：能根据学前儿童数学教育评价的相关理论对数学教育活动进行评价。

【知识结构图】

- 学前儿童数学教育活动评价
  - 学前儿童数学教育活动评价概述
    - 学前儿童数学教育活动评价的概念
    - 学前儿童数学教育活动评价的意义
    - 学前儿童数学教育活动评价的类型
    - 学前儿童数学教育活动评价的主体
    - 学前儿童数学教育活动评价的发展趋势
  - 学前儿童数学教育活动评价内容
    - 对学前儿童数学教育活动目标的评价
    - 对学前儿童数学教育活动内容的评价
    - 对学前儿童数学教育活动过程的评价
  - 学前儿童数学教育活动评价方法
    - 观察法
    - 等级量表评价法
    - 问卷法
    - 访谈法

第一节
学前儿童数学教育活动评价概述

一、学前儿童数学教育活动评价的概念

什么是评价？从字面意思来看，评价包含两层含义：评定和价值。评定，是指对评价对象做出相对应的评估，即在学前儿童数学教育的过程中，对数学教育的目标、内容、过程、教师、儿童等评价对象做出一个判断；价值，作为评判的基础和标准，帮助评价者按照一定的标准对以上的对象做出一定的评估最后得到的结论。所以，教育评价是从教育价值观出发，用科学的方法，对教育活动中的相关要素进行价值判断的过程。

学前儿童数学教育活动评价是根据学前儿童数学教育目标和学前儿童数学学习与发展的要求，经过系统地收集相关信息，对数学教育活动中儿童的学习与发展情况、教师的教育情况、整个教育活动的数学教育价值等进行价值判断的过程。

二、学前儿童数学教育活动评价的意义

学前儿童数学教育是幼儿园教育的重要组成部分。那么，学前儿童数学教育是否真正满足了不同水平的学前儿童需求，是否能为学前儿童终身学习打下基础，是否与当代儿童教育和学前文化相融，这都是需要用评估来回答的。教育评估不仅对教育本身起着监督和调节的作用，更对幼师进行自我调节反思和更好地实施教学工作起到了推进作用。因此，了解幼儿园教育活动评什么，怎么评，就显得尤为重要。

《幼儿园教育指导纲要（试行）》中提到："教育评价是幼儿园教育工作的重要组成部分，是了解教育的适宜性、有效性，调整和改进工作，促进每一个幼儿发展，提高教育质量的必要手段。"《3—6岁儿童学习与发展指南》中也明确指出：3—6岁各年龄段幼儿学习与发展目标和相应的教育建议，建立了对3—6岁幼儿合理、正确的评价标准。《纲要》和《指南》对学前儿童教育起着重要的指导作用，因此，教育评价的作用非常重要。学前儿童数

学教育活动的评价是为了帮助儿童更好地进行数学学习的重要活动。通过不同方面的数学教育评价,来达到教育教学质量的改善。因此,学前儿童数学教育评价的意义主要表现在以下几个方面:[①]

1. 具有鉴别和诊断的功能

通常,进行教育评价是为了鉴别教学质量。在学前儿童数学活动中,鉴别功能是最基本的一个功能。比如,鉴别教师的教学质量,鉴别儿童当前的发展状况。通过教育评价,才能够得知情况。目前,我国学前儿童数学教育评价是以《幼儿园教育指导纲要(试行)》《3—6岁儿童学习与发展指南》以及幼儿学习数学教育各阶段特点为依据。通过对教育活动的评价,可以帮助评价者对教学质量有一个最基本的鉴别和判定。这种鉴别和判定带有一定的目的性和指向性,不仅可以帮助评价者获得一份最基本的信息,还可以帮助评价者对相关幼儿与幼师,幼儿与幼儿的活动状况进行检验。

需要注意的是,当今的教育评价已经不仅仅局限在对教育活动的结果做横向的比较,而是着眼于整个教育活动的过程,做出动态、纵向的比较,并且更加注重教育过程自身的完善和发展。教育评价的诊断作用是指通过评价去揭露教育过程中存在的问题,并根据一定的价值观对这些问题进行分析和诊断,以便更好地帮助教育者清楚教育中的问题所在,并在下一个阶段的教育中加以改进。

2. 具有改进教育教学的功能

从根本上说,教育评价的目的不在于鉴别或诊断,而在于对今后的工作进行改进,帮助教师有的放矢地进行教育教学的改良。改进功能主要是指教师在幼儿学习数学的过程中起到发现问题、研究问题、提出方案、解决问题的作用。通过教育评价,教师可以及时地发现当前教学与目标教学之间的差距和问题,并及时地调整教学方向,改进教学效果。另外,教师还可以及时掌握当前幼儿学习数学的情况和状态,从而更好地对幼儿学习过程中出现的个体学习差异进行指导。比如在教育的过程中,不同的儿童会有不同的言语表达和表情反应,教师就可以根据这些信息来进行评价,了解儿童目前对学习的内容是否感兴趣,是否理解等。同时,教师可以根据评价的结果,对一些尚未提起兴趣或者理解能力还有待提升的儿童进行针对性的指导和改进,从而获得更好的教学效果。

在教育活动结束后进行评价,虽然不能及时地改进教育效果,但是也可以在日后的教学中采取措施进行补救。此外,对于教师来说,教育评价反馈的信息还可以作为以后教育生涯中不断改进与提高的依据。

①周希冰,周利文.幼儿科学教育·数学[M].北京:北京师范大学出版社,2013.

3. 具有帮助教师反思教育教学的功能

我国学前教育正处在重要的改革阶段,教育改革影响着教师教育的水平发展。尤其是在教师专业发展的过程中,教育评价起到了指挥棒的作用。教师在教学活动中占主体地位,也只有意识到这点,教师才能在教学上充分发挥自己的作用,从而有针对性、有目的地进行教学的设计和改进,提出解决问题的方案,关心儿童当前阶段的需求,帮助儿童更好地学习,使之尽快地达到教学要求。而教师也只有在亲自参与的基础上,通过对教育教学活动的反思,把自己的理念和现实教育实践相结合,适当地调节教学内容和计划,加深教学体会,丰富理论知识,才能促进教学的进行和提升,使得教育能够更科学有效地开展。

总而言之,教育评价的作用和意义需要理智对待。对于教师而言,不能仅仅依靠教学评价来鉴别儿童优秀与否,更需要通过评价深入地了解儿童发展的年龄特点和个别差异,从而更好地做到因材施教,也不能仅仅把教育评价看成是对自己的教学检查,而是要通过评价找到教学实施过程中出现的问题,从而有针对性地进行反思和教学改进。

三、学前儿童数学教育活动评价的类型

学前儿童数学教育活动的评价可分为不同的类型。

(一)按照评价的对象和内容划分

教师、儿童、活动的过程,构成了学前儿童数学教育活动。按照评价的对象和内容划分,数学教育活动评价可分为以下三个方面:一是儿童发展评价,二是教师教育行为评价,三是教育活动评价。在儿童发展评价中,重点关注当前儿童的发展状况、总体水平以及个别差异。在教师教育行为评价中,评价内容更多关注教师和儿童的互动与教学行为。在教育活动评价中,评价将重点放在了教学的过程,尤其是教育目标是否实现以及教学的效果是否明显。

(二)按照评价的时段和功能划分

根据教育评价功能的不同,以及运行时段不同,可以把学前儿童数学教育评价分为三种类型:诊断性评价、形成性评价和终结性评价。

1. 诊断性评价

诊断性评价发生在开展数学教育活动之前,对教育对象进行的预测性评价。诊断性评价目的在于充分发挥教育评价的诊断功能,了解儿童的发展基础,发现教育过程中的问题,因而可以更好地制订教学计划和实施教育。诊断性评价可以在学期开始的时候进行,也可以在一个活动或一系列活动开始的时候进行。

2. 形成性评价

形成性评价是在教育过程中持续进行的评价，目的在于及时了解教育活动的反馈和效果，以便更好地调整教育政策，优化教育过程。

形成性评价通常都是非正式的评价，尽管如此，形成性评价却十分重要。教师在教育活动中的一言一行，一个眼神，一个表情，对儿童都具有评价的作用，能鼓励儿童学习，也能对儿童的学习产生消极影响。此外，儿童在教育活动中的表现，也可以作为教师进行评价的材料，为教师提供更好的教学活动的指导依据。

3. 终结性评价

终结性评价是一种总结性评价，通常在学期或一个教育活动结束的时候进行，目的是了解经过一个学期或者一段时间的学习，儿童是否达到了教育目标的要求，由此做出的终结性评价。通常终结性评价只关注结果，不涉及对过程的评价。终极性评价可以通过对儿童的测查、调查进行，也可以直接评价儿童的作业或作品。

(三)按照评价的主体划分

按照评价的主体不同，学前儿童数学教育活动的评价可以分为外部评价和内部评价。外部评价又可以称为他人的评价，是指由第三方(如园长、教育行政人员等)从外部对数学教育活动总体进行评价。内部评价是指参与教育活动的人对教育活动的自身评价，可分为教师评价和幼儿自我评价。

四、学前儿童数学教育活动评价的主体

《纲要》中指出：管理人员、教师、幼儿及其家长均是幼儿园教育评价工作的参与者。评价过程是各方共同参与、相互支持与合作的过程。可见，评价主体呈现多元化。

(一)教师的自我评价

有效的教育活动离不开教师在教育实践中不断地改进和提高，这就需要教师对自身的教育理念、态度、行为以及效果进行反思和评价。通过反思和评价，及时地发现问题和需要改进的方面。

(二)他人评价

他人评价是指成人(管理者、同行、家长)通过观察某个或某些学前儿童数学教育活动来进行的教育活动反馈。他人的评价，可以帮助教师对活动有更清楚和准确的认识，也能帮助教师更好地为儿童设计活动。

五、学前儿童数学教育活动评价的发展趋势①

（一）理念：从“为个别儿童选择适当教育”向“所有儿童的全面发展”转变

早期学前儿童数学教育评价认为，教育评价有利于甄别幼儿在数学学习过程中智力和能力的发展。因而那些达不到教学目标的儿童，被定义为“智商发展不全儿童”。相反，现在的学前儿童数学教育评价更强调创造出适合儿童的教育方式，在教育平等的情况下，通过创造良好的教育环境和形式，形成多样的教育模式，为儿童尽可能提供更全面、更有效的教育。

（二）对象：从“儿童”向“儿童数学学习因素”转变

在传统学前儿童数学教育评价中，儿童作为单一的对象，教师只关注儿童在学习过程中学到了多少知识，并将儿童当前学习水平作为唯一衡量教学的标准。然而学前儿童数学教育是各种因素共同影响的结果，比如，教育目的、教育方法、教育过程、教师、家长等。因此，只要涉及影响学前儿童数学教育的因素都应该被作为考虑和评价的对象。

（三）主体：从“单一”向“多元化”转变

早期的学前儿童数学教育评价忽略主体多元化的重要性，并不注重学前儿童、幼师、幼儿家长、幼儿专家等共同参与合作的作用。当代学前儿童数学教育更强调通过幼儿和幼师的自我评价，培养教师找到最佳途径来进行自我意识的培养以及帮助儿童更好地形成和发展自我意识，从而提高教学质量。

①林泳海，徐宝良．学前儿童数学教育[M]．北京：北京师范大学出版社，2015.

第二节
学前儿童数学教育活动评价内容

教师可以通过对学前儿童数学教育活动的评价，及时了解儿童发展的状况以及学习期间存在的问题，并通过制订教学计划及时做到因材施教。学前儿童数学教育作为幼儿园五大领域教学活动中的一部分，与其他领域有相似的评价之处，关注活动准备、活动设计、活动内容等方面进行全方面的测评。但数学教育又有自身的特殊性。《3—6岁儿童学习与发展指南》里将数学认知分为：初步感知生活中数学的有用和有趣；感知和理解数、量及数量关系；感知形状和空间关系。

学前儿童数学教育活动评价内容由整个数学教育活动过程中涉及的主要方面构成，比如教育目标、教学内容、教育过程等内容。

一、对学前儿童数学教育活动目标的评价

学前儿童数学教育的活动目标评价内容应当与当前儿童的年龄特点、发展总目标、学期目标一致。为儿童提供更具体、更合理、更全面的活动目标，既要结合数学自身的特点来满足儿童掌握相关学习技能的需求，又要注重对儿童进行数学素养、数学情感和数学态度的培养。因此，在制订活动目标的时候需要注意以下几点：

1. 是否符合当前儿童发展水平和个体差异

在学前儿童数学教育活动中，活动目标的设定应该考虑当前儿童的发展水平和他们已有的知识经验，并且兼顾到不同发展水平的儿童的不同需求。比如，同样是中班的儿童，有的能进行20以内的唱数，有的能熟练地进行10以内的倒数，因为他们对数的理解不同，所以他们在选取解决数学问题的方法上也有所不同。因此，对于教师而言，必须要考虑到不同儿童的水平和需求，使得每个儿童获得适宜的发展。

2. 是否致力于培养儿童对数学学习积极的情感态度

活动目标的构成应注重培养儿童积极的情感态度。学习知识固然重要，但更重要的

是在儿童在学习数学的过程中，体会到学习数学的乐趣。通过积极情感的培养，让儿童主动地加入数学学习的活动中，激发儿童的好奇心和创造能力，使幼儿树立对数学的兴趣和信心。

3. 是否注重儿童数学交流的意识

学前儿童数学交流是指儿童可以与自己的同伴、教师或者其他人进行数学方面的交流和讨论，用规范的语言表达自己的想法，并分析他们的观点然后进行比较，相互学习。

4. 是否注重数学概念与技能的学习与掌握

儿童在学前儿童数学学习阶段的重要任务就是掌握一定的数学技能。引导儿童学习数学并获得初步的数学概念，也是在帮助他们更好地认识客观世界。

5. 是否着眼于儿童思维能力的培养

儿童在数学教育活动中获取初步的数学知识，掌握数学技巧和学习如何解决问题，同时数学活动也可以培养儿童初步逻辑思维能力，为儿童有效地学习打下基础。

二、对学前儿童数学教育活动内容的评价

1. 活动内容是否与活动目标一致

在制订活动内容的时候，要遵循活动目标的要求，给儿童提供更多亲自尝试和参与的机会，合理地选择相对灵活的方式来促进儿童全面的发展。

2. 活动内容是否符合最近的发展区域①

最近发展区域是指儿童可独立完成的学习任务水平和在教师或同伴的帮助下完成的学习水平之间的区域。比如，有的儿童没有上过小班，因为年龄关系直接进入中班学习，所以在适应中班学习的过程中有一定的难度。针对这一类儿童，教师需要单独设定计划，帮助儿童在学习小班内容的基础上，让儿童得到进一步的发展。

3. 活动内容是否与儿童的实际生活联系

儿童对于数学的学习始于他们的日常生活经验。事实上，儿童早已从生活经验中体会到了很多与数学有关的概念，比如儿童知道一天（早上、中午、晚上），这实际上就是儿童对于短周期时间顺序的理解。教育活动需要联系生活实际，帮助儿童获得丰富的感性经验，从而更好地为他们发展抽象概念打下基础。

---

①史月杰. 幼儿园数学教育与活动指导[M]. 北京：北京师范大学出版社，2007.

三、对学前儿童数学教育活动过程的评价

1. 对数学教育活动环境的评测

学前儿童数学教育活动环境包括心理环境和物质环境，二者作为有效组织活动的基础和保障，缺一不可。儿童的心理环境是指教师是否为儿童提供了一个自由、宽松、安全、和谐的活动环境，从而可以让儿童放松地去参加教学活动，开心地交流，并且体验数学活动的乐趣。儿童的物质环境是指在活动过程中，教师是否给儿童足够的时间、空间和材料去进行互动。

2. 对数学教育活动环节的评价

在儿童数学教育活动中，教师应该注重活动结构的逻辑性、完整性和合理性。活动与活动之间的过渡要自然、过程要流畅、层次要清楚。此外，教师应根据自己在不同活动环节中不同的作用，合理地增减与儿童的互动和帮助且互动要和谐融洽。

3. 对数学教育活动中师幼关系的评价

在学前儿童数学教育活动中，应该充分体现教师和幼儿的互动。教师需要尊重儿童和接纳儿童的个体差异。不同的儿童在不同的活动水平、活动方法、活动节奏等过程中会有不同的表现，因此教师需要注意并给予不同的干预。此外，教师和儿童之间的交往要和谐融洽，要根据儿童的不同能力需求为其提供不同的教学指导。

4. 学前儿童数学教育活动方法的评价

学前儿童数学教育的活动方法包含操作法、游戏法、讨论法等。每一种方法都有各自的内容和要求，教师在进行活动方法选择的时候，要运用多种教育方法引导幼儿。

5. 学前儿童数学活动效果的评价

活动效果主要是指儿童的行为表现中反映出来的教育效果，通常可以从以下几个方面来进行评价：是否达到了教育目标的要求，是否帮助了不同的幼儿在不同的水平上得到了发展，是否让儿童获得了积极的情感体验等。

拓展阅读

学前儿童数学教育活动的反思与改进

1.对教育活动目标进行反思

教师最基本的反思方向就是对教育目标的设定进行反思。教师要考虑活动目标是

否适宜，包含两个方面：一是目标是否制订过高，儿童难以达到；二是目标是否制订过低，儿童感受不到挑战性，缺乏兴趣。要想达到适宜的教学活动目标就要求教师在了解儿童数学认知发展年龄特点的同时也要对本班儿童的数学发展情况有一定的掌握。此外，目标的适宜也与涉及目标数量的多少和目标陈述是否清晰有关。有的活动，教师预先有过多的目标要求或者太宽泛的陈述，导致儿童在短期内很难理解和完成。因此，在目标数量的设定上不宜过多也不宜过少，教师也需要使用准确清晰的描述以便儿童更好地落实到自己的行为上。

2. 对儿童学习过程和结果进行反思

教师需要思考儿童在参与活动的过程中，是否积极，是否有兴趣。儿童的学习兴趣很大程度上决定了儿童的参与积极性。儿童的学习兴趣受到他们目前的发展和学习的影响，同时也会受到学习内容本身难度的影响。因此，为儿童选择一些难度适中并具有一定挑战性的内容更容易激发儿童的学习兴趣。比如处在"最近发展区的"的儿童，这类儿童有一定的经验，但是对于一些学习内容并没有完全掌握，所以一些有挑战性的知识和技能更容易引起他们的学习兴趣。

3. 对环境创设和材料运用的反思

儿童的兴趣可以引发儿童学习的动机。好的学习情境则可以引发儿童的学习兴趣，帮助儿童对相关学习和经验进行回忆，因而更好地帮助儿童理解相关数学概念。因此，教师需要思考如何将数学内容变成儿童经验和生活的一部分，如何将生活知识与儿童所学习的知识相关联。一个好的教学活动，不仅是将知识与儿童的实际生活相联系，而且能够引导儿童用学到的知识技能去解决日常生活中的问题。因此，强调为儿童创设真实的生活情境至关重要。

在材料运用方面，教师除了思考材料要符合活动的内容要求外，还要考虑到材料的使用是否符合儿童当前的认知水平和学习能力的要求。教师在选择材料的时候，应该选择具有不同难度或者具有多样特征的材料供儿童挑选，给儿童更多的选择机会。并且针对一些年纪较小或者理解能力还需要发展的孩子，教师需要做出适当解释和说明。

4. 对教师教学行为的反思①

针对教师教学行为的反思，需要让教师意识到自己在教学活动中的主体地位。日常中关于教学细节的反思，比如教师的语言使用、材料运用、教态、策略等，只是对其进行简单的评价，并没有继续分析其背后所蕴藏的教育理念或教学智慧。这种忽视"寻根究底"精神的做法很容易导致反思在教育实践的价值表面化、肤浅化，因此需要从主观上去调动教师进行反思的意愿。教师是教学的主体，只有意识到自己的责任，才会在教学工作中充分发挥主观能动性，从而更好地关注儿童和自己的教学活动。因此，教师可以通过

①赵振国.学前儿童数学教育与活动设计[M].北京：北京大学出版社，2016.

学习、培训、谈话等多种方式进行交流，让自己困惑或者感兴趣的问题得到思考和解答。鼓励教师在亲自参与和亲自实践中，寻找到有价值的研讨内容，将内容与自己的理念和教学相结合，深刻反思自己的教育教学行为，从而更好地加深教学体验、丰富理论知识和实践经验。

除此以外，教育管理者需要从客观上创设促进教师进行反思的条件。比如创建学习平台，给教师更多的机会进行理论知识的学习；举办学习专业知识的相关活动，提供集体学习和讨论的机会。

【案例分析】

佩奇过生日（小班）

◇活动目标

1.初步认识和区分正方形和圆形。

2.在游戏化的情境中体验数学活动的乐趣。

◇活动准备

佩奇头饰、4张生日蛋糕图片（2个圆形，2个正方形），4个塑料盘子（2个圆形，2个正方形），3个家庭成员（乔治、猪爸爸、猪妈妈），勺子、叉子若干。

◇活动过程

引入：以佩奇在家过生日引发儿童学习兴趣。

1.邀请扮演家庭成员的小朋友一起坐在桌子边上。出示头饰、蛋糕图片、塑料盘子。请大家观察生日蛋糕图片，并快速地找出哪一种是圆形的蛋糕。

2.邀请所有的小朋友来参加生日会。先请大家注意生日蜡烛，并要求快速说出：这是几根蜡烛？

3.接着，播放《生日歌》，小朋友们轮流交换蛋糕图片，音乐停，老师请每一个小朋友说出自己手里的蛋糕是什么形状。小朋友说对了就可以将自己手中的蛋糕放到同样形状的盘子里。说错了进入下一轮游戏。

4.当所有的小朋友都把自己的蛋糕图片放到相对应形状的盘子里，派对开始了，大家一起给佩奇唱歌。佩奇也给大家准备了许多好吃的，并向小朋友们介绍这些食物的形状。

活动评析

在这个案例中，儿童通过角色扮演，学习了区分圆形和正方形。教师为儿童准备了良好的心理环境。整个游戏环境气氛宽松和谐，儿童愉快。教师准备了丰富的物质环境，有足够充分的活动材料和活动空间。每一个环节里，教师都发挥着不同的作用，给予儿童足够的时间和空间，师幼关系融洽。此外，在活动中，教师尊重不同幼儿的发展水平，对不同水平的儿童给了不同的要求和引导。

第三节
学前儿童数学教育活动评价方法

教育评价的首要任务是全面、真实地反映评价对象的状况。为了保证教育评价建立在客观真实的基础上，必须借助适当的方法。

一、观察法

观察的"观"意味着要用眼睛去看，观察的"察"就要求用脑子去思考，观察就是边看边思考的过程。作为观察者，需要有目的、有计划地去观看儿童行为。观察法是在自然的教育环境条件下，或者在实验室的条件下，运用多种感官或者仪器，观察者有目的、有计划地对学前儿童进行行为观察，将观察到的事实记录下来，并进行分析、研究和评估。观察法是教师收集学前儿童数学教育活动评估信息的最重要、最广泛的一种方法。观察法的具体方法①如下：

1. 选取观察记录对象

选取观察记录对象可以分为以时间维度为标准和以事件取样为标准来取样。

时间取样，是指在设定好的时间内对需要记录的对象进行行为观察，并记录相应的行为出现次数。这种方法适用于观察一名或者多名学前儿童的数学学习活动。比如，每天可选取上课时间的一个小时内，以1~2分钟为观察时间间隔，对班里某一位学前儿童数学认知学习的表现进行观察，以便更好地了解该学前儿童的表现。

事件取样，是指观察者对某一类学前儿童的数学学习行为在特定的时间内进行集中观察，进行完整的观察和描述。这就要求观察者必须事先弄清楚具体步骤，有详细的规划，以便更好地顺利实施。

①林泳海，徐宝良. 学前儿童数学教育[M]. 北京：北京师范大学出版社，2015.

2. 观察记录学前儿童行为

观察记录是观察者在实施过程中一个有组织、有步骤的过程。观察记录的内容可以帮助教师及时准确地了解幼儿的当前发展和进步，从而更有针对性地对儿童进行合适的教育与活动选择。由于对事件的记录全靠事件发生时的迅速记录，因此在记录上对教师有较高的要求，需要教师能够及时地记录有价值的信息。除此以外，还需要注意以下问题：

第一，为了便于日后查找资料、整理信息，观察记录表可以按照记录者的习惯进行设计，如表11-1所示。

表11-1　学前儿童数学学习与发展的观察记录表

观察者姓名		时间		地点	
被观察者姓名		被观察者年龄		被观察者班级	
观察报告记录					
事件发生时间					
事件发生的具体内容	通过语言、照片、视频、语音等多种形式对学前儿童数学感知学习过程中的行为进行记录。				
评价与分析	在对被观察者进行客观的记录之后，对其进行评价与分析，以便更好地促进学前儿童的发展。				

第二，观察记录者必须始终保持客观、真实的态度及时进行记录。不能在观察记录的时候加入自己的主观情绪。各年龄阶段的学前儿童在数学认知学习的过程中有自身的特点，但是也存在一定的差异性。尤其是儿童会在不同环境中表现出不同的行为和情绪。如果观察者在事件中以主观想法来解释儿童的行为，这将给儿童行为的判断和评价工作造成混乱。对于一些有想法的事件，观察者可以将这部分放到评价与分析板块中，切记不要与发生时的具体内容混淆。

第三，在观察记录时，可以运用各种方式对儿童的数学学习活动进行充分的全方位记录，比如纸、笔、摄像机，为后续需要弥补的内容做补充。

3. 对学前儿童的发展情况进行评估和分析

从选取观察记录的对象，到记录相关学前儿童行为，一个最终目标就是对儿童目前的认知发展水平进行评价。在记录完学前儿童数学学习的活动后，应该及时对学前儿童当前水平进行判断和分析，以便对学前儿童数学教育的教学活动进行适当的调整和规划，帮助儿童更好地学习数学。

二、等级量表评价法

等级量表评价法是按照学前儿童数学认知能力发展评估表来评价每位幼儿目前的发展水平与对应的等级的一种方法。这样的方法可以帮助评价者获得学前儿童数学能力发展水平的数据信息和等级信息,有利于进行下一步的教学规划。

1. 等级量表评价法的具体操作

等级量表作为一种更容易操作的评价方法,在制作的过程中要求必须明确地界定所选定的目标行为,详细清晰地列举出相关内容。同时,还需要选择合适的记录方式与观察的目的相对应。通常会采取画钩的形式。

比如:在评价学前儿童大班10以内加减运算能力发展情况的时候,必须要清楚具体的行为和具体的指标。

"未掌握":允许借助手指或者物体的帮助,但是依旧不能完成相关算数,或出现错误率在40%以上的情况。

"学习中":允许借助手指或者物体的帮助,可以完成相关算数。

"完全掌握":不借助任何手指或者外物的帮助,可以顺利完成相关算数。(如表11-2所示)

表11-2　幼儿园大班10以内加减运算能力等级量表

学号	未掌握	学习中	完全掌握
1		✓	
2	✓		
3		✓	
4			✓
……			

2. 等级量表的观察和记录

在初步拟定学前儿童数学能力发展的等级量表之后,需要让观察者进行预试,并熟悉表格的组成部分和使用方法,再开始正式记录。如果有两位老师进行等级量表的观察记录,需要提前相互沟通,从而减少记录上的误差。

3. 等级量表的分析

在观察者记录完之后,需要对各个项目出现的结果进行汇总,并对学前儿童数学认知能力的发展水平进行分析。

三、问卷法

问卷法是评价者向调查对象提供书面形式的材料，调查对象填写后，评价者再进行分析的一种评价方式。比起其他的方法，问卷法缺乏面对面的交流，所以获取的信息比较浅。但是这种方法简单，容易实行，可以在较短的时间内获得最大的信息反馈，便于统计信息后分析。比如，调查幼儿园幼师对学前教育活动的想法和做法，就可以采取问卷法。下面节选了问卷的部分内容。①

1.你是否有幼儿发展的总目标？

①没有　②有自定的　③有参考省级和国家级标准制订的

2.你对幼儿进行认知感知和数学教育注重的是什么？

①用讲授的方式教给幼儿知识

②让幼儿通过自己的探究获得知识

3.你制订教育活动目标的顺序是什么？

①先选教材，看看教材能实现什么目标

②按教育计划中的教育目标

③考虑幼儿兴趣与教育目标的结合

4.你在选择教育内容和教育材料时的依据是什么？

①教材顺序　②目标　③目标和幼儿的兴趣、发展水平

5.当你在维持班级常规或秩序时，你想到的是什么？

①今天幼儿不配合，和你过不去

②目标和内容太难或太容易，幼儿们没有办法学或不感兴趣

③你预想的内容不能引起幼儿的兴趣

6.回忆本周你所进行的教育活动，有几次活动是在幼儿的兴趣上生成的？

①没有　②有一次　③有两次以上

7.你在投放材料时，考虑过各区域材料之间或单个活动的材料之间的连续性和层次性吗？

①没有考虑　②有过考虑　③经常考虑

8.你在组织幼儿活动时，是否利用了周围自然环境和社区、社会教育资源？

①很少利用　②利用一些场所　③尽可能充分利用各种场所

9.你能根据幼儿的兴趣和需要增加或变换活动材料吗？

①基本没有　②偶尔　③经常

10.你在与幼儿说话时采取什么样的方式？

---

①教育部基础教育司.《幼儿园教育指导纲要(试行)》解读[M].南京:江苏教育出版社,2002.

①总是严肃地站着

②温和、亲切，但没有考虑到身体与幼儿的高度(蹲下或弯腰下来)

③温和、亲切，并设法与幼儿身体同高度

在制订问卷的时候，需要注意问卷的基本结构、问卷的问题和问卷的答案。

问卷的基本结构包含标题、介绍词、填表说明、调查项目、结束语五个部分。标题介绍问卷调查的主题内容；介绍词主要介绍调查者的主要信息，调查的内容和目的；填表说明是对填表的方式、方法、要求、注意事项进行介绍，语言需要清晰、简洁、易懂；调查项目主要介绍调查对象的相关资料和情况；结束语简单地表示对调查对象合作的感谢。

问题和答案设计是问卷的主体。通常问题的形式可以多种多样，比如可以采取开放式提问、封闭式提问和半开放式的提问。问题的设计需要与调查的目的相联系，明确、具体，避免敏感问题。在问题的描述上，需要考虑调查对象的知识背景，问题不要有任何暗示性和倾向性。答案的设计必须符合实际情况，按照一个标准进行分类，具有穷尽性和互斥性。

幼儿园数学教育活动评价可以是针对教师的自填问卷，也可以是针对幼儿实施的访谈问卷。若采用访谈问卷，需要教师预先清楚问卷，以幼儿回答问题，教师帮助记录的方式进行。

四、访谈法

访谈法属于质性的研究方法，是通过访谈的方式了解教师对教育教学活动的认识，从而进行评估的一种方法。比起观察法，访谈可以了解受访者的思想、情绪反应，且有更大灵活性；比起问卷法，可以随时追问在访谈过程中不清楚的地方。因此访谈法可以单独使用，也可以作为观察法和问卷法的补充。访谈的步骤包括访谈提纲的设计，访谈的过程，整理访谈资料并做出评价。

(一)访谈提纲的设计

访谈提纲是粗线条的。访谈过程中，在不脱离主题的情况，可以通过灵活地调整访谈提纲来获得被访谈者更真实的想法。访谈的问题大致为开放型问题和封闭性问题。开放型问题允许受访者在回答问题的过程中做出多种回答，这类问题常常以“什么”“如何”“为什么”的词语为语句的提问方式。而封闭性的提问答案只有“是”和“否”。提问的时候需要注意应当避免一些抽象型的问题，应该根据实际情况来具体提问。

(二)访谈的过程

访谈的过程中，需要营造一个轻松、平等、和谐的氛围。与访谈者建立良好的关系是访谈成功的重要前提。在访谈过程中，应该注意以下几个问题：

第一，尽快相互熟悉，争取获得信任。

第二，如果访谈人在访谈的过程中出现情绪低落等情况，访谈人必须缓和谈话气氛，调整节奏。

第三，尊重访谈对象的性格，访谈者要耐心引导、倾听。

第四，谈话过程中需要紧紧围绕主题。

第五，在进行访谈前，需要了解被访谈人的相关背景资料。

（三）整理访谈资料并做出评价

整理访谈资料的时候，需要阅读原始资料，对一些反复出现的词语进行记录，然后将访谈者的观点进行整理分析，做出评价。在评价过程中，评价方法一定要与评价目标挂钩，根据教师或者幼儿的特点，以多种方式进行全面、准确、公正的评价。

【考查要点】

学前儿童数学教育活动评价的内容在历年的考试中题型多为选择题、论述题和材料分题，考试内容围绕“为什么评”“评什么”“怎么评”，要求学生对这三个问题有一个完整清晰的认识。因此，作为幼儿教师，需要树立教育评价的意识，并能灵活地运用本章所学习的知识对学前儿童数学教育活动进行评价。

【真题解析】

1.（2014年下半年选择题）评估幼儿发展的最佳方式是（　　）。

A.平时观察　　B.期末检测　　C.问卷调查　　D.家长访谈

【解析】A。幼儿发展评价的方法，应符合幼儿身心健康发展的特点，应符合幼儿园教育工作者的特点，并易于教师学习、练习、掌握和运用。

2.（2015下半年论述题）

论述积极师幼关系的意义，并联系实际谈谈教师应如何建立积极的师幼关系。

【解析】

（1）积极的师幼关系指的是民主、平等的师幼关系，是幼儿在幼儿园中的主要人际关系之一。积极师幼关系对幼儿及教师发展的意义主要体现在以下几个方面：

①良好的师幼关系有助于幼儿获得关爱；

②良好的师幼关系有助于幼儿获得安全感；

③良好的师幼关系有助于幼儿之间建立同伴关系；

④良好的师幼关系有助于教师的专业成长和发展。

(2)建构良好师幼关系的策略:

①幼儿教师要树立正确的教育观;

②教师对幼儿要持支持、尊重、接受的情感态度和行为;

③教师对待幼儿应善于疏导而不是压制;

④教师对幼儿要尽量使用多种适宜的身体语言动作。

【真题模拟】

1.幼儿园教育工作评价应当(　　)。

A.以行政人员评价为主,专家等参与评价为辅

B.以园长自评为主,教师等参与评价为辅

C.以教师自评为主,园长等参与评价为辅

D.以家长评价为主,幼儿等参与评价为辅

2.教育过程中,教师评价幼儿的适宜做法是(　　)。

A.用统一的标准评价幼儿　　B.根据一次测评结果评价幼儿

C.用标准化工具评价幼儿　　D.根据日常观察所获信息评价幼儿

3.教师根据幼儿的图画来评价幼儿发展的方法是(　　)。

A.观察法　　B.作品分析法　　C.档案袋评价法　　D.实验法

4.简述教师观察幼儿行为的意义。

【思考实训】

1.结合已有的见习活动,试着对幼儿园的某个数学教育活动的目标、内容、方法、过程等做出评价。

2.观察幼儿园的一个数学教育活动,并对幼儿的学习与发展水平进行评价。

【推荐阅读】

[1]朱家雄,等.纪录,让儿童的学习看得见[M].福州:福建人民出版社,2008.

[2]朱家雄,等.纪录,让教师的教学有意义[M].福州:福建人民出版社,2008.

主要参考文献

[1]美国埃里克森儿童发展研究院早期数学教育项目.幼儿数学核心概念:教什么?怎么教?[M].张银娜、侯宇岚、田方,译.南京:南京师范大学出版社,2015.

[2]黄瑾,田方.学前儿童数学学习与发展核心经验[M].南京:南京师范大学出版社,2015.

[3]徐苗郎.数学活动这样做[M].上海:华东师范大学出版社,2014.

[4]王凤野.幼儿计算教学法[M].北京:人民教育出版社,1987.

[5]周燕.学前儿童数学教育与活动指导[M].长沙:湖南大学出版社,2015.

[6]赵振国.学前儿童数学教育[M].郑州:郑州大学出版社,2014.

[7]李玲.学前儿童数学教育[M].成都:西南交通大学出版社,2013.

[8]黄瑾.学前儿童数学教育[M].上海:华东师范大学出版社,2007.

[9]金浩.学前儿童数学教育概论[M].上海:华东师范大学出版社,2000.

[10]林泳海,徐宝良.学前儿童数学教育[M].北京:北京师范大学出版社,2015.

[11]史月杰.幼儿园数学教育与活动指导[M].北京:北京师范大学出版社,2017.

[12]教育部基础教育司.《幼儿园教育指导纲要(试行)》解读[M].南京:江苏教育出版社,2002.

[13]周希冰,周利文.幼儿科学教育·数学[M].北京:北京师范大学出版社,2013.

[14]赵振国.学前儿童数学教育与活动设计M].北京:北京大学出版社,2016.

[15]潘月娟.幼儿数学教育与活动指导[M].北京:高等教育出版社,2013.

[16]安·S.爱泼斯坦,苏珊娜·盖斯莉.我比你大,我五岁——学前儿童数学能力的发展[M].霍力岩等,译.北京:教育科学出版社,2012.

[17]张俊.幼儿园数学领域教育精要——关键经验与活动指导[M].北京:教育科学出版社,2015.

[18]朱家雄,等.纪录,让儿童的学习看得见[M].福州:福建人民出版社, 2008.

[19]朱家雄,等.纪录,让教师的教学有意义[M].福州:福建人民出版社,2008.

[20]黄瑾.学前儿童数学教育与活动指导[M].上海:华东师范大学出版社,2014.

[21]莎莉·穆莫,布伦达·耶柔米.数学不仅是数数——基于标准的幼儿数学教学活动[M].侯宇岚,陈芳,译.南京:南京师范大学出版社,2013.

[22]王微丽,霍力岩.幼儿园数学区材料设计与评价[M].北京:中国轻工业出版社,

2018.

[23]王婷. 4~6岁儿童数学情境下类比推理能力的发展研究[D].上海:华东师范大学,2012.

[24]杨智华. 区域活动中幼儿数学学习的教师指导策略的个案研究[D].长沙:湖南师范大学,2017.

[25]薛楚雪. 5~6岁儿童计数能力与加减法运算能力的发展状况及关系研究[D].天津师范大学,2017.

[26]周丽波. 4~6岁儿童口述应用题问题表征水平发展的微观发生法研究[D].开封:河南大学,2017.

[27]徐晶晶. 学习品质对5~6岁儿童早期数学能力的影响研究[D].上海:华东师范大学,2014.

[28]刘红. 教师数学领域教学知识(MPCK)与幼儿数学学习关系的研究[D].上海:华东师范大学,2016.

[29]赵连光. 小班幼儿数学学习的真实性评价——评价的框架与实务[D].上海:华东师范大学,2015.

[30]常宏.3~6岁儿童平面几何图形组合能力的发展研究[D].上海:华东师范大学,2009.

[31]王明英. 大连市3~6岁幼儿几何形体认知发展特点研究[D].大连:辽宁师范大学,2014.

[32]张晓霞.4~5岁幼儿积木建构水平的提升及其对几何空间能力发展的影响[D].北京:首都师范大学,2013.

[33]陈青,乌美娜. 从抛锚教学看情境学习观点对教学及教学设计的启示[J].中国电化教育,1999:10-13.

[34]魏晓虹. 幼儿空间方位概念的发展:从“自我中心”到“客体中心”的有效过渡[J].教育导刊,2013(11):21-24.

[35]庞丽娟,等.3~5岁儿童理解和使用空间表征的特点[J].心理发展与教育,2008(4):1-7.

[36]朱煜. 核心经验视角下提升幼儿空间方位认知能力的思考——以“开往春天的小汽车”手工制作为例[J].中国校外教育,2018(5):135-136.